코치 되시는 나의 성령님

크리스천 코칭

코치 되시는 나의 성령님

개정판

정윤진 지음

좋은땅

프롤로그

2020년 9월 폐암 4기 6개월 여명판정을 받은 후 하나님의 놀라운 은혜 가운데 다시 회복되어 2019년에 출간했던 『코치 되시는 나의 성령님』을 개정판으로 출간하게 되었습니다.

저는 이 책을 통해 예수 그리스도의 십자가 사랑과 복음을 전하고, 이 땅에 계셨을 때 4복음서를 통해 우리에게 완벽한 코치의 모습을 보여 주셨던 예수 그리스도의 코칭 리더십을 배워가도록 안내하고자 합니다. 또한 이러한 훈련을 통해 우리가 변화하고 성장하도록 우리를 돕는, 하나님의 목적 가운데로 인도하시고 동행하시는 완벽한 코치 성령 하나님을 소개하고, 예수 그리스도의 십자가 복음을 유능하고 탁월하게 전하며 예수 그리스도의 생명으로 영혼을 살리고 사람을 세우는 복음의 도구, 소통의 도구로 크리스천 코칭을 소개하고자 합니다.

일반적인 코칭의 학문을 접하면서 크리스천 코칭과의 차별성에 대해 늘 기도하며 갈급한 마음이었습니다.

이 책을 통해 크리스천 코칭은 일반 코칭과 어떻게 다른지 크리스천 코칭의 원리와 탁월성을 전하고 크리스천 코칭을 통해 하나님의 목적을 이루는 영성의 삶을 살아가도록 안내합니다.

철저한 성경적 세계관 안에서 하나님의 형상을 회복하여 자신의 정체성, 존재가치를 발견하고, 하나님 사랑, 이웃사랑을 실천하는 사랑의 실천 기술과 방법을 배우도록 안내합니다.

또한 예수님을 나타내고 닮아가는 영성 코칭 훈련으로 먼저 자신을 세우고 타인을 세울 수 있는 영향력 있는 크리스천 리더로 영성 코치로 세워지길 소망합니다.

혼탁한 세상, 불통하고 갈등하는 어려운 시대 가운데서도 하나님은 일하고 계시며 크리스천 코칭은 이 시대에 개인과 가정과 교회의 리더십과 소통능력을 새롭게 하며 치유와 회복 변화와 성장이 필요한 개인과 교회를 세우는 성령 하나님이 사용하시는 하나의 복음의 도구이며 하나님의 전략입니다.

크리스천 코치의 길로 인도하신 하나님, 절망스럽기만 했던 질병 가운데서 일으켜 주신 하나님, 그리고 아직 사명이 남아 있기에 저를 회복시키어 이글이 세상에 나올 수 있도록 새롭게 하신 예수 그리스도의 이름을 높여드립니다. 또한 지혜와 영감을 주셔서 생각나게 하시고 깨닫게 하시며 이 글을 쓸 수 있도록 코칭 해 주신 성령 하나님, 옆에서 늘 함께해 주고 응원해 주는 사랑하는 남편과 도예 지후 그리고 저에 건강과 사역을 위해 중보해 주시고 동역해 주시는 모든 분들께 감사의 마음을 전합니다.

2024년 6월 3일

목차

제3장 크리스천 소통 코칭

제4장 크리스천 리더십

제5장 크리스천 마음 코칭

제1장

코치 되시는 나의 성령님

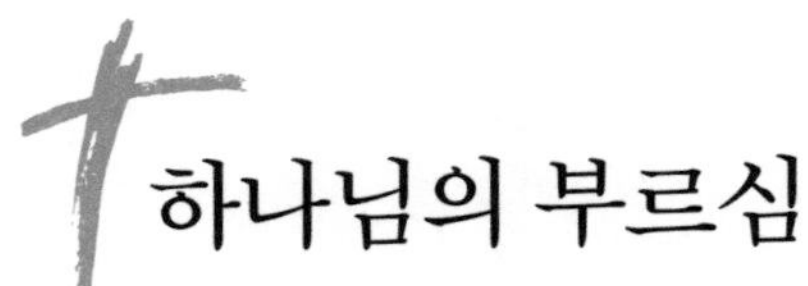

하나님의 부르심

야곱아 너를 창조하신 여호와께서 지금 말씀하시느니라 이스라엘아 너를 지으신 이가 말씀하시느니라 너는 두려워하지 말라 내가 너를 구속하였고 내가 너를 지명하여 불렀으니 너는 내 것이라(이사야 43장 1절)

2013년 가을, 대전 극동방송에 재직 중이던 지사장님으로부터 한 통의 전화를 받았습니다. 그때 당시 저는 ㈜ 우먼파워라는 중소기업을 경영하고 있었습니다.

1998년 28살에 사업을 시작하여 우리나라의 대기업들과 연간 계약을 맺고 대전 충청권에 인적자원을 공급하고 관리하는 아웃소싱 회사를 경영하고 있었고 사업체의 규모가 점점 성장하여 2005년 법인회사로 회사가 확장되었습니다.

회사의 성장으로 인해 경제적으로 풍요로운 시간을 보내고 있었지만, 제 개인적인 영적 상태는 황폐해진 메마른 광야 같은 상태였고, 주님께 다시 돌아가고 싶어도 돌아갈 수 없을 만큼 세상일에 매어 있었던 때였습니다. 그 후 2010년 6월 회사의 많은 비중을 차지하던 도급

계약을 맺고 있던 고객 회사에서 갑자기 계약 해지를 요청해 오면서 회사에 큰 어려움이 찾아왔고 그 외에도 프로젝트를 수행했지만 인건비를 받지 못하는 일등 지속적인 어려움이 복합적으로 회사에 발생되었습니다.

유아기부터 청년기까지 하나님과 함께했던 사랑을 저버리고 교만하게 세상 가운데 방황했던 그때에, 주님이 다시금 고난이라는 선물을 가지고 저를 찾아오셨습니다.

세상 것으로 채워지지 않는 제 영혼의 갈급함을 다시금 하나님의 사랑으로 회복시켜 주셨고, 회심하여 그리스도인다운 기업인으로 살아야겠다고 다짐하며 어려운 시기를 보내고 있었습니다.

회사가 어렵게 운영되었지만, 그 어느 때보다 더 마음은 풍요로웠습니다. 회사의 주인이 되어 주시고 친히 경영해 주실 하나님을 믿으며, 하나님 나라를 위해 작지만 여러 가지 일들에 기도와 물질로 섬기고 있었습니다.

또한 하나님께서 회사 가운데 이스라엘 백성들에게 만나를 주시듯 친히 회사 일을 돕고 계심을 경험하게 하셨고, 점진적으로 회사가 다시금 회복되고 있을 때였습니다.

그때 극동방송 지사장님으로부터 한 통의 전화가 왔고, 걸려온 전화의 내용은 얼굴을 드러내지 않고 극동방송을 섬겨 오고 있던 저에게 한번 만나고 싶다는 정중한 인사였습니다.

그때 당시 늘 극동방송을 통해 사무실에서나 차에서나 말씀과 찬양을 듣고 있었고, 주님은 시공간을 초월하여 저에게 오셔서 저의 마음을 만지시고 위로해 주셨습니다. 그 은혜에 감사한 마음으로 극동방송을 섬기고 있었습니다.

그러한 저를 만나자고 하신 지사장님의 말씀에 잠시 망설였지만, 주님의 인도하심 가운데 하나님의 때에 잠시 얼굴을 뵙게 되었고, 그날 하나님께서 인도하신 그동안의 제 삶을 나누는 교제 가운데 제 인생에 한 번도 생각해 보지 못했던 '라디오 방송'에 대한 제안을 받게 되었습니다.

집으로 돌아오는 길에 내내 고민하며 하나님께 기도하는 가운데 용기를 내게 되었고, 그날 이후 하나님의 부르심 안에서 제 인생에 새로운 훈련이 시작되었습니다.

15분 훈련이 시작되다

사람이 마음으로 자기의 길을 계획할지라도 그의 걸음을 인도하시는 이는 여호와시니라(잠언 16장 9절)

2013년 이렇게 시작된 극동방송 라디오 생방송은 지금 현재 제가 크리스천 코치의 길을 걷게 하는 계기가 되었으며, '코치되시는 나의 성령님' 책이 세상에 나올 수 있는 밀알이 되었으며, 하나님의 목적 가운데 또 다른 예비하심의 삶의 시작이었습니다.

잠시 지난날을 돌아보면 홀어머니 아래 자란 저에게 유년 시절은 참 고단하였지만 아빠, 아버지라고 부를 수 있는 하나님이 저를 사랑하신다는 사실이 제 유년 시절부터 청년기까지의 자부심과 힘이었고, 자존감의 근원이었습니다.

어린 시절부터 시작된 제 인생의 광야의 길에는 주님이 함께하셨고, 그 많은 눈물의 기도에 화답해 주셔서 주님은 젊은 날 제가 사업을 펼쳐 나갈 수 있도록 제게 길을 열어 주셨습니다.

인적 자원을 관리하는 회사를 운영하면서 수많은 어려운 일들을 겪었고, 하나님께서는 수많은 사건과 사람들 가운데 저를 두시고 교만하고 모난 저의 성품을 다루셨습니다.

이러한 훈련의 시간을 보내며 회사를 경영하고 있었는데 갑자기 도급계약이 해지되는 사건이 발생하면서 회사에 일의 양이 줄고 시간의 여유가 생기면서, 뭔가 새로운 것을 찾던 저에게 하나님께서 상담심리학을 전공할 수 있는 길을 열어주셔서 공부에 열심을 내고 있을 때였습니다.

첫 방송은 강수미 PD 님과 함께 진행하는 〈좋은 아침〉이라는 프로에서 '향기로운 그리스도인'이라는 테마로 6개월을 진행하는 프로그램이었고, 그 이후 방송의 기회를 주실 때마다 2020년 2월까지 방송 대본을 준비하고 생방송을 진행하는 시간들을 통해 하나님께 훈련받는 시간을 보냈습니다. 생방송 진행을 위해 대본을 쓰는 일과 생방송으로 강의를 진행하는 일은, 제 자아의 힘을 빼고 영적으로 주님의 지혜와 영감을 구하며 하나님의 역사하심을 구하는 또 다른 영성 훈련의 시작이었습니다.

방송 전파의 1분 1초가 전파선교사들의 기도와 헌신으로 만들어진다는 사실을 생각하며 15분을 사용해야 하는 저의 방송시간은 저에게 거룩한 부담감으로 다가왔습니다. 또한 나의 심령이 가장 가난하고 어려운 고난의 때에, 위로와 격려 받았던 극동방송에서 생방송으로 다른 분들에게 주님의 마음을 전한다는 것이 한없는 은혜이고 감사한 일이지만, 동시에 그만큼 부담을 갖게 하는 일이었습니다.

또한 혹시 실수를 한다 해도 다시 재방송을 할 수 없는 생방송은 그야말로 하나님만 의지하게 하는, 내가 가진 내 자아의 힘을 빼는 훈련이었습니다.

하나님은 왜 나에게 15분을 허락하셨을까?
나는 무엇을 하나님께 구해야 하는 걸까?
하나님이 원하시는 메시지는 무엇일까?

주님 앞에 끊임없이 질문하기 시작하며 쓰고 지우고 쓰고 지우고의 반복의 시간들을 보냈습니다.

지식적으로나 영적으로나 너무나 연약한 저는 오직 주님의 지혜와 영감을 구하며, 성령님께서 친히 역사하여 주셔서 딱 한 영혼이라도 그 영혼을 향한 하나님의 뜻이 이루어지길 기도하는 훈련의 시간들이었습니다.

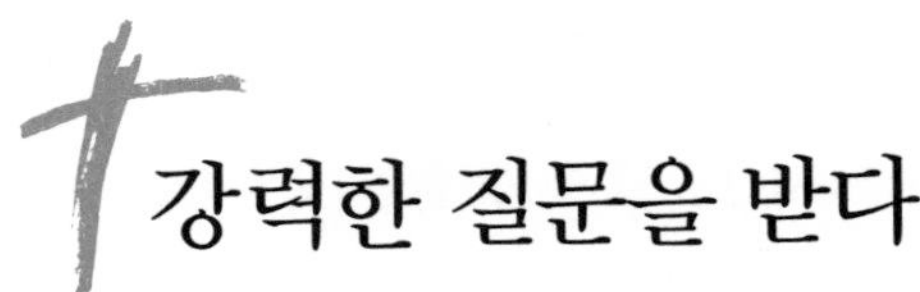

강력한 질문을 받다

우리가 세상의 영을 받지 아니하고 오직 하나님으로부터 온영을 받았으니 이는 우리로 하여금 하나님께서 우리에게 은혜로 주신 것들을 알게 하려 하심이라(고린도전서 2장 12절)

2014년 방송 대본을 준비하며 여기저기 자료를 검색하다가 우연한 기회에 '행복코칭'이라는 서우경 교수님의 크리스천 코칭 강의를 접하게 되었습니다. 그리고 그 이후 약속이나 된 듯 저는 그분이 진행하시는 교육 프로그램에 참여하게 되었고, 제 인생에서 처음으로 코칭을 받는 소중한 기회를 얻게 되었습니다.

그날 저는 주저리주저리 교수님 앞에서 많은 이야기를 혼자 쏟아 내고 있었는데 맑은 눈빛으로 저의 말을 경청하시며 바라보시던 교수님은 하나의 질문을 저에게 하셨습니다.

"선생님이 방송을 하신 것이 우연이었다고 생각하세요?"

딱 한 문장의 질문이었는데, 그 이후 내용은 전혀 생각이 나지 않았고 그날 서울에서 고속도로를 타고 내려오는 내내, 그동안의 제 삶이 파노라마처럼 지나가기 시작했습니다.

'우연이 아니구나! 나를 향한 하나님의 목적이 있으시구나!'

'방송을 통한 훈련뿐만 아니라 지금 내가 걷고 있는 이 배움의 길이, 모든 상황이, 하나님의 목적 안에 있구나!'

내가 태어난 환경, 유년 시절의 외롭고 힘들었던 경험들, 회사 경영 속에서 인적자원들을 관리하며 힘겨웠던 수많은 역경들은 모두 훈련이었고, 모두 하나님 영광을 위해 사용될 수 있는 자원들이라는 것이 깨달아졌습니다.

하나님의 뜻이 무엇인지 다 알 수 없지만, 말로 다 표현할 수 없는 무엇인가가 발견되는, 뜨거운 눈물이 흘러내리는 가슴이 벅차오르는 밤이었습니다.

그날 이후부터 목적이 발견된 코칭공부와 영성훈련이 제 인생에 새롭게 시작되었고, 하나님의 뜻을 구하며 성령님의 인도하심을 따라 사는 새로운 믿음의 훈련이 제 인생에 펼쳐지고 있었습니다.

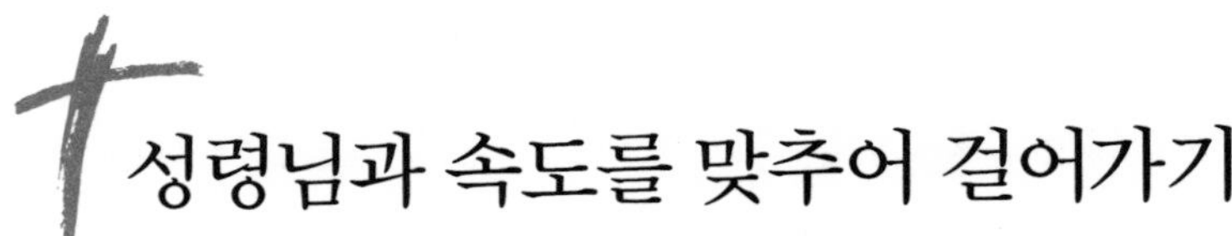

성령님과 속도를 맞추어 걸어가기

보혜사 곧 아버지께서 내 이름으로 보내실 성령 그가 너희에게 모든 것을 가르치고 내가 너희에게 말한 모든 것을 생각나게 하리라(요한복음 14장 26절)

그가 와서 죄에 대하여, 의에 대하여, 심판에 대하여 세상을 책망하시리라(요한복음 16장 8절)

그러나 진리의 성령이 오시면 그가 너희를 모든 진리 가운데로 인도하시리니 그가 스스로 말하지 않고 오직 들은 것을 말하며 장래 일을 너희에게 알리시리라(요한복음 16장 13절)

2016년 그 시즌은 하나님께서 보여 주신 비전을 따라 준비하며 열심을 내고 있었습니다. 회사를 경영을 하면서 토요일에는 코칭심리학 석사 과정을 공부하고 있었고, 주중 화요일에는 침례신학대 평생교육원에서 2년 과정 기독교 상담사 과정을 공부하며 분주하게 시간을 보내고 있을 때였습니다. 그리고 그때 2015년에 마무리하지 못한 사회복지사 현장실습을 남겨 놓고 있는 상황이었습니다.

120시간의 현장실습은 아직 마음의 준비가 되지 않았다고 생각하며 주저하고 있을 때, 주님은 저를 장애인들이 작업을 하는 밀알 선교단으로 보내셔서 얼마나 저 자신이 하나님과 엇박자를 내고 있는 인생인지를 자각시키셨고, 타성에 젖어 잠자고 있는 저의 생각과 감정을 만지시고 깨우셨습니다.

밀알 선교단체의 한 부서인 밀알 작업장은 장애인들이 자립할 수 있도록 만들어진 삶의 터전입니다. 저는 그 작업장에서 일하시고 계시는 하나님을 만날 수 있었습니다.

듣지 못하고 말하지 못하는 분들, 그리고 다양한 신체적 장애를 가진 장애인들은 묵묵하게 감사함으로 자신들의 일을 해내고 있었고, 자신들에게 일할 수 있는 곳을 허락하신 하나님께 감사의 기도와 찬양을 올려 드리며 하루를 시작하였습니다.

그곳에서 장애인들과 아침 예배를 드리며 감사로 시작하는 하루는 회사를 경영하며 조직을 이끌어온 저의 모습과 제 삶의 태도를 되돌아보는 시간이 되었으며 제 자신이 너무도 부끄러워지는 시간이었습니다.

어느 한 날 장애인들이 합창 연습을 하는 죠이합창단 모임에 장애인들과 함께 참석을 하게 되었습니다.

찬양하는 자태가 너무 이쁘고 아름다워서 눈에 들어왔던 시각 장애인 자매님이 있었는데, 그날 저에게 화장실까지 안내를 해 달라고 말을 했습니다. 그때까지 일대일로 시각 장애인을 케어했던 경험이 없었기 때문에 순간 어떻게 안내를 해야 할지 당황해하면서, 제가 자매님을 안내하기 위해 손을 잡으려고 했을 때 자매님이 제 손을 더듬더듬하시더니 제 팔에 팔짱을 꼭 끼었습니다.

자매님은 어떻게 저를 잡아야 안전하게 인도를 받을 수 있는지를 알고 있는 듯했습니다.

산성감리교회 안에 합창 연습을 하던 장소에서 화장실까지 가는 곳에는 긴 복도가 있었는데 그때부터 저는 자매님과 함께 긴 복도를 걷기 시작했습니다.

한 발! 한 발! 자매님의 걸음에 속도를 맞추며 온 신경을 곤두세우고, 온몸을 자매님에게 맞추며 혹시 불편해하지 않을까 하여 아주 조심조심! 긴 복도를 걷기 시작했습니다.

자매님이 꼭 잡은 나의 팔, 전적으로 나만 의지하고 한 발 한 발 내딛는 걸음!

복도 중간쯤 걷고 있을 때 제 마음속에 '내 삶이 지금 이 순간 같아야 하는구나.'라는 생각이 밀려들기 시작했습니다.

세상과 상황, 환경에 반응하는 내 육신의 눈을 꼭 감고, 믿음의 눈으로 한 발, 한 발!

보이지 않는 곳을 한 걸음 한 걸음 내 팔을 의지하며 내딛는 자매님의 걸음처럼, 진리 가운데로 인도하실 성령님만 의지하며 한 발 한 발을 내디딜 때,

'이 순간처럼 성령님께서도 자상하게 따뜻하게 나의 걸음을 예수 그리스도 갈보리 승리의 십자가의 길로 인도해 주시겠구나…….'

말로 다 표현할 수 없는 그 순간을 자매님과 함께, 조용하고 긴 복도를 그렇게 걸었습니다.

얼마나 나는 하나님의 뜻과 엇박자를 치는 인생인가!

때론 내 열정과 의지로 하나님의 생각을 제치고 혼자 뛰고 있었고,

때론 그런 내 자신에게 절망하고 낙심하며 주저앉아 주님 혼자 걷게 하였는지…….

그날 밤 저는 잠을 이룰 수가 없었습니다.

나를 위해 십자가 위에서 자신의 온몸을 내어 주시고 찢기시고 물과 피를 다 쏟으며 죄와 사망으로부터 싸워 해방시켜 주시고 영원한 생명을 주신 예수 그리스도의 사랑 안에서, 하나님의 뜻 이루는 삶을 살도록 저를 도우시는 성령님과 속도를 맞추기 위해, 넘어진 무릎을 일으켜 세우고 그 은혜, 그 사랑 힘입어 오늘도 한 발을 내딛는 믿음의 훈련을 계속해 봅니다.

성령님과의 동행 속도 맞추기 훈련

> 구름이 성막 위에서 떠오를 때에는 이스라엘 자손이 그 모든 행진하는 길에 앞으로 나아갔고 구름이 떠오르지 않을 때에는 떠오르는 날까지 나아가지 아니하였으며 낮에는 여호와의 구름이 성막 위에 있고 밤에는 불이 그 구름 가운데에 있음을 이스라엘의 온 족속이 그 모든 행진하는 길에서 그들의 눈으로 보았더라(출애굽기 40장 36-38절)

이스라엘 백성들이 광야에서 훈련받을 때 여호와의 구름이 떠오르지 않을 때에는 떠오르는 날까지 나아가지 않고, 여호와의 구름이 성막 위에 떠오를 때에는 성령님의 인도하심을 따라 행진하였던 모습을 그려 봅니다.

그 광야의 태양 빛을 구름으로 가리시고 그늘을 만들어 구름 아래 이스라엘 백성을 보호하시며 걷게 하시는 하나님의 자비하심 아래 구름과 불기둥으로 인도하심에 속도를 맞추어 행진의 훈련을 해 나갔던 것처럼 우리도 한 발, 한 발 또 한 발 성령님과 속도를 맞추며 반복 훈련을 통해 앞으로 나아갈 수 있습니다.

우리 자신에게 질문해 보시면 좋겠습니다.

나는 성령님과 속도를 맞추고 있는가?
나의 생각이 주님의 생각보다 혹시 앞서가지는 않는가?

혹시 너무 먼 거리에 아득하게 뒤처져 있지는 않는가?

나의 삶은 하나님의 목적과 하나님의 계획하심에 속도를 맞추고 있는가?

우리 함께 자신을 점검해 보는 시간이 되었으면 좋겠습니다.

코치 되시는 성령님은, 하나님의 말씀을 통해 잠자고 있는 우리의 생각을 깨우시고 성령님과 속도를 맞추고 호흡을 맞추고 눈빛을 맞추며 함께 뛰기를 원하실 것입니다.

때론 우리가 실패와 좌절을 겪으며 한 발 전진하기도 하고 때론 가슴 시리게 한 발을 후퇴할 때도 있습니다.

그러나 한 발 전진, 한 발 후퇴하는 성장의 진통 속에서 더 멀리 뛸 수 있는 근육들이 만들어집니다.

우리는 코치 되시는 성령님의 인도하심에 속도를 맞추어, 실패와 상처와 좌절을 통해 엎어졌던 무릎을 다시 일으켜 세우고 장애물을 극복하고 전진해 나갈 수 있습니다.

광야의 시작, 6개월 시한부 판정을 받다

환난 날에 나를 부르라 내가 너를 건지리니 네가 나를 영화롭게 하리로다(시편 50편 15절)

너는 내게 부르짖으라 내가 네게 응답하겠고 네가 알지 못하는 크고 은밀한 일을 네게 보이리라(예레미야 33장 3절)

2017년 6월 하나님의 인도하심 가운데 저는 회사를 정리하게 되었습니다. 인적 자원을 관리하는 사업을 하면서 책임져야 할 일들, 예상치 못하게 생기는 무수한 어려운 일 등 참 많은 어려움들이 있었는데 이제 그 큰 짐을 내려놓게 되었고 강사로서, 코치로서의 길을 걷게 되었습니다.

그때가 코칭심리 석사 과정을 마치고 코칭학 박사 과정에 들어갔을 때였으며, 시즌별 스팟으로 극동방송 사역과 함께 다양한 기업과 공기관 등에서 강의를 하고 있었습니다.

또한 하나님의 은혜로 2018년에는 '4.0시대 셀프리더십 심리코칭' 책을 출간하고 2019년에는 '코치되시는 나의 성령님'을 출간하게 되었습니다. 그리고 오랫동안 기도하고 준비하고 있던 저에게 하나님께서 계획하신 특별한 만남을 통해, 대흥 침례교회에서 진행되는 코칭스쿨 강사로 와 달라는 청빙을 받게 되었고, 그러면서 좀 더 본격적인 크리스천 코칭 사역이 이루어지고 있었습니다.

이렇게 행복한 시간을 보내는 가운데 이제 나의 광야의 훈련은 끝났구나라는 생각을 할 때쯤 박사 마지막 논문학기를 앞두고 제 인생에 폭풍과 같은 시련이 닥쳐왔습니다.

폐암 4기 6개월 시한부 판정을 받다

저는 1년에 한 번씩 서울 메이저 병원에서 건강 검진을 받고 있었습니다. 해마다 건강 검진을 하며 여성 부인과 쪽에는 집중적인 검사들을 해 왔지만 폐는 늘 엑스레이만 촬영하여 검진하고 있었습니다. 잔기침을 하는 저를 보며, 건강 검진 때 남편이 신청을 해 줘서 폐 CT를 찍게 되었습니다. 남편은 자신이 신청해 놓은 것도 기억하지 못하고 있었고, 저는 그렇게 하나님의 계획된 시간 속에서 건강검진을 받게 되었습니다. 그 후 며칠 뒤 폐 검사에 대한 재검 요청이 왔고, 2020년 9월 9일 재검사 결과를 듣게 되었습니다.

호흡기 내과 교수님은 폐에 암이 있고 심각한 상황이고… 이 상태라면 폐만 보아도 6개월 정도 살 수 있다고…. 청천벽력 같은 말씀을 하셨습니다.

좀 더 구체적인 조직 검사를 받아야 하고 그 결과에 따라 암센터에서 치료 방향을 결정해 줄 거라고 하셨고 그 일정을 기다릴 수밖에 없었습니다.

너무 기가 막혀서 눈물도 나지 않고 온몸에 힘이 빠지고 이게 현실인가? 하나님 이게 정말이에요? 이 상황이 어떻게 된 거예요? 아주 작은 소리로 혼자 말을 되뇌이며, 울고 있는 남편 옆에서 정신이 나간 사람처럼 그렇게 집으로 돌아왔습니다.

암센터의 첫 진료일의 날짜는 한 달 뒤인 10월 8일이었습니다.

6개월을 산다고 했는데 한 달을 이렇게 속수무책 기다리라는 건가…. 어떤 대책도 없이 어떤 치료 방법도 알지 못한 채 그렇게 한 달이라는 시간을 기다리게 되었습니다.

하나님의 말씀을 받다

이에 그들이 그들의 고통 때문에 여호와께 부르짖으매 그가 그들의 고통에서 그들을 구원하시되 그가 그의 말씀을 보내어 그들을 고치시고 위험한 지경에서 건지시는도다(시편107편 19절-20절)

예수께서 들으시고 이르시되 이병은 죽을병이 아니라 하나님의 영광을 위함이요 하나님의 아들이 이로 말미암아 영광을 받게 하려 함이라 하시더라(요한복음 11장 4절)

나사로가 병들었다 함을 들으시고 그 계시던 곳에 이틀을 더 유하시고(요한복음 11장 6절)

아침에 눈을 떴을 때 이 시간이 꿈이었으면 좋겠다고 생각했습니다. 그러나 여지없이 현실이었고 절망감을 안은 채 청지기 교회 김용대 담임 목사님을 뵙게 되었습니다. 그날 목사님이 하신 말씀을 잊을 수가 없습니다.

"집사님, 하나님의 골든타임이 있어요! 하나님의 계획이 있어요! 하나님이 고쳐 주실 거예요! 하나님은 1기든 2기든 3기든 4기든 다 똑같이 치료하실 수 있고, 단지 그 치료의 과정을 어떻게 열어 가실지 하나님을 믿고 함께 기도해요!"

목사님의 말씀은 절망과 두려움 가운데 있던 저에게 한줄기 소망의 빛처럼 들려왔고, 신앙이란 무엇인가? 믿음이란 무엇인가? 라는 제 안에 도전의 질문들이 솟아나기 시작했습니다.

'그래 하나님은 살아 계시잖아! 세상의 기준으로는 절망적이고 가망이 없다고 해도 하나님이 포기하기 전까지 나도 포기할 수 없어!'

라고 고백하며 하나님 앞에 눈물로 부르짖으며 나아가기 시작했습니다.

죽음에 대해서는 심각하게 생각도 해 보지 않았고 전혀 준비되어 있지도 않았는데 이렇게 갑자기 내가 죽을 수 있다니…. 막상 죽음의 문턱 앞에 서니 두렵게 저에게 밀려드는 2가지의 질문들이 있었습니다.

첫 번째 질문은

'나는 진정 구원받았는가?'

'나의 죄 문제는 해결되었는가?'

'나는 죽으면 어디로 가는가?'라는 심각한 질문이었습니다.

성경 말씀을 통하여 분명하게, 구원은 내 삶의 행위로 받는 것이 아니며 오직 예수 그리스도의 십자가 보혈로 그 은혜로 구원받는 것이며, 이미 나의 죄 값이 2천 년 전 십자가 위에서 예수님의 피로 해결해 주셨다는 것을 약속하셨기 때문에 말씀에 근거하여 나는 천국에 갈 수 있다는 확신이 들었습니다.

그러나 내안에 밀려오는 두 번째 질문에는 자신이 없었습니다.

하나님께서 "내 아들 예수와 이 땅에서 무엇을 하고 왔냐?"라고 물으신다면 나는 뭐라고 말씀드릴 수 있을까? 이 질문에는 자신이 없었습니다.

그동안의 나의 삶이 너무나 후회스러웠습니다.

여전히 내가 주인 되었던 삶…… 선을 행할 수 있으면서도 적절하게 타협하는 삶…… 내 의를 드러내는 삶…… 회칠한 무덤 같았던 삶…….

처절하게 주님 앞에 회개하며 눈물의 기도로 나아갔습니다.

코로나로 심각한 상황이었지만 제가 하나님의 생기를 받고 먼저 영이 살아야 하겠기에, 모든 예배를 드리기 위해 예배당으로 달려갔고 아무도 없는 새벽마다 주님 앞에 혼자 나아가 기도하기 시작했습니다.

그때는 그 모든 불안과 두려움을 감당하기 힘든 상황이었기 때문에

'하나님 제가 믿음이 부족하니까 제가 믿고 붙들고 기도할 수 있는 언약의 말씀을 주세요'라고 간절히 기도를 했었습니다. 그날도 그 기도를 하고 있었는데 9월 23일 새벽 4시 44분쯤 우먼파워 사업을 하면서 10여 년간 동티모르 선교지에 10명의 고아원 아이들을 후원하며 섬겼는데 제 기도부탁을 듣고 저를 위해 기도하시던 선교사님께서 그 시간에 카톡으로 말씀을 보내주셨습니다.

그때 그 선교사님을 통해 하나님이 저에게 주신 말씀은 요한복음 11장 4절 말씀이었습니다.

> 예수께서 들으시고 이르시되 이병은 죽을병이 아니라 하나님의 영광을 위함이요 하나님의 아들이 이로 말미암아 영광을 받게 하려 함이라 하시더라(요한복음 11장 4절)

'이 병은 죽을병이 아니구나! 하나님의 영광을 위한 병이고 이 병으로 말미암아 하나님의 아들이 영광을 받을 것이구나!' 이렇게 이 말씀이 레마의 말씀으로 제 마음 가운데 들어왔습니다.

그때부터 소망을 가지고 이 말씀을 선포하며 이 병이 죽을병이 아니라 하나님의 영광을 위한 병이 되게 해 달라고 선포하며 기도하기 시작했습니다. 그리고 얼마 지나지 않아 네팔 선교 사역에 동역했던 한 형제님의 메시지를 받았습니다. 제 소식을 접하고 저를 위해 기도하던 중 하나님께서 떠올려 주신 말씀이라고 요한복음 11장 4절, 똑같은 말씀을 보내 주시면서 "만약 이 말씀이 치료되기를 원하는 간절한 나의 마음에서 올라온 것이 아니라 하나님이 나에게 떠올려 주신 말씀이면 자매님은 치료되실 거예요."라고 문자를 보내주셨습니다.

'두려워하고 불안해하는 연약한 나의 믿음을 알기에 하나님께서 계속 나에게 말씀하시는구나'라고 주님의 뜻으로 받으며 더욱 간절하게 기도하며 나아갔습니다.

일 년에 한 번씩 건강검진을 했는데 어떻게 갑자기 이렇게 심각한 상황이 되었을까? 마음이 답답하고 제 자신이 한심스럽고 낙심 가운데 사로잡혀 여러 생각들이 저를 괴롭히기도 했는데, 요한복음 11장 6절 나사로가 병들었다는 소식을 들으셨지만 예수님께서 이틀을 더 유하시고 나사로가 죽은 후에 찾아가시고 살리셨던 요한복음의 말씀을 묵상하면서, 하나님의 때와 하나님의 계획을 믿으며 큰 위로를 얻을 수 있었습니다.

> 나사로가 병들었다 함을 들으시고 그 계시던 곳에 이틀을 더 유하시고(요한복음 11장 6절)

하나님이 고치시고 치료하실 일이기 때문에, 하나님께서 영광을 받으실 일이기에, 하나님의 때에 치료하실 거고 나는 죽어 가고 있는 것이 아니라 살아나고 있는 거야라는 마음으로 하나님의 계획을 믿으며 힘을 얻게 되었습니다.

또한 살리는 것은 영이며 육은 무익하고 하나님의 말씀은 영이고 생명이라 하신 그 언약의 말씀을 붙들고, 더불어 성경에 기록해 주신 치료의 말씀들을 선포하며 기도할 수 있도록 하나님께서 함께해 주셨습니다.

저의 연약함을 담당하시고 저의 질병을 짊어지신 예수님을 믿고, 저를 위해 채찍에 맞으신 주님을 생각하며, 때로는 영원한 생명을 주신 주님께 감사해서 울고 때로는 죄송해서 울고 때로는 서글퍼서 통곡하는 주님과의 시간들을 보내고 있었습니다.

> 살리는 것은 영이니 육은 무익하니라 내가 너희에게 이르는 말은 영이요 생명이라(요한복음 6장 63절)

> 육신의 생각은 사망이요 영의 생각은 생명과 평안이니라(로마서 8장 6절)

> 우리의 연약한 것을 담당하시고 병을 짊어지셨도다 함을 이루려 하심이더라(마태복음 8장 17절)

> 친히 나무에 달려 그 몸으로 우리 죄를 담당하셨으니 이는 우리로 죄에 대하여 죽고 의에 대하여 살게 하려 하심이라 그가 채찍에 맞음으로 너희는 나음을 얻었나니(베드로전서 2장 24절)

이때 폐암선고를 받고 한편으로는 제 자신이 실패한 인생처럼 느껴지는 좌절감이 올라오기도 했고 누군가를 만날 마음의 힘도 전혀 없는 상태였지만, 숨고 싶은 마음과 중보기도를 부탁하고 싶은 갈등 속에서 용기를 내어 하나님의 사람들에게 중보기도를 부탁드렸고 정말 많은 분들이 애절하고 간절한 마음으로 저를 위해 기도해 주셨습니다.

저의 회복을 위해 기도해 주신 많은 분들의 기도 속에서 하나님의 사랑을 느낄 수 있었으며, 저를 치유하시기를 원하시는 하나님의 마음을 느낄 수 있었습니다.

이런 은혜 가운데 죽음의 문턱에서도 제정신이 아니라고 말할 만큼 제 마음에 평강을 주시고, 주님이 주시는 평강이 저의 육신을 주장해 주셔서, 잘 먹고 잘 자면서 예배하고 기도하며 말씀을 붙들고 한 달의 시간을 보낼 수 있었습니다.

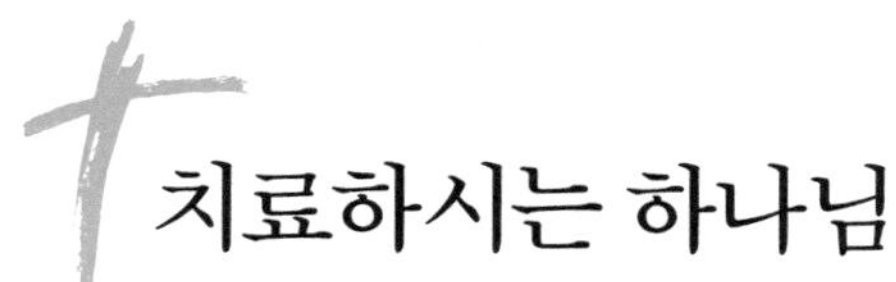

치료하시는 하나님

나는 너희를 치료하는 여호와임이라(출애굽기 15장 26절)

내가 네게 명령한 것이 아니냐 강하고 담대하라 두려워하지 말며 놀라지 말라 네가 어디로 가든지 네 하나님 여호와가 너와 함께 하느니라 하시니라(여호수아 1장 9절)

두려워 하지마라. 내가 너와 함께 함이라 놀라지 말라 나는 네 하나님이 됨이라 내가 너를 굳세게 하리라 참으로 너를 도와 주리라 참으로 나의 의로운 오른손으로 너를 붙들리라(이사야 41장 10절)

그렇게 한 달이 지나고 10월 8일이 되어, 암센터에서 처음 실시한 첫 조직 검사 결과와 치료 방향을 듣기 위해 병원에서 대기하고 있었습니다. 이 시간은 마치 사형선고를 기다리는 사람의 마음이 이해가 되듯 초조했고 의사 선생님이 어떻게 말씀하실지 연약한 마음 가운데 두려움이 밀려들기도 했습니다.

"하나님, 저 이 순간이 너무 두려워요. 주님, 도와주세요."라고 기도하며 남편의 손을 꼭 잡고 있었는데 제 마음 가운데 여호수아 1장 9절 말씀을 떠올려 주셨습니다.

"두려워 말라 놀라지 말라 네가 어디로 가든지 네 하나님 여호와가 너와 함께 하느니라!!" 저는 제안에서 울려오는 이 말씀들을 들으며 교수님 방의 문을 열었습니다.

교수님은 오른쪽 폐에 5.6㎝ 종양과 오른쪽 골반 뼈에 암이 전이된 상태이며, 뇌에도 점처럼 작은 사이즈의 암이 보여 추적관찰이 필요하다고 말씀하셨고, 폐암 4기 진단을 내리시면서 수술은 불가하다고 말씀하셨습니다.

치료의 방향은 조직 검사 결과 폐암 환자의 5% 정도에서 나타나는 알크 유전자 변이가 있고 알크 유전자 변이로 발생된 폐암환자가 먹을 수 있는 표적 치료제가 있어 급여로 약을 처방 받게 되었고, 약을 먹었을 때 나타나는 부작용 증상들과 주의사항 설명을 듣고 2달 뒤에 다시 결과를 보기로 하였습니다.

환자마다 약에 대한 효과나 반응이 다르다 보니 2달 뒤 나에게 어떤 결과가 나오게 될지 알 수 없는 상황에서, 하나님께서 예비해 주신 약이니 제 몸이 약을 잘 받을 수 있도록 약의 효과가 나타나도록 부작용이 심하지 않도록 기도하기 시작했습니다. 그리고 시간이 지나면서 하나님은 나의 기도를 이렇게 바꾸시기 시작했습니다.

"하나님!! 회개하오니 상처와 죄와 스트레스로 변형된 나의 모든 유전자들이 예수 그리스도의 보혈로 온전히 치유되어 하나님이 창조하셨던 그때의 세포들로 회복시켜 주시옵소서!!"

"하나님!! 나의 면역 시스템과 모든 신경계들을 예수 그리스도의 보혈로 온전하고 건강하게 하사, 창조하셨던 건강한 기능으로 회복되게 하옵소서!!

하나님!! 제 몸은 주님의 것입니다! 제 병도 주님께 드립니다!
저는 죄에 대해 죽었기 때문에 사망의 권세가, 율법의 저주가, 질병이 나를 주장할 수 없음을 예수 이름으로 선포합니다!

예수님께서 채찍에 맞으므로 나의 죄악도 나의 질병도 나의 연약함도 담당하셨고 나는 이미 나음을 얻었습니다!!

하나님께서 약을 주셨으니 약이 우상 되지 않게 하시고 치료를 주도하시는 전능하신 하나님 예수 그리스도의 십자가 보혈로 나를 치료하여 주옵소서!"

이렇게 예수 그리스도의 십자가 보혈을 의지하며, 저를 위해 물과 피를 다 쏟아주신, 저를 위해 전부를 내어주신 주님 앞에 엎드려 회개하며 간구하는 시간들을 보냈습니다.

친정엄마의 소천

한 번 죽는 것은 사람에게 정해진 것이요 그 후에는 심판이 있으리니(히브리서 9장 27절)

허리에 띠를 띠고 등불을 켜고 서 있으라 너희는 마치 그 주인이 혼인집에서 돌아와 문을 두드리면 곧 열어 주려고 기다리는 사람과 같이 되라(누가복음 12장 35-36절)

예수께서 이르시되 나는 부활이요 생명이니 나를 믿는 자는 죽어도 살겠고(요한복음 11장 25절)

이렇게 간절한 기도 가운데 주님께 나아가는 시간 속에서 가장 그리운 건 친정엄마였습니다. 친정엄마가 너무나 보고 싶었습니다. 코로나가 극심해 요양병원 면회도 쉽지 않았고 엄마의 건강 상태도 계속 좋지 않다는 소식을 전해 듣게 되었습니다. 저도 조만간 죽는다고 하는데 엄마도 위독하시다고 하니 이런 상황들이 너무나 슬프고 아프기만 했습니다.

이때가 11월 교회에서 다니엘 기도회를 영상으로 시청하며 함께 기도하던 때였는데, 폐암 4기 6개월 여명을 받은 제가 위독한 엄마를 위해 기도하던 그 밤들은 너무나 가슴 저미는 시간들이었고 처절하게 주님을 찾는 시간들이었습니다.

그리고 12월 8일 친정엄마는 하나님 품에 안기셨습니다.

힘든 시간 속에서 엄마의 품이 한없이 그리웠는데 한번 그 품에 안겨 보지도 못하고 엄마와 이별을 하게 되었고 엄마의 죽음을 목도하며 느끼는 슬픔은 이루 말할 수가 없었습니다.

또한 6개월 여명을 받은 상태에서 엄마의 영정사진을 보며 저에 영정사진과 겹쳐지면서 이게 바로 나의 모습일 수 있겠구나 이렇게 내가 가슴 아프게 이별의 아픔을 겪는 것처럼 나의 아이들과 남편과 가족들도 슬퍼하겠지 라는 생각 속에 더욱 큰 슬픔으로 다가왔습니다.

엄마의 죽음을 목도하면서 한 번 죽는 것은 정해진 것이며 그 후에는 심판이 기다리고 있다는 말씀이 가슴에 사무쳤고, 나도 조만간 하나님의 심판대에 서야 한다는 것이 실감이 되는 순간이었습니다.

이 세상의 삶은 영원하지 않고 이 땅의 짧은 삶을 통해 영원히 살 천국에서의 제 삶이 결정된다는 것과, 이 땅에 있는 그 어떤 것도 천국에 가져가지 못하며 오직 예수 그리스도의 이름으로 행한 것들만 하나님이 계수하신다는 것을 깨닫는 시간이었습니다. 또한 하나님의 자녀라는 특권은 세상 무엇과도 바꿀 수 없는 가장 가치 있는 선물이며 숨 쉬고 살아 있어 하나님께 찬양하고 예배할 수 있는 매 순간의 삶 그 자체가 얼마나 소중하고 감사한 것인지 얼마나 큰 은혜인지를 깨닫는 시간이었습니다.

죽음의 문턱에 서서 엄마의 죽음을 목도하며 엄마와 헤어지는 것은 말로 표현할 수 없는 슬픔이었지만, 엄마는 죽음이라는 시간을 건넜고 주님과 함께 하고 있으며 부활의 새 몸을 입고 언젠가 천국에서 엄마를 다시 만날 수 있다는 사실이 저에게는 큰 위로가 되고 참 소망이 되었습니다. 부활이 우리를 기다리고 있다는 것과 영원한 생명을 소유했다는 것이 너무나 감사했습니다.

> 우리가 주목하는 것은 보이는 것이 아니요 보이지 않는 것이니 보이는 것은 잠깐이요 보이지 않는 것은 영원함이라(고린도후서 4장 18절)

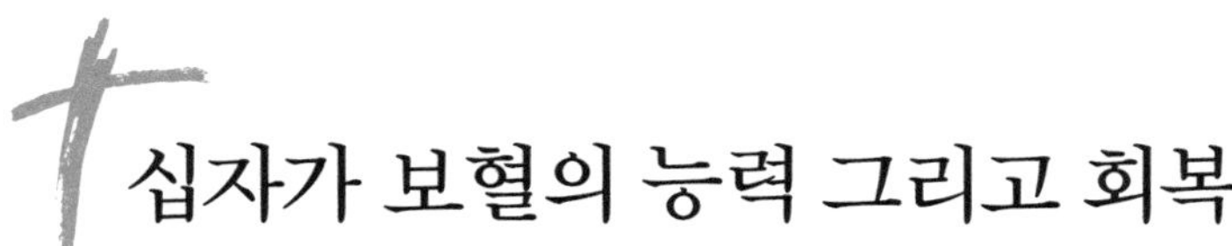

십자가 보혈의 능력 그리고 회복

내 영혼아 여호와를 송축하라 내 속에 있는 것들아 다 그의 거룩한 이름을 송축하라 내 영혼아 여호와를 송축하며 그의 모든 은택을 잊지 말지어다 그가 네 모든 죄악을 사하시며 네 모든 병을 고치시며 네 생명을 파멸에서 속량하시고 인자와 긍휼로 관을 씌우시며 좋은 것으로 네 소원을 만족하게 하사 네 청춘을 독수리 같이 새롭게 하시는도다(시편 103편 1-5절)

내가 죽지 않고 살아서 여호와께서 하시는 일을 선포하리라(시편 118편 17절)

믿음은 바라는 것들의 실상이요 보이지 않는 것들의 증거니(히브리서 11장 1절)

그렇게 엄마가 소천하시고 12월 말 첫 번째 CT 검사를 받게 되었습니다. 약이 효과가 있는지 제 상태가 어떤지 결과를 보기 위한 검사였는데 너무나 슬픈 힘든 시간을 보냈고 몸과 마음이 지쳐 있었기 때문에 검사 결과에 대해 남편이 걱정을 하고 있었습니다. 그 상황에서 첫 번째 CT 결과를 들었는데, 너무나 놀라운 것은 2달 만에 암세포의 80%가 없어진 상태였고 다시 3개월 뒤 다시 경과를 보자고 하셨습니다.

그 큰 아픔 속에서도 하나님은 저를 치유하셨고, 저는 하나님께서 저를 고치고 계시다는 확신이 들었고, 이것은 폭풍과 같은 엄청난 시련이지만 주님을 더 가까이에서 만날 수 있는 믿음의 훈련이라는 생각도 들었습니다.

그리고 폭풍과 같은 시련 앞에서 그동안 제 삶을 뒤돌아보며 처절하게 회개하며 주님 앞에 나아갔습니다.

인생을 아주 오래 살 것처럼 착각해 왔던 삶, 천국의 삶을 진지하게 준비하며 예수님이 부르시면 언제든 이 세상을 떠나야 한다는 생각을 하지 못하고 살아왔던 삶이었습니다.

주님을 주님이라고 부르지만 온통 내가 주인이 되어 살아온 삼, 매우 충성되고 선한 삶이라고 착각했지만 막상 주님 만난다고 생각하니 제 삶이 얼마나 이기적이고 회칠한 무덤 같은 삶이었는지를 깨닫게 해 주셨습니다. 내 생명은 하나님 것이며 부르시면 언제든 가야 하는데, 이 세상에서 생명을 허락하신 시간 동안 제가 너무 헛된 시간을 보냈다는 생각에 가슴을 치며 지난날을 회개하는 시간들을 보냈습니다.

그때 당시 중1 아들과 수능을 준비하던 딸에게 저의 심각한 상황을 차마 말할 수 없었고, 남편은 직장 일까지 내려놓고 저를 돌봐주고 있었는데 남편과 아이들을 생각하면 가슴이 미어지게 아파오곤 했습니다. 그러면서 이런 생각도 들었습니다. '그래도 가족 중 한 명이 아니라

내가 아픈 것이 다행이지…. 정말 다행이다….'

이런 생각들을 하면서 절절하게 깨달아진 것은 하나님 아버지의 사랑이었고 예수 그리스도의 사랑이었습니다.

자녀인 나를 살리려고 하나밖에 없는 아들을 십자가에 내어주신 하나님 아버지의 마음과, 나를 살리려고 땀방울이 핏방울이 되도록 죽음을 준비하며 기도하시고 그 모진 채찍과 고통의 십자가를 지셨던 그리고 나를 위해 물과 피를 다 쏟아주신 나의 주님을 생각하며, 그 사랑에 감격하고 감사하며 면목이 없고 죄송해서 그렇게 하나님 앞에 눈물로 엎드리는 시간을 보냈습니다.

이렇게 주님과 깊은 시간들을 보내며 두 번째 CT 결과를 듣게 되었고, 그때가 암 진단을 받고 5개월이 되었을 때였습니다. 그때 제 몸에는 암세포가 보이지 않는 너무나 깨끗한 상태였습니다.

이 모든 것이 주님의 은혜였습니다. 연약한 저에게 기도할 수 있는 힘을 주셨고, 중보기도자들을 세워 주셨고, 죽음의 문턱에서도 소망의 주님 십자가의 주님을 바라보게 하셨고, 울며 부르짖을 때마다 저를 품고 함께 기도해 주신 성령님, 예수 그리스도의 보혈로 연약한 저를 덮으시고 치유하시고 회복시키신 하나님의 은혜에 감사의 고백을 올려 드립니다.

사명의 길을 걸어가기

모든 일을 그의 뜻의 결정대로 일하시는 이의 계획을 따라 우리가 예정을 입어 그 안에서 기업이 되었으니 이는 우리가 그리스도 안에서 전부터 바라던 그의 영광의 찬송이 되게 하려 하심이라(에베소서 1장 11-12절)

내 은혜가 네게 족하도다 이는 내 능력이 약한데서 온전하여 짐이라 하신지라 그러므로 도리어 크게 기뻐함으로 나의 여러 약한 것들에 대하여 자랑하리니 이는 그리스도의 능력이 내게 머물게 하려 함이라(고린도후서 12장 9절)

여호와가 너를 항상 인도하여 메마른 곳에서도 네 영혼을 만족하게 하며 네 뼈를 견고하게 하리니 너는 물 댄 동산 같겠고 물이 끊어지지 아니하는 샘 같을 것이라(이사야 58장 11절)

이렇게 다시 회복된 저는 한 발 한 발 저에게 맡겨 주신 사명의 길로 나아가며 새로운 믿음의 훈련을 해 나가고 있습니다.

고난의 시간들은 그동안 제 삶 속에서 당연하게 생각했던 아침에 눈을 뜨고, 숨을 쉬고, 예배를 드리고, 가족들의 얼굴을 보고, 매 순간순간을 살아가는 모든 삶이 얼마나 은혜인지를 깨닫게 하는 시간이었으며, 내 모든 것을 주님 앞에 내려놓고 오로지 하나님만 의지하는 법을 훈련받는 시간이었으며, 나는 죽고 예수로 사는 삶을 배우는 축복의 시간이었습니다.

누구나 한 번 죽는 것은 정해진 것이며, 언젠가 제가 하나님의 부르심을 받는다면 그건 암으로 죽는 것이 아니라 사명이 끝났기 때문이며 하나님이 정하신 때라는 마음을 가지고 있습니다.

저에게 아직 사명이 남아 있어 하나님께서 회복시키셨기에, 하나님의 뜻 가운데 하나님의 자녀로서, 그리스도의 증인으로서, 크리스천 코치로서 오늘도 저의 약함을 자랑하며 사명의 길, 십자가의 길을 걸어가고 있습니다.

코칭을 도구 삼아 십자가 복음을 전하고 마음이 상한 자들을 위로하고 심령이 회복되어 다시 일어서도록 돕고, 또한 이 시대에 맞는 꼭 필요한 복음의 도구, 소통의 도구로써 예수님을 롤 모델로 사람과 교회를 세우는 데 필요한 공감과 소통의 코칭 리더십이 세워지도록 조력하고 있습니다.

지금은 하나님께서 저를 침례신학대학교 평생교육원으로 인도해 주셔서 그곳에서 크리스천 코칭 과목을 강의하며 수업에 참여하신 분들이 영성 코치로서 훈련되고 성장하도록 돕고 있습니다. 또한 방송사역, 문서사역, 교회의 교사코칭, 부모코칭, 리더 코칭세미나, 소통 세미나 등 교회에 필요한 영역을 섬기며 교도소 사역, 학교 사역, 크리스천 기업 코칭 등 저에게 주신 사명의 길을 걸어가며 오늘도 믿음의 훈련이 제 인생 속에 계속되고 있습니다.

제2장

코칭 이해하기

왜 크리스천 코칭 리더십이 필요한가?[1]

너희는 세상에 소금이니 소금이 그 맛을 잃으면 무엇으로 짜게 하리요 후에는 아무 쓸데없어 다만 밖에 버려져 사람에게 밟힐 뿐이니라 너희는 세상의 빛이라 산 위에 있는 동네가 숨겨지지 못할 것이요 사람이 등불을 켜서 말 아래에 두지 아니하고 등경 위에 두나니 이러므로 집 안 모든 사람에게 비치느니라 이같이 너희 빛이 사람 앞에 비치게 하여 그들로 너희 착한 행실을 보고 하늘에 계신 너희 아버지께 영광을 돌리게 하라(마태복음 5장 13-16절)

4.0 시대를 살아가는 그리스도인들에게 변화와 성장을 위해 필요한 리더십은 무엇일까 생각해 봅니다.

현시대를 뷰카 VUCA, V(변동성, Volatility), U(불확실성, Uncertainty),

1 '코치되시는 나의 성령님' 책에서 소개하는 크리스천 코칭의 정의와 크리스천 코칭의 원리와 탁월성, 크리스천 코치다움, 코치의 역할은 서번트 코칭연구소에서 추구하는 크리스천 코칭의 핵심 가치입니다.

C(복잡성, Complexity), A(모호성, Ambiguity) 시대라고 말합니다.

예고 없이 극단적으로 변화할 수 있는 시대(변동성, Volatility), 사건에 대해 경험하기까지 예측이 불가능한 시대(불확실성, Uncertainly), 상호 의존적으로 서로 다른 요소들이 복잡하게 얽혀 있는 시대(복잡성, Complexity), 다양한 방식으로 해석될 수 있는 정보나 상황 사건이 많은 시대(모호성, Ambiguity)를 살아가면서 각기 다른 라이프 스타일, 여러 가지 복잡한 삶의 형태와 문제들 가운데 이제는 다수에게 획일적이거나 보편적인 답, 또는 지시와 명령 관리와 통제만으로 개인과 공동체를 도와주고 이끌어 가기에는 한계에 봉착하는 시대가 되었습니다.

또한 베이비붐 세대(84세-64세), 엑스 세대(63세-44세), 밀레니얼 세대(43세-29세), 지세대(28세-13세), 알파 세대(12세미만) 까지 다양한 시대와 문화를 경험하는 다양한 세대가 한 시대에 공존하고 있습니다.

대표적으로는 과거 산업화 시대가 추구해 온 지시적이고 수직적인 대화 방식 특히 한국인의 보수적인 소통 방식을 가진 베이비붐 세대와 엑스 세대, 그리고 자율성과 개성, 다양성을 존중하며 소통의 중요성을 교육받고 경험하는 밀레니얼 세대와 지세대와 알파세대가 가정과 교회 공동체 안에 조화를 이루고 있습니다.

어떻게 하면 세대와 세대가 갈등과 불통에서 벗어나 한 성령 안에서 하나 되어 서로 유기적으로 소통하며 한 몸의 지체를 이루고 성장해 나갈 수 있을지 깊은 성찰이 필요한 때입니다.

급변하는 시대에 변화의 소용돌이 속에서 시대와 세대를 이해하고, 시대를 역행하지 않으면서도 진리 안에서 서로를 섬기며, 가정을 소통시키고, 성도와 성도를 소통시키며, 하나님과 세상을 소통시키는 건강한 크리스천의 성장을 돕는 것은 지금부터 우리 세대가 준비해야 할 사명입니다.

교회를 세우는 크리스천 코칭 리더십

교회는 예수 그리스도의 핏값으로 세워진 존귀하고 거룩한 하나님의 자녀들의 모임이며 하나님께서 예수 그리스도를 통하여 하나님의 자녀들을 목적 가운데 교회로 부르시고 거룩한 성도로 칭하여 주셨습니다.

예수 그리스도의 보혈로 거듭난 하나님의 자녀들은 하나님과 교제하는 삶, 그리고 이 땅에 하나님의 목적과 뜻을 이루는 지상명령의 사명자로서 새로운 삶을 시작하게 되고 성경의 말씀을 배우고 그 말씀을 적용하고 훈련하는 예수님을 나타내고 닮아 가는 성화의 삶을 시작하게 됩니다.

건강한 성화의 과정은 하나님의 말씀과 성령님의 통치 안에서 영과 혼과 육이 새롭게 다스림을 받으며, 지식과 감정과 의지, 생각과 언어와 행동이 예수 그리스도를 닮아 가는 변화의 삶일 것입니다.

이러한 예수님을 나타내고 닮아 가고자 하는 크리스천으로서 개인의 영적인 결단이 생각으로만 끝나지 않고 생각과 언어와 행동을 변화시켜 삶의 변화로 연결되도록 코칭이라는 도구를 통하여 개인의 변화와 성장을 돕고, 개인의 변화와 성장이 곧 유기적인 가정과 교회 공동체의 변화와 성장으로 확장되도록 영향력을 발휘하게 하는 훈련이 크리스천 코칭 리더십 훈련입니다.

리더십을 한마디로 쉽게 정의한다면 '영향력'이라고 표현할 수 있으며 하나님의 자녀들은 이 땅에 빛과 소금에 역할을 감당해야 할 사명이 있으며 이 세상에 복음의 영향력을 발휘해야 할 리더로 부르셨기 때문에 크리스천이라면 누구에게나 리더십이 필요합니다. 크리스천 코칭 리더십은 성경적 세계관 안에서 말씀과 성령님의 인도 가운데 코칭이라는 도구로 자신을 세우고 가정과 교회를 세우며 세상 가운데 빛과 소금에 영향력을 발휘하도록 훈련하는 과정이 크리스천 코칭 리더십 훈련입니다.

크리스천 코칭 리더십의 특징

하나님은 질서의 하나님이시며, 교회에서 하나님의 말씀과 역할에 대한 권위는 존중되어야 합니다.

진리의 말씀을 선포하고 성도들을 양육하는 과정에서 티칭과 상담, 멘토링과 컨설팅도 필요하지만 더불어 이 시대에 맞는 효과적인 성경 교육과 소그룹 대화, 일대일 대화에서는 코칭 리더십의 마인드와 대화 기술이 절실하게 필요한 시대가 되었습니다. 크리스천 코칭 리더십의 특징은 다음과 같습니다.

첫 번째

코칭 리더십은 일방적이고 수직적인 한 방향 대화를 수평적이고 쌍방향의 소통 대화 방식으로 변화시킵니다.

코칭 리더십은 빠르게 변화하는 복잡한 상황에서도 자신의 생각과 비전을 상대방이나 공동체에 공유하고 방향을 제시하면서 지속적으로 연결된 소통을 하고, 상대의 약점이나 문제보다는 가능성과 잠재력에 초점을 맞춥니다. 또한 상대 안에 무엇이 결여 되었는지보다는 무엇이 상대의 내면에 더 존재하는지에 관심을 가지며, 상대가 가진 자원과 강점에 초점을 맞추며 긍정적인 마인드로 공동체의 구성원들을 지지하고 격려하며 하나님이 원하시는 목적을 이루도록 영향력을 발휘합니다.

또한 공동체 구성원에게 자신의 지식과 경험을 통한 획일적인 답을 제시하기보다는 성령님의 인도하심을 받으며 스스로 자신의 삶의 문제를 하나님의 관점에서 바라보고 믿음의 눈으로 상황을 해석하고 해결할 힘을 얻으며 영적 성장의 길을 찾아가도록 함께하며 도와주는 영적 파트너십입니다.

두 번째

사람은 자유의지를 가진 존재로 지음 받았고, 지시를 받거나 시키셔 일을 할 때보다 자발적으로 스스로 동기를 가지고 선택하고 결정하는 일에 높은 책임감과 실행력을 가집니다.

이러한 자기 결정성 원리에 기반한 코칭 리더십은 공감과 존중, 신뢰를 기반으로 안전한 대화 환경을 조성하고 경청과 질문, 칭찬과 인정,

지지와 격려의 환경을 조성하여 성도 안에 깊은 성찰과 자각을 불러일으키며 자신의 생각을 스스로 선택하고 책임감 있게 행동하는 주도적이고 자발적인 건강한 신앙인으로 설 수 있도록 영향력을 발휘합니다.

세 번째

코칭 리더십은 개인과 가정 교회 공동체의 불통과 갈등을 줄이고 서로 유기적으로 연결된 그리스도의 몸 된 지체로서 서로가 서로를 존중하고 인정하며 세워 가는 환경을 조성합니다.

하나님의 자녀들은 왕 같은 제사장들이며 하나님의 나라요, 거룩한 백성입니다. 이렇게 칭함을 받은 성도들이 하나님의 형상을 회복하고 자신의 정체성에 합당한 삶을 살아가도록 돕는 성화 사역의 주권자는 성령님이시며 코칭은 성령님이 사용하시는 하나의 도구입니다.

성령님께서 성화의 과정으로 이끌어 가실 때 성도가 성령님과 더 깊은 교제 가운데로 나아가고, 깨달음과 회개의 과정, 예수님을 닮아 가는 변화와 성장의 과정, 불통과 갈등을 줄이고 사랑으로 소통하는 개인과 공동체를 만들어 가는 과정에서 코칭은 구체적으로 소통 대화의 실천의 방법을 안내합니다.

우리는 하나님의 성품을 가진 그리스도인입니다. 그리스도인다운 삶의 태도와 열매를 만들기 위해 지금까지 배우고 훈련해 온 하나님의 말씀을 기반으로 우리 영혼 안에서 우리를 코칭하시는 성령님과 함께 코칭 리더십 훈련을 시작해 보시기 바랍니다.

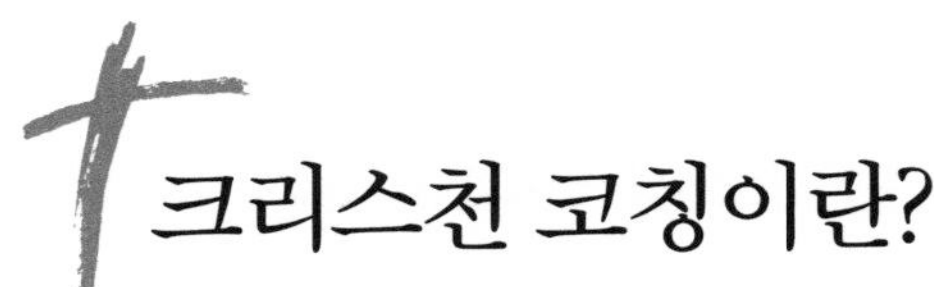

크리스천 코칭이란?

하나님이 이르시되 우리의 형상을 따라 우리의 모양대로 우리가 사람을 만들고 그들로 바다의 물고기와 하늘의 새와 가축과 온 땅과 땅에 기는 모든 것을 다스리게 하자 하시고 하나님이 자기 형상 곧 하나님의 형상대로 사람을 창조하시되 남자와 여자를 창조하시고 하나님이 그들에게 복을 주시며 하나님이 그들에게 이르시되 생육하고 번성하여 땅에 충만하라 땅을 정복하라 바다의 물고기와 하늘의 새와 땅에 움직이는 모든 생물을 다스리라 하시니라(창세기 1장 26-28절)

하나님께서는 우리를 태초 전부터 계획하시고 이 세상에 하나뿐인 하나님의 걸작으로 디자인하고 창조해 주셨습니다.

하나님께서는 우리를 목적을 가지고 창조하셨고, 주 예수 그리스도 안에서 하나님과 교제하는 삶, 주의 뜻을 이루는 삶으로 세상에 예수 그리스도의 형상으로 빛을 발하는 하나님의 자녀로서 존귀한 존재로 우리를 자녀 삼아 주셨습니다.

크리스천 코칭은

하나님의 자녀가 하나님의 목적을 발견하고 하나님의 뜻을 이루도록 돕는 대화입니다.

하나님의 형상을 회복하여 자신의 정체성과 존재가치를 발견하고, 우리 안에 계신 예수님의 성품을 발현시키며, 하나님이 심어 주신 은사와 재능 강점과 잠재력을 극대화하며, 세상에 빛과 소금의 역할로 하나님이 뜻하신 목적을 이루는 삶을 살 수 있도록 도와주는 과정이 크리스천 코칭입니다.

크리스천 코칭은

철저한 성경적 세계관을 기반으로 코치와 피코치 성령 하나님 3자의 협력 관계로 우리의 완벽한 코치가 되시는 성령님이 코칭 대화의 장에 함께하시며, 성령님께서 성숙한 코치(성도)를 도구로 사용하도록 우리 자신을 훈련하는 과정입니다.

성령 하나님께서 훈련되고 성숙한 코치(성도)의 태도와 언어를 사용하시어 친히 피코치(성도)의 영혼을 조명하고 생각나게 하시며 깨닫게 하시고 격려하심을 신뢰하는 대화입니다. 이렇듯 성령님의 인도함을 받으며 성령님의 도구로서 코치는 공감, 경청, 질문, 칭찬, 인정, 지지, 격려와 같은 코칭의 태도와 기술로 성도(피코치)를 세워주고 돕는 대화 훈련이 크리스천 코칭입니다.

크리스천 코칭은

삶의 다양한 문제들을 하나님의 관점에서 바라보고 개인의 교훈과 결단이 현재 삶의 목표로 설정되도록 도우며, 분명한 정체성과 가치관을 정립하고 궁극적으로 하나님이 원하시는 지점까지 성도가 도달할 수 있도록 함께하며, 실행력 있는 삶의 변화가 나타나도록 도와주는 과정이 크리스천 코칭입니다.

크리스천 코칭은

자신과 하나님의 관계, 자신과 성도와의 관계 , 교회와 세상과의 관계에서 소통능력을 확장시키며, 자신의 관점을 하나님의 관점으로 전환하고, 타인에 대한 관점과 의식을 확장시켜, 서로 존중하고 인정하며 배려하고 격려하는 사랑의 태도와 기술의 실천 방법을 훈련하여 예수님의 성품을 나타내는 변화와 성장의 훈련이 크리스천 코칭입니다.

크리스천 코칭은

십자가를 지고 주님과 함께 십자가의 길을 걷는 영성 훈련입니다. 자신이 그동안 살아왔던 견고한 진과 같은 내면의 사고의틀을 십자가 앞에 내려놓고 자신의 자아(Ego)를 죽이고, 성경 말씀을 기반하여 자신의 생각, 언어, 행동을 다듬고 변화시켜 자신을 세우고 성도를 세우고 교회를 세우는 성숙한 성도로 성장하는 영성훈련의 과정이 크리스천 코칭입니다

크리스천 코칭의 원리와 탁월성

크리스천 코칭은 개인과 집단이 현재 있는 지점에서 하나님이 원하시는 지점으로 이동할 수 있도록 구비시키는 기술이자 실천이다.
(게리콜린스, 코칭 바이블)

우리가 접해 왔던 일반 적인 코칭과 크리스천 코칭은 출발점이 다릅니다. 그 차별화된 요소는 크게 다음과 같습니다.

첫 번째, 크리스천 코칭은 인본주의가 아닌 신본주의로 철저한 성경적 세계관에서 출발합니다. 그렇기 때문에 인간을 바라보는 관점과 가치관도 다르며 궁극적인 목적도 다릅니다.

두 번째, 게리콜린스가 정의한 것처럼 크리스천 코칭의 원대한 목적은 하나님의 자녀들이 하나님이 원하시는 지점에 도달하도록 구비시키는 과정이며 이 과정에서 성부와 성자와 성령 하나님이 3위 일체로 관계하듯이 코치와 피코치 성령 하나님이 함께하는 3자의 관계를 기반으로 합니다.

좀 더 구체적으로 성경적 세계관에 입각하여 크리스천 코칭의 철학적 기반이 되는 인간관과 가치관 그리고 크리스천 코치다움이란 무엇인지 함께 생각해 보겠습니다. 이러한 요소들이 기반이 되고 훈련될 때 크리스천 코치다움과 코칭다움의 영향력이 탁월하게 나타나게 될 것입니다.

크리스천 코칭의 역량 3요소

크리스천 코칭의 역량이란 크리스천의 성경적 세계관 안에서 코치의 영성과 코칭의 지식과 태도와 기술이 코치에게 체득되어 코치의 삶의 모든 영역과 코칭의 공간에서 나타나는 것을 의미합니다.

1. 영적 요소

철저한 성경적 세계관 안에서 늘 영적으로 깨어 있어 하나님과의 친밀한 관계를 유지하며 예수님의 성품을 본받아 사랑과 긍휼함으로 영혼을 사랑하고 사람을 세우고자 하는 진정성과 성령 하나님의 인도하심을 신뢰하는 영성이 훈련되어야 합니다.

2. 심리적 요소

크리스천 코치로서 분명한 정체성, 사명과 비전, 가치와 신념, 행동과 능력이 예수 그리스도 안에서 한 방향으로 정렬되도록 훈련되어야 합니다.

3. 전문적 요소

크리스천 코치로서 하나님이 쓰시는 성숙하고 편한 도구가 되기 위해서는 지속적인 자기성찰과 계발 훈련이 필요하며 코칭의 지식과 기술 즉, 공감과 경청, 질문, 인정, 칭찬, 지지, 격려 등 다양한 코칭기술에 대한 지속적인 훈련이 필요하며 이러한 지식과 태도와 기술들이 자신의 삶의 영역과 코칭의 공간에서 나타나도록 훈련되어야 합니다.

크리스천 코칭의 세계관

코칭에서 인간을 어떠한 관점으로 보느냐는 코칭의 과정에서 중요한 출발점이 되며 코칭의 처음부터 마지막 순간까지 피코치와 현존하는 기반이 됩니다.

일반 코칭과 다른 크리스천 코칭에서 성경적 기반으로 보는 인간관은 다음과 같습니다.

▷ 크리스천 코칭의 인간관

1. 창조

인간은 창조주 하나님의 형상으로 창조된 존귀한 존재입니다.

2. 타락

하나님을 떠나 죄 된 모습으로 전적으로 타락하고 무능한 존재가 되었습니다.

3. 구원

하나님께서는 우리를 하나님의 형상을 따라 창조하셨고, 무한한 가능성과 잠재력을 주셨으며, 다스리는 권세를 주셔서 아담은 놀라운 능력과 지혜를 가지고 에덴동산을 다스렸습니다.

아담은 죄로 인해 실패했지만 주 예수 그리스도를 통하여 우리는 새롭게 태어났고 하나님의 자녀가 되었습니다. 우리에게 주신 근본적인 존재적 가치를 회복시키신 예수 그리스도 안에서 하나님의 자녀를 보는 관점에서 코칭이 출발합니다.

이러한 관점에서 하나님의 자녀들은 예수 그리스도 안에서 온전하며(Holistic), 창조주 하나님의 형상으로 창조된 우리는 하나님의 형상을 닮은 창의적인(Creative) 존재로서, 하나님의 섭리 안에서 자신의 선택을 통해 삶을 창조해 나가며, 다스리는 존재로 지음 받은 존재로서 능력주시는 자 안에서 무한한 잠재력(Resourceful)을 발휘하는 자원이 충분한 존재입니다.

▷ 크리스천 코칭의 가치관

인간관과 더불어 가치관은 크리스천 코칭의 차별성과 방향성을 제시합니다.

1. 크리스천 코칭은 하나님의 자녀가 하나님의 목적을 발견하고 하나님의 형상을 회복하여 소명을 발견하고 사명을 이루도록 돕는데 집중합니다.

2. 크리스천 코칭의 모든 과정에서 성령 하나님의 인도함을 받으며 성령 하나님이 우리의 완벽한 코치가 되심을 신뢰합니다.

3. 크리스천 코칭은 각 개인과 교회와 공동체가 갖는 각기 다른 사명과 가치를 인정하고 존중합니다.

4. 크리스천 코칭은 십자가의 복음을 전하는 하나의 도구로서 존재합니다.

5. 크리스천 코칭은 하나님 나라의 확장을 위하여 크리스천 리더를 세우며 영성 코치를 세우는 데 집중합니다.

6. 크리스천 코칭은 개인과 가정, 교회가 이 시대에 맞는 코칭 리더십과 소통역량을 갖추도록 조력하는 데 집중합니다.

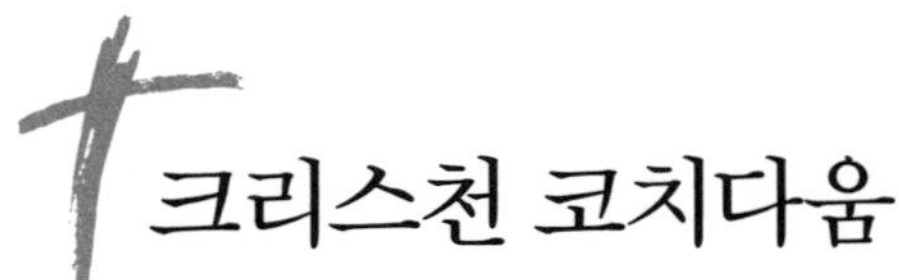

크리스천 코치다움

그는 근본 하나님의 본체시나 하나님과 동등됨을 취할 것으로 여기지 아니하시고 오히려 자기를 비워 종의 형체를 가지사 사람들과 같이 되셨고 사람의 모양으로 나타나사 자기를 낮추시고 죽기까지 복종하셨으니 곧 십자가에 죽으심이라(빌립보서 2장 6-8절)

크리스천 코치로서 가져할 마음가짐을 빌립보서 말씀을 통해 묵상해 볼 수 있습니다.

예수님이 하나님과 동등됨을 취하지 아니하시고 이 땅에 육신을 입고 오셔서 우리와 같이 인간의 몸을 가지심으로 우리와 같은 모양이 되어 우리를 온전히 공감해 주시고 함께 해주신 것처럼, 크리스천 코치는 피코치보다 높은 자리에 서지 않고 공감하며 수평적인 관계로 피코치와 함께하며 예수님이 자기를 비워 종의 형체를 가지셨던 것처럼 코치 자신도 자신의 생각과 경험을 비우고, 예수님이 자기를 낮추시고 죽기까지 복종하신 것처럼 크리스천 코치는 하나님의 목적하심대로 피코치를 세워 가도록 코치로서 훈련하며 나아갑니다.

다음은 크리스천 코치다움을 위한 훈련에 필요한 요소들입니다.

크리스천 코치의 소명과 가치관 정립

크리스천 코치는 먼저 하나님께서 주신 소명과 그로 인한 가치관을 정립하는 것이 중요합니다. 『코칭 바이블』의 저자 게리콜린스는 "크리스천 코칭에서 코치의 역할은 하나님이 만들어 놓으신 성령의 파도에 개인 또는 집단과 함께 타고 하나님의 거룩한 과업 속에서 개인 또는 집단이 각자의 소명을 발견하도록 돕는 일이다."라고 말합니다.

코치는 먼저 자신이 하나님의 목적 가운데 어떤 소명으로 부르심을 받았는지 명료화하고 소명에 합당한 가치관의 정립이 우선되어야 하며 하나님 안에서 먼저 자신이 세워지고 성도를 세우는 역량으로 나아가야 합니다.

크리스천 코치의 영적 민감성과 친밀함

하나님의 성령의 파도를 알아차리는 영적 민감성은 하나님과의 관계 속에서 친밀함을 유지할 때 가능합니다. 다양한 사역과 삶의 분주함 속에서 하나님과의 친밀한 관계를 유지할 수 있는 영적인 분별력과 민감성을 구하며 말씀과 기도 안에서 하나님과 친밀한 관계를 유지하는 성령 충만한 영성이 기반되어야 합니다.

크리스천 코치의 자기 인식과 알아차림

크리스천 코치는 피코치(성도)를 비추는 거울입니다. 코치라는 거울이 깨끗할수록 피코치는 코치라는 거울을 통해 선명하게 자신을 발견할 수 있도록 비춰 줄 수 있습니다.

크리스천 코치는 먼저 자신이라는 거울을 점검해야 합니다.

하나님의 말씀이라는 거울을 통해 자신의 존재가치, 정체성, 소명과, 사명, 은사와 재능, 자신의 잠재력과 가능성을 발견하고, 또한 자신이라는 거울의 영적 상태가 어떠한지 스스로 하나님 앞에서 자각하고 인식하며 하나님 앞에 기도로 나아가는 훈련이 필요합니다. 이러한 훈련을 통하여 코치의 거울이 정결하게 준비될 때 피코치를 하나님의 마음으로 더욱 선명하게 비춰줄 수 있을 것입니다.

또한 코칭 대화 중 자신의 신념이나 가치, 지식, 고정관념, 경험, 기질과 성향 등이 대화 가운데 어떻게 작동되고 있는지를 스스로 거울을 보듯 자신을 알아차리는 훈련이 필요하며 이러한 코치의 자아(Ego)가 코칭 대화에서 어떤 영향을 주는지 스스로 점검하는 훈련이 필요합니다.

또한 코치로서 자신의 역량을 스스로 점검하고 자신의 강점과 약점을 분석하고 성령 안에서 지속적인 자기성찰을 통해 성숙과 성장으로 나아가도록 훈련해야 합니다.

크리스천 코치의 코칭 마인드 셋, 프레즌스

크리스천 코치는 성령님의 인도하심을 의지하며, 성령님께서 코칭 대화의 장에 현존(Presence)하심을 신뢰하고, 자신감 있는 태도로, 피코치(성도)에 대한 진심 어린 호기심과 개방적이고 유연한 사고로, 피코치 중심적인 생각으로 훈련되어야 합니다.

코칭을 'Dancing in the Moment'라고 표현합니다. 코칭 대화의 공간에서 온전히 성령님과 코치와 피코치가 함께 상호작용하며 춤을 출 준비가 되어 있는지 코치 자신을 점검해야 합니다.

대화의 공간에서 코치 중심의 힘이 셀수록 즉 코치의 지식 경험 신념 가치관 등이 내면에서 작동될 때 코치는 피코치의 존재를 온전히 수용하지 못하고 가르치거나 지적하거나 답을 주려는 시도를 하게 되고, 피코치는 리듬을 잃고 진정으로 자신이 원하는 대화의 초점에서 벗어나 억지 춤을 추듯 피상적인 대화를 하게 됩니다.

코치는 하나님의 마음으로 피코치를 무조건적인 존중의 마음으로 바라보며 피코치와 함께하는 대화의 공간 안에 머물며 피코치가 생각하는 주제, 정체성 및 신념, 인생의 경험, 가치관 등을 판단하지 않고 온전히 수용하며 함께 현존(Presence)하기 위해서 개방적이고 유연하게 코치 중심의 자아(Ego)의 힘을 내려놓도록 훈련해야 합니다.

크리스천 코치의 사랑과 용기

크리스천 코치는 자신의 관점이 아니라 하나님의 관점에서 피코치를 보는 훈련이 필요합니다. 하나님께서 하나뿐인 아들까지 내어 주실 만큼 사랑하는 존귀한 존재임을 인식하는 코치의 태도는 대화의 장을 활짝 열게 합니다. 또한 예수님을 닮은 사랑에 기반을 둔 코치의 성품과 태도를 성령님께서는 기쁘게 사용하실 것이며, 신앙의 관점에서 피코치에게 정직한 피드백을 줄 수 있는 코치의 용기는 피코치의 성장을 촉진시킵니다.

> 큰 집에는 금 그릇과 은그릇뿐 아니라 나무 그릇과 질그릇도 있어 귀하게 쓰는 것도 있고 천하게 쓰는 것도 있나니 그러므로 누구든지 이런 것에서 자기를 깨끗하게 하면 귀히 쓰는 그릇이 되어 거룩하고 주인의 쓰심에 합당하며 모든 선한 일에 준비함이 되리라(디모데후서 2장 20-21절)

완벽한 코치 성령 하나님

발명품은 자신이 무엇인지 스스로 알 수 없으며 발명가 또는 사용설명서만이 발명품의 목적을 가르쳐 줄 수 있다. (릭웨렌)

크리스천 코치로서 훈련할 때 먼저 코치 자신을 향한 하나님의 목적을 발견하고 하나님의 자녀로서 자신의 정체성, 존재가치, 소명, 사명을 발견하도록 돕는 분은 성령 하나님이시며, 크리스천 코치로서 예수님을 나타내고 닮아가는 코치다움과 코칭다움을 훈련할 때, 우리를 돕고 우리를 훈련시키는 분은 바로 완벽한 코치 성령 하나님이십니다.

목적이 이끄는 삶의 저자인 릭웨렌 목사님의 메시지처럼 발명품은 자신이 스스로 무엇인지 알 수 없고 발명가 또는 사용 설명서만이 발명품의 목적을 가르쳐 줄 수 있습니다. 이처럼 우리가 이 땅에 태어난 목적과 이 땅에서 이루어야 할 다양한 삶의 목적 또한 우리를 창조하신 하나님만 알고 계시며 우리를 향한 창조의 목적과 삶의 목적을 깨닫고 목적을 이루는 삶을 살 수 있도록 인도하시는 분이 성령 하나님이십니다.

성령하나님은 삼위 일체(성부, 성자, 성령) 하나님으로서 3위격으로 존재하시며, 무소부지 하시며, 시공간을 초월하시며 현존 하시는 분이시며, 전지전능하시며, 우리를 돕는 보혜사이십니다.

성령님은 지혜와 계시의 영으로 우리를 창조하신 하나님 아버지를 알게 하시는 분, 우리를 부르신 부르심의 소망이 무엇이며 우리에게 베푸신 하나님의 능력이 지극히 크심을 알게 하시는 분, 예수 그리스도가 우리의 왕이시며 주인이심을 알게 하시는 분, 우리 자신보다 더 우리를 잘 아시는 분으로서 우리를 위해 말할 수 없는 탄식으로 간구하시며, 하나님의 뜻대로 우리를 위해 기도하시는 분, 하나님이 우리에게 은혜로 주신 것들이 무엇인지 알게 하시며, 우리에게 장래 일을 알리시며, 진리가운데로 인도하시며, 우리와 영원히 함께 하시며, 하나님이 원하시는 목적지까지 우리와 동행하시는 분이십니다.

성령님은 우리가 예수 그리스도의 생명으로 십자가의 능력으로 살아가도록 인도하시는 분이시며, 예수님의 성품과 능력을 나타내도록 도우시는 분이십니다.

성령님은 예수 그리스도를 나타내고 닮아가는 십자가의 삶, 성화의 삶을 살아 갈 때, 우리가 지치고 실수하고 실패하고 넘어져도 우리를 일으키시며 매순간 우리를 격려하시는 인격적인 분이시며, 마른 뼈들이 살아나듯이 예수님의 생명 안에서 매순간 새 힘을 부으시고 우리의 영이 살아나게 하시는 분이십니다.

성령님은 우리에게 굳은 마음을 제거하고 부드러운 마음을 주시는 분이시며, 우리 안에서 생각을 불러일으키고, 깨닫게 하시며, 우리를 가르치시는 분이시며, 우리에게 할 말을 생각나게 하시는 분이시며, 돌 판이 아니라 우리의 육에 마음 판에 하나님의 말씀을 기록하여 하나님의 말씀대로 살아가도록 돕는 분이십니다.

성령님은 육신의 생각을 다스리시고 생명과 평안을 주시는 분이시며, 우리의 몸의 행실을 죽이고 우리 안에 성령의 열매가 나타나게 하시는 분이시며, 우리가 예수 그리스도의 증인으로 살아가도록 우리 가운데 역사하시는 분이시며, 우리가 하나님이 원하시는 목적을 이룰 수 있도록 돕는 분으로서, 우리의 연약함, 아픔, 상처, 욕구, 꿈, 목표, 갈망, 우리의 기질과 성격 우리의 약점과 강점까지도 우리의 전부를 다 아시며, 우리를 치유하시고 회복시키시며, 변화하고 성장하도록 돕는 하나님의 자녀가 하나님이 원하시는 목적지로 이동할 수 있도록 인도하시는 우리의 완벽한 영적 코치가 되십니다.

> 내가 아버지께 구하겠으니 그가 또 다른 보혜사를 너희에게 주사 영원토록 너희와 함께 있게 하리니(요한복음 14장 16절)
>
> 보혜사 곧 아버지께서 내 이름으로 보내실 성령 그가 너희에게 모든 것을 가르치고 내가 너희에게 말한 모든 것을 생각나게 하리라(요한복음 14장 26절)
>
> 내가 아버지께로부터 너희에게 보낼 보혜사 곧 아버지께로부터 나

오시는 진리의 성령이 오실 때에 그가 나를 증언 하실 것이요(요한복음 15장 26절)

그가 와서 죄에 대하여, 의에 대하여, 심판에 대하여 책망하시리라(요한복음 16장 8절)

그러나 진리의 성령이 오시면 그가 너희를 모든 진리 가운데로 인도하시리니 그가 스스로 말하지 않고 오직 들은 것을 말하며 장래 일을 너희에게 알리시리라(요한복음 16장 13절)

이 말씀을 하시고 그들을 향하사 숨을 내쉬며 이르시되 성령을 받으라(요한복음 20장 22절)

우리 주 예수 그리스도의 하나님, 영광의 아버지께서 지혜와 계시의 영을 너희에게 주사 하나님을 알게 하시고 너희 마음의 눈을 밝히사 그의 부르심의 소망이 무엇이며 성도 안에서 그 기업의 영광의 풍성함이 무엇이며(에베소서 1장 17-18절)

성령이 친히 우리의 영과 더불어 우리가 하나님의 자녀인 것을 증언하나니(로마서 8장 16절)

이와 같이 성령도 우리의 연약함을 도우시나니 우리는 마땅히 기도할 바를 알지 못하나 오직 성령이 말할 수 없는 탄식으로 우리를 위

하여 친히 간구하시느니라(로마서 8장 26절)

마음을 살피시는 이가 성령의 생각을 아시나니 이는 성령이 하나님의 뜻대로 성도를 위하여 간구하심이니라(로마서 8장 27절)

오직 하나님이 성령으로 이것을 우리에게 보이셨으니 성령은 모든 것 하나님의 깊은 것까지도 통달하시느니라(고린도전서 2장 10절)

우리가 세상의 영을 받지 아니하고 오직 하나님으로부터 온 영을 받았으니 이는 우리로 하여금 하나님께서 우리에게 은혜로 주신 것들을 알게 하려 하심이라(고린도전서 2장 12절)

그러므로 내가 너희에게 알리노니 하나님의 영으로 말하는 자는 누구든지 예수를 저주할 자라 하지 아니하고 또 성령으로 아니하고는 누구든지 예수를 주시라 할 수 없느니라(고린도전서 12장 3절)

너희는 우리로 말미암아 나타난 그리스도의 편지니 이는 먹으로 쓴 것이 아니요 오직 살아계신 하나님의 영으로 쓴 것이며 또 돌판에 쓴 것이 아니요 오직 육의 마음판에 쓴 것이라(고린도후서 3장 3절)

또 새 영을 너희 속에 두고 새 마음을 너희에게 주되 너희 육신에서 굳은 마음을 제거하고 부드러운 마음을 줄 것이며(에스겔 36장 26절)

주 여호와께서 이 뼈들에게 이 같이 말씀하시기를 내가 생기를 너희에게 들어가게 하리니 너희가 살아나리라(에스겔 37장 5절)

육신의 생각은 사망이요 영의 생각은 생명과 평안이니라(로마서 8장 6절)

오직 성령의 열매는 사랑과 희락과 화평과 오래 참음과 자비와 양선과 충성과 온유와 절제니 이 같은 것을 금지할 법이 없느니라(갈라디아서 22장 24절)

말하는 이는 너희가 아니라 너희 속에서 말씀하시는 이 곧 너희 아버지의 성령이시니라(마태복음 10장 20절)

오직 성령이 너희 에게 임하시면 너희가 권능을 받고 예루살렘과 온 유대와 사마리아와 땅 끝까지 이르러 증인이 되리라 하시니라(사도행전 1장 8절)

크리스천 코치의 역할

크리스천 코치는 사람의 재주가 아니라 하나님이 코치의 존재 중심에 계시고 모든 코칭 관정의 안내자가 되심을 믿고, 영적여정 중인 그리스도인 고객이 성령의 인도와 기도를 지원받으며 앞으로 나아

가는 동안 명료하고 새로운 관점을 얻도록 지원한다. (게리콜린스, 코칭 바이블)

성령님은 훈련된 성숙한 코치의 마음과 태도, 생각과 입술, 언어, 행동을 도구로 사용하시어 하나님의 뜻을 이루어가시며 사람을 세우십니다.

크리스천 코치의 역할은 다음과 같습니다.

1. 크리스천 코치는 완벽한 코치가 되시는 성령님과 함께 하는 훈련 안에서 공감과 경청 질문을 통해 피코치(성도)가 하나님의 뜻을 발견하고 헤아리도록 도와주는 거울입니다.

2. 크리스천 코치는 하나님의 마음으로 성도와 함께 울고 웃으며, 칭찬과 인정, 격려와 지지로 함께하는 신앙의 응원자입니다.

3. 크리스천 코치는 성도가 하나님의 말씀과 신앙의 관점에서 자신의 삶을 바라보도록 관점이 확장되도록 도우며, 현재의 상황에서 믿음의 눈으로 문제를 바라보고 믿음의 해석을 통하여 하나님의 뜻을 헤아리고 용기를 얻도록 북돋아주어 하나님 안에서 자신의 문제를 해결할 힘을 얻도록 돕는 믿음의 동역자입니다.

4. 크리스천 코치는 성도가 자신의 존재가치, 정체성과 사명 ,비전을

견고히 하고 하나님이 주신 은사와 강점을 발견하고 사용하도록 도우며, 성령님의 조명 아래 신앙의 삶에 깊은 깨달음을 얻고 목표를 설정하며 행동을 설계하고 실천하도록 하나님이 원하시는 목적지까지 동행하는 영적 파트너입니다.

성령님과 함께 훈련하는 코치의 마음의 자세

1. 코칭 훈련을 하면서 실수와 실패의 경험은 자연스러운 현상이며, 실수나 실패를 통해 배우며, 모든 경험은 자원이 됩니다.
2. 우리의 훈련은 성령 안에서 자유합니다.
3. 훈련을 통해 자기성찰이 일어나고 마음의 진통을 경험하게 되며 성장 통을 통해 사고와 감정, 행동의 근육이 만들어지고 우리는 성장합니다.
4. 훈련의 과정을 통해 하나님은 이미 영광 받고 계심을 신뢰합니다.
5. 의식적인 반복 훈련을 통해 우리는 성장합니다.

일반 코칭 이해하기

코칭은 개인과 집단이 현재 있는 지점에서 원하는 지점으로 이동할 수 있도록 구비시키는 기술이자 실천이다. (게리콜린스 코칭 바이블)

코칭의 의미

코칭의 어원은 1500년대 초기 헝가리 콕스라는 도시의 네 마리의 말이 이끄는 마차에서 유래되었습니다. 이 마차가 전 유럽으로 퍼져서 콕시(Kocsi) 또는 콕치(Kotazi)라고 불리었고 영국에 들어오면서 영어로는 '코치'(Coach)라고 불렀습니다.

이 시대에 마차는 고객이 원하는 지점까지 이동시키는 운송 수단이었습니다.

네 마리의 마차의 어원에서 의미하듯 코칭은 고객이 도착해야할 목적지를 스스로 정하고 코치는 현재 있는 지점에서 고객이 원하는 지점까지 상호작용하며 데려다주는 개별화된 대화 서비스 기법이라고 이해할 수 있습니다.

이렇게 시작한 코칭은 1880년대 케임브리지의 캠강에서 노 젓는 대학들을 지도하던 사람을 지칭하는 데 코치라는 용어를 사용하게 되면서 스포츠 분야에 적용되었고 1990년대 이후 조직과 기업에서 비즈니스 성장을 위해 코칭이 적용되기 시작되었습니다. ICF 국제 코치연맹이 1995년에 설립되었고 한국에서 2003년 한국 코치협회가 설립되고 2018년 한국 코치협회 내 기독교 코칭센터가 설립되었으며 2021년 한국 기독교 코칭학회가 설립되었습니다. 일반 코칭확산과 더불어 크리스천 코칭 훈련을 통해 크리스천 코치들이 세워지고 성령의 파도를 타며 21C 지상명령의 복음의 도구로서 개인과 교회 열방 가운데 확산되고 있습니다.

코칭의 철학

코칭패러다임으로 전환하기

코칭을 훈련하기 위해서는 먼저 우리 자신의 패러다임의 변화가 우선되어야 합니다. 패러다임은 우리가 사물을 지각하고 해석하는 세상을 보는 관점입니다. 즉 세상을 보는 자신만의 견해, 생각하는 방식의 틀입니다.

우리는 자신의 개인적인 지식, 경험, 가치관, 신념 등 오랫동안 만들어지고 견고해진 자신만의 틀을 통해 사람을 보고 세상을 보며 지각하고 해석하며 관계하고 있습니다.

패러다임의 반응은 내가 어떤 틀 안에서 어떤 색깔의 안경을 쓰고 세상을 보는가에 따라 세상이 달라 보이는 것과 같고 자신의 패러다임은 자신의 생각과 감정 행동에 영향을 미치며 피코치와 관계하는 대화의 과정에서 큰 영향을 미치기 때문에 코칭의 기술을 훈련하기 이전에 먼저 자신의 패러다임을 코칭 패러다임으로 전환하는 훈련이 우선되어야 합니다.

자신의 관점을 코칭 패러다임으로 전환한다는 것은 쉽게 나의 안경을 벗고 코칭철학에 근거한 인간관과 가치관의 안경을 쓰고 피코치를 바라보는 것인데 일반적인 코칭에서 보는 인간관은 다음과 같습니다.

코칭의 3대 철학[2]

일반적인 코칭에서 대표적으로 표현하는 3대 철학은 다음과 같습니다.

첫 번째, 사람은 무한한 잠재력과 가능성의 존재이다.

두 번째, 그 사람에게 필요한 해답은 그 사람 내부에 있다.

세 번째, 해답을 찾기 위해서는 파트너가 필요하다.

이와 같이 코칭철학이라는 안경을 쓰고 인간을 바라보면 인간은 무한한 잠재력을 가지고 있고 가능성이 있는 존재이며 누군가 가르쳐 주거나 답을 주지 않아도 누구보다 전문가답게 자신의 삶의 문제의 해답을 찾아갈 수 있는 존재라는 관점을 유지하며 그러한 변화와 성장의 과정에는 파트너인 코치가 필요하다는 관점에서 코칭이 출발합니다.

---

2 에노모토 히데타케

이러한 관점으로 패러다임이 전환된다면 우리는 먼저 문제를 해결해 주려고 하거나 답을 주거나 지적하거나 그 사람을 판단하려는 시도를 멈추게 되고 철학에 근거한 인간관으로 바라보는 훈련을 해 나갈 수 있습니다.

다음은 각 기관이 가지고 있는 코칭의 철학들입니다.

한국 기독교 코칭학회	예수 그리스도의 십자가의 보혈로 죄를 씻어 주심에 근거하여 구원의 선물을 풍성한 삶으로 연결하여 영생에 이르도록 인도한다. 또한 하나님의 멋진 계획을 발견하여 하나님이 주신 은총에 감사하며 은사를 활용하되 성령의 능력을 덧입어서 하나님께 영광 돌리는 삶으로 나아가도록 돕는다.
한국 코치협회 기독교 코칭센터	우리는 하나님의 형상이며 하나님의 자녀이다. 우리는 우리에게 능력주시는 분 안에서 모든 것을 할 수 있다. 우리는 선택의 자유가 있고, 선택한 것을 따라 살아간다. 우리는 공동체로 부르심을 받았고 함께 할 때 더 큰 시너지를 낸다. 우리는 성령 하나님께서 함께하신다.
한국 코치협회	고객 스스로가 자신의 사생활 및 직업 생활에 있어 그 누구보다도 잘 알고 있는 전문가로서 존중하며, 모든 사람은 창의적이고 완전성을 추구하고자 하는 욕구가 있으며 누구나 내면에 자신의 문제를 스스로 해결 할 수 있는 자원을 가지고 있다.
ICF 국제 코치연맹	코칭은 고객이 자신의 삶과 일에서 전문가인 것을 존중하고 모든 고객은 창조적이며 그 안에 자원이 있고 온전하다는 것을 믿는다.
한국 코칭학회	모든 사람에게는 무한한 잠재력과 가능성이 있으며 누구나 내면에 창의적이고 변혁적인 해답을 가지고 있다.

코칭의 정의

한국 기독교 코칭학회	크리스천 코칭은 예수 그리스도의 십자가의 은혜 안에서 개인이나 공동체가 하나님의 자녀로서 충만한 삶을 살아갈 수 있도록 성령님을 통해 임파워링하는 수평적 파트너십이다.
한국 코치협회 기독교 코칭센터	개인과 공동체가 하나님의 나라와 의를 이루기 위해 그리스도와 하나 된 변화와 성장을 이루도록 성령의 인도하심으로 코치와 함께하는 프로세스이다.
한국 코치협회	코칭은 개인과 조직의 잠재력을 극대화하여 최상의 가치를 실현할 수 있도록 돕는 수평적 파트너십이다.
ICF 국제 코치연맹	코칭이란 고객과 함께하는 협력적 관계를 맺는 것으로 고객의 생각을 불러일으키며 고객의 개인적이고 전문적인 잠재력을 극대화시키기 위해 영감을 주는 창의적인 관계이다.
한국 코칭학회	코칭은 고객과 조직의 변화와 발전을 지원하여 개인의 삶을 주도적으로 이끌고 조직의 목표를 실현하도록 지지하는 과정이다.
코칭 심리학회	정립된 성인 학습 및 심리학적 접근법에 기초한 코칭의 모델에 의해 개인의 삶과 일 분야에서의 웰빙과 성과를 개선하는 것이다.

일반적인 코칭과 유사 영역 이해하기

상담	코칭
부정심리학	긍정심리학
병리와 문제에 초점	잠재력과 가능성에 초점
과거의 문제와 원인, 치유와 회복에 초점	현재에서 미래, 실행력을 통한 변화와 성장
상담사가 전문가	고객, 또는 피코치가 전문가

멘토링	컨설팅
지식 전수 대상	문제 해결 정보 제공
멘티는 멘토를 관찰하며 배우고 멘토는 멘티에게 시범을 보이고 지식을 전수	상황을 평가, 해결책 제시
현재에 초점	과거와 현재에 초점
멘토가 전문가	컨설턴트가 전문가

표와 같이 상담, 컨설팅, 멘토링이 유사한 영역 안에 있지만 코칭의 영역에서 뚜렷하게 구분되는 요소가 있습니다.

첫째, 코칭에서 스스로 자신의 문제를 해결하는 전문가는 코치가 아닌 피코치(고객)입니다.

둘째, 현재에서 미래로 변화와 성장에 초점을 맞춥니다.

셋째, 문제나 약점보다는 잠재력과 가능성에 초점을 맞춥니다.

게리콜린스의 말처럼 상담이 상처와 고통 속에서 치유를 원하는 고객을 도와 마이너스(-)에 있는 고객을 '0'에 도달하도록 돕는 것이라면 코칭은 숫자 '0'에 있는 고객이 플러스(+)로 성장하도록 돕는 대화 모델입니다.

코칭에서 코치는 피코치의 문제나 약점보다는 성장 욕구에 초점을 두며 긍정적 의도를 찾고 과거의 문제에 머무르기 보다는 현재에서 미래를 향한 가능성과 잠재력에 초점을 두며 자신이 원하는 변화와 성장을 위하여 스스로 대안을 찾고 실행하도록 목표지향적인 대화를 열어갑니다.

제3장

크리스천 소통 코칭

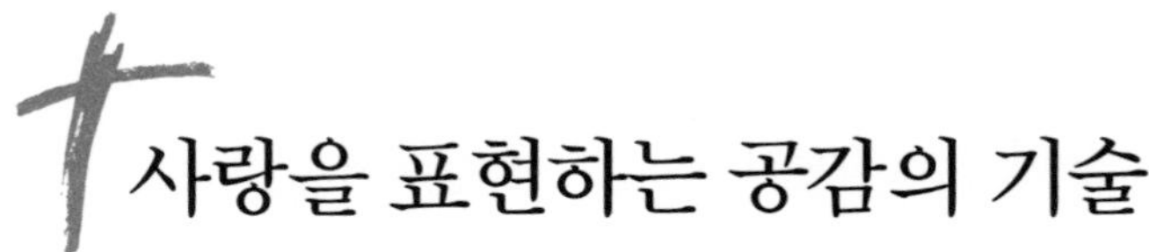

사랑을 표현하는 공감의 기술

즐거워하는 자들과 함께 즐거워하고 우는 자들과 함께 울라(로마서 12장 15절)

코칭 대화에서 첫 번째 마음의 문이 어떻게 열리느냐에 따라 대화의 과정도 대화의 결과도 달라집니다.

공감은 마음의 문을 열고 저항감 없는 대화의 장을 만들며 안전함, 신뢰, 존중의 마음을 표현하는 사랑의 태도와 기술입니다.

피코치는 대화의 장에서 안전함과 신뢰감을 느낄 때 자신의 마음을 진솔하게 열고 대화를 주도하게 됩니다.

피상적인 주제가 아니라 진심으로 자신이 원하는 것이 무엇인지를 알아차리고 자신의 언어로 마음껏 표현할 수 있도록 마음의 문을 여는 공감 대화의 첫 번째 프로세스가 래포[3]를 만드는 과정이며 래포의 기술들은 코칭의 시작에서 끝까지 대화를 촉진시키는 중요한 태도와 기술입니다.

---

3 Rapport(래포): 두 사람 사이 신뢰와 친근감을 느끼는 관계

이러한 코칭 대화의 장을 만들기 위해 공감 능력을 높이는 래포를 형성하는 코칭 기술을 함께 적용하여 훈련해 보시기 바랍니다.

〈대화의 쿠션 만들기 래포의 기술〉

① 공감 (Empathy)	☆ 언어와 비언어로 표현하기 상대가 경험하는 생각과 감정을 함께 느끼며 그것을 언어와 비언어로 표현하는 것이다.
② 페이싱 (Pacing)	☆ 속도 맞추기 상대방과 눈, 목소리의 톤 맞추기 (톤이 고음이면 고음, 저음이면 저음) 말의 속도 맞추기(빠르게, 느리게) 상대의 호흡과 상태에 맞추기
③ 미러링 (Mirroring)	☆ 행동 맞추기 거울에 비친 모습처럼 똑같이 움직이는 것(상대방과 행동 일치시키기: 손동작, 표정, 자세 등)
④ 백트레킹 (Back Tracking)	☆ 언어 맞추기 상대방의 끝말 반복하기 (상대방이 사용한 단어에 일치시키기)

① 공감은 쉽게 상대방의 신발을 신고 걸어 보는 것이라고 말합니다

그 신발을 신고 뚜벅뚜벅 걸어 보면 신발의 주인공이 느끼는 그 걸음을 더 깊이 이해할 수 있을 것입니다. 공감은 내 입장을 내려놓고 상대방의 입장이 되어 생각과 감정을 함께 느끼는 것이며 느끼는 것에서 멈추는 것이 아니라 그것을 언어와 비언어로 표현해 내는 태도와 기술입니다.

예수님께서는 누구보다 더 우리를 공감하셨습니다. 친히 인간의 몸

으로 이 땅에 오셔서 우리가 느끼는 아픔과 슬픔, 고통을 경험하셨고, 지금 이 순간도 우리의 신음에 성령님은 탄식하시고 함께 공감하며 우리를 위해 기도해 주십니다.

지금 이 순간 우리 자신에게 질문해 보시기 바랍니다.

첫 번째, 나는 얼마나 주님을 공감하고 있는가?

나는 얼마나 자주 십자가를 지시기 전 겟세마네동산에서 기도하셨던 예수님의 기도에 자리에 앉아 그때 주님의 마음을 느껴 보고 있는가?

십자가 위에서 숨 쉬기조차 힘든 처절한 고통 속에서 나를 바라보시는 주님의 마음을 느끼기 위해 나는 얼마나 자주 십자가를 지신 주님의 마음을 묵상하고 있는가?

하나밖에 없는 아들을 십자가에 내어주시고 그 고통의 십자가를 지신 예수님을 바라보시던 하나님 아버지의 마음을 나는 얼마나 공감하고 있는가?

나는 하나님 아버지의 마음을, 십자가를 지신 예수님의 마음을얼마나 자주 함께 느끼며 표현하고 있는가?

두 번째, 나는 얼마나 내 존재를 공감 하고 있는가?

나는 얼마나 내 내면 깊은 곳에서 원하는 갈망, 욕구, 기대, 소망 때로는 불안 두려움 등에 귀 기울이며 내 존재의 소리를 듣고 내 자신의 마음을 공감해 주고 있는가?

세 번째, 나는 얼마나 사람들을 공감하고 있는가?

진정한 공감은 생각과 감정을 함께 느끼는 것에 끝나지 않고 그것을 언어와 비언어로 표현해 내는 것까지가 공감인데 나는 진정으로 타인의 생각과 감정에 눈빛을 맞추고 마음을 맞추고 언어와 행동을 맞추며 공감을 표현해 내고 있는가?

이탈리아 신경심리 심리학자 리촐라티는 인간에게 공감능력을 발휘하게 하는 거울 신경세포가 있다는 것을 발견했습니다. 자녀들이 부모를 보며 그대로 닮아 가고 배워 가는 것도 바로 거울 신경 신포의 반응과 결과입니다.

하나님은 우리를 창조하실 때부터 우리 안에 공감능력을 사용하도록 디자인 해주셨고 우리 안에 우리를 공감하시는 예수 그리스도의 영이신 성령님이 함께 하시기 때문에 그리스도인들 내면에는 공감의 자원이 이미 충분하게 보유되어 있습니다. 이러한 공감능력은 우리가 진심 어린 마음으로 영혼에게 관심을 가질 때, 영혼에게 집중할 때, 더욱 효과적으로 발휘될 수 있는 능력입니다.

우리 안에 계셔서 우리와 함께하시며 우리를 공감하시는 주님의 마음에 공감하고 우리도 주님처럼 타인을 공감하는 훈련을 해 나갈 수 있습니다.

〈공감 스킬 3단계〉

1단계	주의 깊게 상대의 이야기 듣기
2단계	중간 중간 언어적 피드백하기(비언어포함) ① 추임새 넣기 (음~~ 그래~~ 오우~~ 와우~~) ② 감정, 생각, 욕구 읽어 주기 (불편했겠구나~~ 아팠겠구나~~ 슬펐겠구나~~ 기뻤겠구나~~ 하고 싶구나~~ 갖고 싶구나 ~~)
3단계	다시 이야기 듣기

② 속도 맞추기 페이싱

페이싱은 기술적으로는 상대와 눈 맞춤, 호흡, 목소리 톤뿐만 아니라 상대의 생각과 감정 행동에 속도를 맞추는 기술입니다.

목소리가 높으면 같이 높은 음으로, 목소리가 낮으면 같은 낮은 음으로, 말의 속도가 빠르면 같이 빠른 속도로, 느리면 같이 느린 속도로 현재 상황과 속도에 맞추는 기술입니다. 또한 상대의 생각과 감정을 읽고 온전한 수용과 공감으로 상대의 생각과 감정 경험 안에 온전히 머무르며 상대에게 속도를 맞춰 가는 기술이며 코칭 대화의 모든 프로세스에서 페이싱은 아주 중요한 기술입니다.

하나님께서도 즐거워하는 자들과 함께 즐거워하고 우는 자들과 함께 울라고 말씀하셨습니다.

나는 크리스천으로서 얼마나 영혼들의 아픔과 기쁨에 함께 속도를 맞춰 가고 있는가?

하나님의 마음이 있는 곳에 나의 마음도 있는가?
하나님이 바라보는 영혼을 나도 바라보고 있는가?
나는 지금 성령님과 속도를 맞추어 걸어가고 있는가?

스스로에게 대답해 보시면 좋겠습니다.

③ 행동 맞추기 미러링

미러링은 코치가 피코치의 거울이 되어 주는 기술입니다.

인간은 하나님이 창조해 주신 거울 신경세포의 작동에 의해 무의식중에 상대와 소통하고 공감 받고 공감하려는 본능을 가지고 있습니다. 미러링은 상대방과의 자연스러운 행동 맞추기를 통해 공감대를 만들 수 있는 기술이며, 연습을 통해 자연스럽게 표현될 때 더 효과적일 수 있습니다.

미러링은 코치가 피코치의 거울이 되어 주는 기술입니다. 피코치는 거울 속에서 자신의 모습을 보듯 생각과 감정, 행동을 그대로 비춰 주는 코치의 온전한 수용 공감 경청 질문 등의 코치의 반응 속에서 자신을 자각하고 발견하게 됩니다.

또한 코치가 자연스러운 표정이나 손동작, 몸짓을 그대로 반영시켜 줌으로서 무의식중에 피코치와 공감대를 형성하고 신뢰를 얻는 기술입니다.

미러링을 크리스천들의 삶에 적용해 본다면 그리스도인으로서 우리는 예수님을 세상에 비추는 거울입니다. 우리라는 거울을 통해 예수님이 세상 가운데 어떻게 보이고 있는지 자신을 점검하여 우리 자신이 어떤 거울이 되고 있는지를 인식하는 것은 하나님과 세상의 영혼을 연결시키는 신뢰의 출발점이 될 것입니다. 또한 예수님과 세상 사이를 비추는 거울이 깨끗할수록 세상은 더욱더 선명하게 우리라는 거울을 통해 주님을 볼 것이며, 그 역할을 주님이 우리 자신에게 맡겨 주셨다는 책임감을 가지고 자신의 거울의 상태를 점검하며 정결한 모습으로 정결한 거울로 준비되어 우리라는 거울을 통해 하나님의 형상을 비추도록 훈련해 나갈 수 있습니다.

> 이같이 너희 빛이 사람 앞에 비치게 하여 그들로 너희 착한 행실을 보고 하늘에 계신 너희 아버지께 영광을 돌리게 하라(마태복음 5장 16절)

④ 언어 맞추기 백트레킹

백트레킹은 상대방이 사용한 언어의 끝말을 반복하여 다시 되돌려 주는 대화 기술입니다.

〈대화의 예〉

피코치	오늘 아침부터 참 행복해요.^^
코치	오늘 참 행복하시군요~~~^^

백트레킹은 피코치의 끝말을 따라 반복해 주는 기술입니다.

자연스럽게 상대방의 말에 집중하며 상대의 말을 잘 듣고 있음을 다시 반영하여 줌으로써 피코치가 스스로 대화의 장에서 존중받고 있음을 경험하도록 돕는 기술입니다.

많은 사람들은 자신의 욕구나 기대를 읽어 주고 반응해 주는 대화를 기대합니다. 억눌리고 무시당하며 단절된 대화 경험을 통해 상처 받은 영혼들의 마음의 이야기를 진지하게 들어주고 그 말을 반복하여 되돌려 주는 대화 기술은 계속 말하고 싶어지고 흥이 나게 하는 기술이며 태도이고 마음을 회복시키고 마음을 열게 하는 시작이 될 수 있습니다.

> 지혜 있는 자의 마음은 그의 입을 슬기롭게 하고 또 그의 입술에 지식을 더하느니라(잠언 16장 23절)

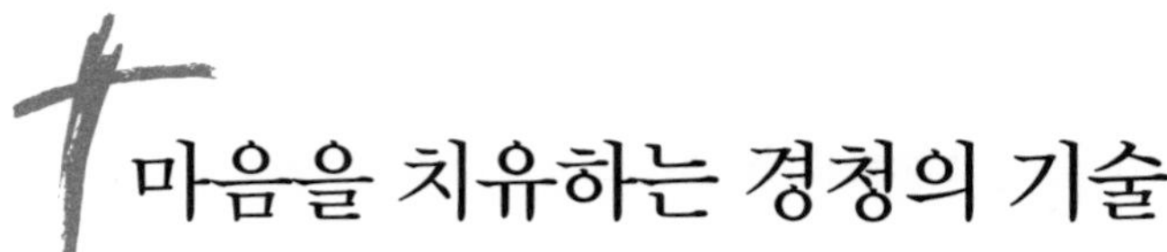

마음을 치유하는 경청의 기술

누가 주의 마음으로 이 많은 백성을 재판할 수 있사오리이까 듣는 마음을 종에게 주사 주의 백성을 재판하여 선악을 분별하게 하옵소서(열왕기상 3장 9절)

하나님께서는 말씀으로 세상을 창조하셨고 우리는 하나님이 말씀하실 때 들으면서 반응하는 존재로 지어졌습니다. 하나님의 말씀이 우리의 영혼 안에 경청될 때 우리는 영의 양식을 취하고 영적으로 성숙하며 전인적인 성숙한 그리스도인으로 성장해 나갈 수 있습니다.

청종의 히브리어인 샤마는 '경청하다, 듣다, 이해하다'라는 뜻이 내포되어 있으며 샤마를 헬라어로 옮기면 '아코에스'라는 여성명사가 되고 이 단어에는 온 감각기관 전체를 사용하여 온몸으로 듣는 개념이 내포되어 있다고 합니다.

온 감각기관으로 온 마음을 다하여 하나님의 말씀을 듣는 훈련을 통해 하나님과 우리 사이에 신뢰와 친밀감이 더해지고 보다 막힘이 없는 소통을 해 나갈 수 있을 것입니다.

또한 온 감각기관 전체를 사용하여 온몸으로 듣는 경청을 통해 우리 자신의 마음을 경청하고 타인의 마음을 경청하는 훈련을 해나갈 수 있습니다.

예수님의 경청

예수님께서 이 땅에 계셨을 때 예수님은 우리의 작은 신음소리까지 마음과 몸으로 행함으로 경청하셨습니다.

38년 된 병자의 마음의 간절함을 들으셨던 예수님은 그냥 지나치시지 않으시고 병자의 간절함에 "네가 낫고자 하느냐"(요한복음 5장 6절)라는 질문으로 반응해 주셨고 치유해 주셨습니다.

굶주리고 배고파하는 사람들의 갈급한 마음을 들으시고 오병이어의 기적을 베풀어 굶주린 자들을 먹여 주셨습니다. (요한복음 6장 5-13절)

돌무화과나무에 올라간 삭개오의 태도 속에서 삭개오의 간절한 마음을 들으신 예수님은 삭개오에게 오늘 구원이 삭개오의 집에 이르렀다고 말씀해 주셨습니다. (누가복음 19장 1-5절)

또한 열두해 혈루증을 앓아 온 여인이 예수님의 옷자락에 손만 대어도 구원을 얻으리라는 믿음으로 예수님의 옷자락에 손을 대었을 때 그 여인의 믿음을 들으신 예수님의 몸에서는 능력이 나갔고 그 여인은 병에서 놓임을 받았습니다. (마가복음 5장 25-34절)

예수님은 우리를 구원하시길 간절히 원하시는 하나님 아버지의 마음을 깊이 경청하셨고 겟세마네에서 아버지의 원대로 되기를 원한다는 순종의 고백과 함께 그 처절한 고통의 십자가를 지셨습니다. (마태

복음 26장 42절, 마태복음 27장 32-56절)

경청이 귀로만 듣는 것이 아니라 온 마음과 몸으로 듣고 반응하는 것이며 말하지 않는 것까지 듣고 행동하는 것이 경청이라는 것을 모델로 보여 주신 예수님의 경청의 모습을 묵상하며 구체적인 경청 훈련을 시작해 보겠습니다.

경청은 상대방에게 주는 치유와 회복의 선물입니다

코칭 바이블에 저자 게리콜린스는 코칭에서 경청보다 중요한 것은 없으며 경청은 코칭 받는 사람에게 주는 선물이라고 말합니다. 우리가 진정으로 상대에 대한 존중과 관심을 가지고 상대방의 생각과 말, 행동을 경청할 때 경청을 통해 상대방은 치유와 회복을 선물로 받게 됩니다.

깊이 있는 경청을 통해 피코치는 자신의 내면에 억눌러 놓았던 아픈 감정과 문제들을 외부로 발산시킬 수 있는 기회를 얻게 되며, 깊이 있는 경청을 통해 피코치는 자신의 생각을 충분히 표현하며 복잡하게 얽혀있던 생각을 스스로 정리하고 해결할 수 있는 내면의 힘을 얻게 됩니다.

또한 깊이 있는 경청을 통해 피코치는 자신이 존중받고 있다는 신뢰감과 함께 자아 존중감을 높일 수 있으며 코치와 피코치는 더 좋은 관계로 나아갈 수 있는 친밀한 신뢰관계를 형성하게 됩니다.

온전한 경청을 위한 정신적 정보처리 과정 이해하기

사람들은 흔히 이런 말을 합니다. 본인이 보고 싶은 대로 보고, 듣고 싶은 대로 들어서 대화가 힘들다고 말합니다. 답답하고 꽉 막힌 의사소통의 과정에서 푸념처럼 흘러나온 말이지만, 한편으로 참 과학적인 근거가 있는 말입니다.

우리는 대화중에 확실히 봤어, 내가 들은 것이 정확해, 내 눈은 못 속여 등 이런 표현을 할 때가 있습니다. 그러나 우리가 지각한 정보가 정말 사건 그대로의 본질이고 사실인지, 자신이 세상을 보는 관점 외에 얼마나 많은 사실들이 존재하며 다양한 관점들이 존재할 수 있는지 우리 안에서 작동되고 있는 3가지의 지각필터를 통해 생각해 보겠습니다.

• 지각필터 '왜곡'

왜곡이란 이미 만들어진 자신의 사고체계 안에서 자신이 가진 지식, 경험, 신념, 가치 등에 따라서 현실이나 사실을 다르게 인식하는 것입니다. 말 그대로 본래의 정보를 자신의 사고 체계 안에서 자기 맘대로 이해하고 해석하는 것입니다.

예를 들면 면접에 떨어져 열등감에 휩싸여 있는데 옆 테이블에서 대화를 주고받으며 웃고 있는 사람과 눈이 마주치자 자기를 한심하게 바라보며 자신을 비웃고 있다고 생각합니다.

• 지각필터 '생략'

생략이란 정보를 취사선택하는 것입니다. 자신이 관심을 갖거나 좋아하는 것 흥미가 있는 정보만 선택적으로 받아들이면서 나머지 정보들이 걸러지는 것입니다.

예를 들어 배가 고픈 상황에서 도로를 걸을 때 수많은 간판들이 지나가도 눈에 들어오는 정보는 온통 음식점이나 먹는 것에 관련된 간판이나 정보들이 눈에 들어오는 것을 말합니다.

• 지각필터 '일반화'

일반화란 각기 다른 정보들을 특정한 하나의 사건과 연결하여 같은 것으로 치부하는 것입니다.

면접을 보고 떨어진 자매가 면접 자체를 거부하거나 면접관은 외모나 스펙만 따진다고 모든 면접관은 다 똑같다고 일반화시킵니다.

• 지각필터를 작동시키고 경청을 방해하는 내면의 견고한 진

이렇게 왜곡, 생략, 일반화라는 기능의 지각필터에 의해 우리가 지각하고 경청하는 정보들이 달라진다는 것을 생각해 볼 수 있습니다. 이러한 3가지의 지각 필터에 강력한 영향을 주는 것이 바로 살아온 세월동안 단단하게 만들어진 사고체계의 틀 즉 우리 자신의 태도, 가치와 신념, 지식과 경험, 생각과 언어 등의 요소이며 이러한 요소들이 불건강하게 정신적으로 작동되면 상대에 대한 고정관념, 편견, 선입견등을 만들게 되고 왜곡, 삭제, 일반화의 지각 필터 또한 건강하게 작동되는데 장애물이 됩니다. 그렇기 때문에 온전한 경청을 위해서는 우리 안에서 작동되는 우리 내면의 정신적 정보처리 과정을 이해하고 내면에 형성된 자아의 사고의 틀을 점검해야 하며 이러한 사고의 틀은 영적

으로 견고한 진과 같아서 때로는 하나님과의 관계, 사람과의 관계에서 우리의 경청을 방해하는 요소가 될 수 있습니다.

또한 우리가 경청을 할 때 우리 마음 안에서 작동되는 지각 필터의 기능을 이해함으로써, 각자 자신이 지각하고 인식한 정보 외에 다양한 관점과 사건의 사실 또는 본질이 존재할 수 있다는 것을 생각하고 자신의 관점과 경청의 태도와 경청의 역량을 성찰해 나갈 수 있습니다.

경청을 위한 태도 훈련 1

크리스천 코칭에서 경청은 핵심 기술입니다.

상대의 생각과 말, 감정, 의도, 욕구 등을 잘 관찰하고 경청했을 때 상대의 마음의 문이 열리고, 마음에 치유가 일어나고, 상대의 생각을 확장시키고, 상대의 현재 상태를 자각시키고, 자신의 자원과 대안을 찾을 수 있는 좋은 질문을 할 수 있기 때문입니다. 얼마만큼 경청하는가에 따라 대화의 방향과 대화의 결과는 달라집니다.

경청의 주요 기술들을 설명하기 이전에 먼저 크리스천으로서 훈련되어야 할 경청의 태도 4가지를 소개합니다.

첫 번째, 자신의 생각을 비우고 들을 때 잘 들립니다.

앞서 강조한 바와 같이 먼저 상대에 대한 판단, 편견, 선입견은 경청을 방해합니다. 상대에 대한 고정관념은 사실적 정보를 오염시켜 투명하게 사실과 감정, 느낌을 경청하는 방해 요소가 되며 내 생각으로 가득 차 있을 때 상대를 판단하게 되고 대화를 재촉하고 말을 잘라버리고 자신의 말만 하게 됩니다.

또한 하나님의 말씀을 어떠한 태도로 듣고 있는지 생각해 볼 수 있습니다. 앞에서 지각필터와 사고체계에 대해 나눈 것처럼 우리 마음에 가득 찬 가치와 신념, 지식과 경험, 생각과 언어 등 이러한 것들로 채워진 자신의 생각을 비우고 하나님의 말씀을 경청한다면 하나님의 말씀 또한 더욱 선명하게 들릴 것입니다.

나는 하나님의 말씀을 어떻게 듣는가?

나는 타인의 메시지를 어떻게 듣는가?

자신을 점검해 보시기 바랍니다.

두 번째, 상대방이 성령님의 인도하심 안에서 스스로 문제를 해결할 수 있는 잠재력과 가능성이 있는 존재라고 신뢰하고 존중할 때 잘 들립니다.

코칭은 피코치가 주도권을 가지고 스스로 생각하고 답을 찾아가도록 도우며 스스로 자신의 생각을 결정하도록 돕는 대화 모델입니다.

코칭 대화의 모든 과정에서 모든 삶의 영역에서 피코치를 성령님이 돕고 계시며 생각나게 하시고 깨닫게 하시며 주님 안에서 자신의 문제를 해결할 수 있고, 대안을 찾을 수 있는 잠재력과 가능성이 있는 존재라는 관점을 유지하고 존중할 때 답을 주거나 지시하려는 자신의 생각과 말을 멈추고 들을 수 있습니다.

세 번째, 내가 답을 줘야 한다는 책임감을 내려놓으면 더 잘 들립니다.

대화하면서 가장 크게 오류를 범하는 부분은 내가 해결책을 줘야 한다는 책임감을 갖는 것입니다. 이런 대화의 과정에서 경청하기보다는 조언해 줄 말을 생각하느라 상대의 말을 듣지 못하고, 일방적인 조언으로 대화가 마무리되는 안타까운 상황이 발생됩니다.

답을 찾아야 하는 주체는 내가 아닌 상대이며 상대가 자신의 생각과 선택에 책임을 가지고 실행하는 주체가 된다는 것을 인식하고 코치는 온전한 경청자가 되어 돕는 역할을 하는 것이라는 관점을 유지할 때 더 잘 들을 수 있습니다.

네 번째, 경청은 재능이 아니고 끊임없는 의식적 반복 훈련을 통해서 만들어지는 태도와 기술입니다.

사람의 속성은 본질적으로 듣는 것보다는 말하는 것을 좋아합니다. 대화의 구성 요소는 말하기와 듣기 입니다. 대화 시간 내에 이루어지는 말하기와 듣기의 태도를 관찰해 보면 자신의 대화 패턴을 알아차릴 수 있습니다.

경청은 재능이 아니라 훈련입니다. 자신의 생각이 올라올 때, 집중력이 약해질 때, 자신이 하고 싶은 말이 솟구칠 때, 대화에 끼어들고 싶어질 때 그것을 알아차리고 스스로를 조절하며 인내를 가지고 자신을 훈련하는 과정이 필요합니다. 좋은 경청은 재능이 아니고 끊임없는 의식적 반복 훈련을 통해 만들어집니다.

경청의 장애물 점검하기(대화예시)

1. 충고, 조언, 평가, 판단

아내	여보, 나 그 집사님 때문에 너무 힘들어….
남편	내가 쭉 이야기 들어보니까 당신이 더 문제가 있는 거 같은데….

2. 화제 전환(자기중심적 경청)

자기중심적 경청	집사: 며칠 전 접촉사고가 나서 마음이 불편해요. 권사: 집사님만 시련이 있는 게 아니에요. 저도 며칠 전 접촉사고가 나서 정말 속상했어요….
상대 중심적 경청	집사: 며칠 전 접촉사고가 나서 마음이 불편해요. 권사: 집사님, 마음이 많이 불편하셨겠어요…. 얼굴빛이 안 좋으셔서 마음을 쓰고 있던 중이었어요…. 지금은 어떠신가요?

3. 상대를 바로잡기

아들	아빠, 제가 낙오자가 된 것 같아요…. (눈물을 보임)
아빠	무슨 소리야 남자가 그만한 일에 왜 울어…. 너가 정신을 차려야지… 약해 빠져서….

4. 일반화시키기

딸	엄마 저 놀이터에서 넘어져서 너무 아프고 창피해요~~~
엄마	누구나 다 넘어지면서 크는 거야! 별일도 아닌데 울지 마….

대화를 열어 가다 보면 가끔 함정에 빠지게 됩니다.

잘 들어 주는 것 같지만 공감하지 못하고 자신이 하고 싶은 말을 참지 못하고 충고나 조언, 일반화, 자신의 생각이 들어간 평가나 판단의 말로 공감과 경청을 방해하는 경우입니다.

또는 상대를 위로해 주기 위해 자신의 경험으로 대화의 주제를 돌려버리는 자기중심적 경청을 할 때 피코치의 이야기가 단절되고 더 깊은 대화로 들어가는 것을 방해하게 됩니다.

경청의 태도 및 기술 훈련 2

코칭 대화에서 경청은 핵심이 되는 기술이며 듣기의 비율을 약 70~80% 정도 둘 만큼 경청의 중요성은 강조됩니다.

적극적 경청은 단순한 듣기가 아니며 피코치가 말하는 내용뿐만 아니라 피코치의 환경, 경험과 가치관, 신념, 관점, 욕구, 의도, 기대 등 말하지 않은 것까지 초점을 맞추어 함께 듣고 피코치가 마음껏 자신을 표현할 수 있는 대화의 환경을 만드는 것입니다. 또한 적극적 경청은 단순하게 말의 내용만 듣는 것이 아니라 표정과 눈빛, 얼굴의 근육, 호흡, 자세, 손짓, 몸짓 등을 듣고 음성 속에서 떨림과 높낮이 등을 통해 상대의 전체적인 상황과 상태를 같이 듣는 것입니다.

경청의 역량을 높이기 위해서는 자신의 오감과 직관 영감을 활용하여 집중해서 상대를 관찰하며 호기심을 갖고 듣는 훈련이 필요합니다.

먼저 경청 훈련을 위해 현재 자신의 경청의 태도 및 기술의 상태가 어떠한지 체크해 보겠습니다.

점수는 각 문항 당 5점 만점 기준으로 자신의 상태를 점검하고 1점부터 5점 안에 적합한 점수를 부여합니다.

전혀 그렇지 않다 1점 / 그렇지 않다 2점 / 그저 그렇다 3점
그런 편이다 4점 / 매우 그렇다 5점

1. 경청의 태도 및 기술에 대한 자기 관찰 체크리스트

	질문	점수
1	상대가 말하는 동안 말의 내용에 집중한다	
2	상대가 하는 말의 내용을 알더라도 미리 판단하지 않고 끝까지 들으려고 노력한다	
3	상대가 말하는 동안 미리 대답할 말을 생각하지 않고 충실히 듣는다	
4	상대의 이야기를 들으며 고개를 끄덕이며 추임새 등으로 반응한다	
5	나와 다른 의견을 이야기해도 그 사람의 입장에서 다시 한 번 생각해 본다	
6	말하는 사람의 생각, 의도, 감정을 이해하기 위해 자주 질문한다	
7	상대와 대화하는 중에 자신의 대화 자세나 말투, 감정, 상태 등 대화 태도를 스스로 의식한다	

8	대화 중에 나는 70~80% 듣는 편이다	
9	말의 내용 외에도 말하는 상대의 표정이나 목소리 등을 관찰하며 듣는다	
10	상대와의 대화 중에 칭찬, 인정, 지지, 격려와 같은 표현을 자주 한다	

코칭 질문

1. 1번부터 10번까지 문항을 통해 발견된 것은 무엇인가요?
2. 10문항 중 현재 잘하고 있는 요소들은 무엇인가요?
3. 10문항 중 계발하고 훈련해야 할 부분들은 무엇인가요?

1번부터 10번 문항까지 자기 탐색과 성찰로 자신의 상태가 점검되었다면 각 항목별로 어떻게 훈련해 나가야 할지 구체적으로 변화에 대한 목표와 실행 훈련을 시작해 보시기 바랍니다.

2. 공감적 경청의 수준

① 상대를 경청하는 공감적 경청의 수준은 다음과 같습니다.

1수준	사실 내용을 듣기
2수준	감정과 느낌을 듣기
3수준	가치, 신념, 정체성, 비전, 의미, 욕구, 열망, 의도, 기대, 상황, 강점 등을 같이 듣기

경청은 말의 내용 사실을 충실히 들으며 상대에 대한 진심 어린 관찰을 통해 상대의 표정, 눈빛, 목소리, 자세, 태도 등을 살피며, 상대의 감정과 상대의 느낌을 듣고 상대의 가치, 신념, 정체성, 비전, 의미, 욕구, 열망, 의도, 기대, 상황, 강점 등을 같이 듣고 피코치가 마음껏 자신의 생각을 표현하도록 대화의 환경을 조성하는 것입니다.

② 크리스천의 경청 수준은 다음과 같습니다.

1수준	자기 중심적 경청	듣고 싶은 것만 골라 듣는 것
2수준	상대 중심적 경청	상대와 교감하며 관찰하면서 집중하여 듣는 것
3수준	공감적 경청[4]	공감적 경청의 1, 2, 3 수준까지 함께 듣는 것
4수준	하나님의 마음으로 경청	성령님을 초대하고 하나님의 관점에서 하나님의 마음으로 듣는 것

4 위에 1번 표 공감적 경청의 1수준, 2수준, 3수준까지를 함께 들음

3. 경청의 태도와 언어 기술 훈련

아래 박스 안에 있는 경청의 기술들을 적용하여 훈련해 보시기 바랍니다.

① 적극적 경청을 위한 태도와 기술 훈련입니다.

스킬	반응 훈련
① 눈 맞추기	상대방의 눈을 바라보기
② 맞장구치기	그렇군요! 정말 잘하셨어요!
③ 추임새 넣기	와우! 멋지네요. 와우! 대단해요.
④ 고개 끄덕이기	중간 중간 고개 끄덕이기

② 공감적 경청을 위한 언어 기술 훈련입니다.

<table>
<tr><td rowspan="2">①
끝말 따라 하기</td><td>A: 이번 한 주는 너무 감사한 일이 많았어요~~^^</td></tr>
<tr><td>B: 감사한 일이 많으셨네요 ~~^^</td></tr>
<tr><td rowspan="2">②
다시 말하기</td><td>A: 교회 청소를 하고 나니 보람이 느껴졌어요~~^^</td></tr>
<tr><td>B: 교회 청소를 통해 보람을 느끼셨네요~~^^</td></tr>
<tr><td rowspan="2">③
핵심 메시지
요약하기</td><td>A: 너무너무 속상하고 힘들어요. 하지만 그동안 시간이 아까워서 포기하고 싶지 않아요….</td></tr>
<tr><td>B: 속상하기도 했지만, 다시 도전하고 싶다는 말씀이신가요?</td></tr>
</table>

③ 공감적 경청을 위한 언어 기술 훈련입니다.

사실 경청	하루 온종일 식사를 못하셨다고 하셨는데 무슨 일이 있으셨나요?
감정 경청	와우! 얼마나 기뻤을까요~~!!
의도 경청	더 잘해보려고 그렇게 시도하셨는데 뜻대로 되지 않아 얼마나 속상하셨을까요?

4. 경청의 4단계 실천 훈련

적극적, 공감적 경청을 위한 실천 훈련입니다.

1단계	귀로 듣기	음성과 말의 내용 사실을 듣는다
2단계	눈으로 듣기	눈빛, 표정, 자세 등 상대의 신체언어를 눈으로 관찰하며 듣는다
3단계	입으로 듣기	맞장구와 추임새, 끝말 따라하기, 다시 말하기, 핵심 메시지 등을 입으로 반응하며 듣는다
4단계	마음과 몸으로 듣기	상대의 입장이 되어 공감하며 적극적인 태도로 고개를 끄덕이며 몸의 동작으로 온몸으로 반응하며 듣는다

5. 비언어 경청의 강력한 힘

알버트 매라비언(Albert Mehrabian) 박사는 커뮤니케이션에서 설득력을 높이는 요소로 언어는 7%, 음성 38%, 비언어 55%로 언어의 표현을 강력하게 뒷받침하여 신뢰감을 형성하고 설득시키는 힘이 비언어에 있음을 강조하고 있습니다.

사람은 몸과 마음이 하나로 연결되어 있기 때문에 피코치의 언어와 함께 피코치 내면의 생각은 비언어 즉 눈동자의 움직임이나 표정, 근육의 움직임, 태도, 자세 등으로 나타나기 때문에 비언어를 통하여 더욱 적극적으로 피코치를 경청할 수 있습니다.

또한 피코치에게 투영되는 코치 자신의 비언어를 점검하고 귀로 듣고 눈으로 듣고 입으로 듣고 마음과 몸으로 적극적으로 피코치를 경청하는 훈련을 해나갈 수 있습니다.

경청이란 재능이 아니고 날마다 하는 의식적 반복 훈련입니다.

끊임없이 의식적 반복 훈련을 통해 경청의 능력을 높여 갈 수 있고, 경청하는 만큼 상대를 진정으로 공감할 수 있으며, 경청하는 만큼 상대의 마음의 문이 열리고 치유와 회복이 일어나고, 경청하는 만큼 좋은 질문을 할 수 있으며, 막힘이 없는 소통의 장으로 나아갈 수 있습니다.

성경 속 경청 말씀 묵상

- 그러나 너희 눈은 봄으로 너희 귀는 들음으로 복이 있도다(마 13:16)
- 내 양은 내 음성을 들으며 나는 그들을 알며 그들은 나를 따르느니라(요 10:27)
- 어찌하여 내 말을 깨닫지 못하느냐 이는 내말을 들을 줄 알지 못함이로다(요 8:43)
- 예수께서 이르시되 오히려 하나님의 말씀을 듣고 지키는 자가 복

이 있느니라 하시니라(눅 11:28)

- 사람마다 듣기는 속히 하고 말하기는 더디 하며 성내기도 더디 하라(약 1:19)
- 또 이르시되 들을 귀 있는 자는 들으라 하시니라(막 4:9)
- 의인의 마음은 대답할 말을 깊이 생각하여도 악인의 입은 악을 쏟느니라(잠 15:28)
- 입이 음식물의 맛을 분별함 같이 귀가 말을 분별하나니(욥 34:3)
- 너희는 내게 배우고 받고 듣고 본 바를 행하라 그리하면 평강의 하나님이 너희와 함께 계시리라(빌 4:9)
- 이스라엘아 들으라 우리 하나님 여호와는 오직 유일한 여호와이시니(신 6:4)
- 사연을 듣기 전에 대답하는 자는 미련하여 욕을 당하느니라(잠 18:13)
- 너는 귀를 기울여 지혜 있는 자의 말씀을 들으며 내 지식에 마음을 둘지어다(잠 22:17)
- 지혜 있는 자는 듣고 학식이 더 할 것이요 명철한 자는 지략을 얻을 것이라(잠 1:5)
- 내 아들아 너는 듣고 지혜를 얻어 네 마음을 바른 길로 인도할지니라(잠 23:19)
- 내 아들아 내 지혜에 주의하며 내 명철에 네 귀를 기울여서 근신을 지키며 네 입술로 지식을 지키도록 하라(잠 5:1-2)
- 생명의 경계를 듣는 귀는 지혜로운 자 가운데에 있느니라(잠 15:31)

• 너희는 귀를 기울이고 내게로 나아와 들으라 그리하면 너희의 영혼이 살리라(사 55:3)
• 귀 있는 자는 성령이 교회들에게 하시는 말씀을 들을지어다 이기는 그에게는 내가 하나님의 낙원에 있는 생명나무의 열매를 주어 먹게 하리라(계 2:7)

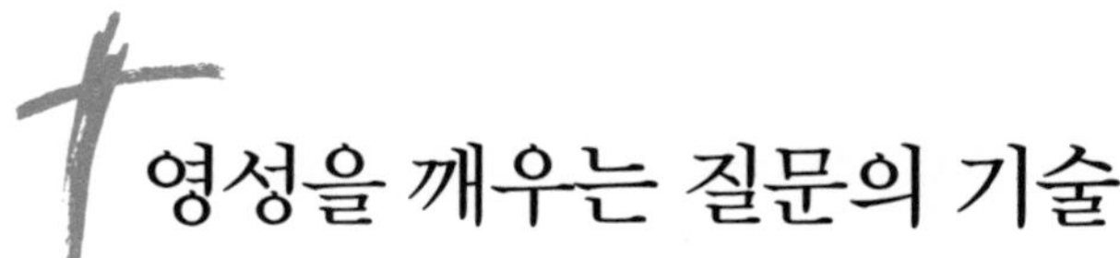

영성을 깨우는 질문의 기술

> 여호와 하나님이 아담을 부르시며 그에게 이르시되 네가 어디 있느냐 이르되 내가 동산에서 하나님의 소리를 듣고 내가 벗었으므로 두려워하여 숨었나이다(창세기 3장 9-10절)

영성을 깨우는 질문의 기술 편에서는 먼저 위대한 하나님의 질문과 예수님의 질문에 대해 묵상하고 성찰 질문을 통해 하나님 앞에 우리의 마음을 고백하는 훈련을 할 것입니다.

또한 하나님과 예수님께서 롤 모델로 보여 주셨던 위대한 열린 질문, 긍정 질문, 중립 질문을 묵상하며 이를 기반하여 우리의 영성을 깨우는 다양한 종류의 질문의 태도와 기술을 훈련해 보겠습니다.

하나님의 위대한 질문

하나님께서 우리에게 하신 첫 번째 질문은 아담아 아담아 "네가 어디 있느냐?"입니다.

선악과를 따먹고 두려워하고 있는 아담을 찾아가셔서 하나님이 하신 질문은 책망도 판단도 정죄도 아닌 열린 질문이셨습니다.

이 질문에 아담은 동산에서 자신을 찾는 하나님의 소리를 듣고 벌거벗은 자신의 모습을 보며 두려워 숨었다고 자신의 마음을 고백했습니다. 하나님은 아담이 어디에 있는지 알고 계셨지만 스스로 자신의 현재 상태를 자각하고 말할 수 있도록 열린 질문으로 다가오셨습니다.

하나님의 "네가 어디 있느냐?"라는 질문은 선악과를 따 먹은 아담에게 하신 질문이지만 이 시대를 살고 있는 지금 우리를 향하신 질문이기도 합니다.

이제는 우리 각자가 하나님의 질문 앞에 대답해야 할 때입니다.

"아담아, 아담아 네가 어디 있느냐?"

지금 우리를 찾고 계시는 하나님의 질문 앞에 현재적 우리 삶의 위치와 영적 상태를 점검하고 하나님의 목적하신 삶의 방향과 뜻에 합당한 자리에 있는지 우리 자신을 살피고 각자 하나님의 질문에 대답해 보시기 바랍니다.

예수님의 위대한 질문

그들이 조반 먹은 후에 예수께서 시몬 베드로에게 이르시되 요한의 아들 시몬아 네가 이 사람들보다 나를 더 사랑하느냐 하시니 이르되 주님 그러하나이다 내가 주님을 사랑하는 줄 주님께서 아시나이다

이르시되 내 어린양을 먹이라 하시고(요한복음 21장 15절)

네가 나를 사랑하느냐? 네가 나를 사랑하느냐?
네가 나를 다른 사람보다 더 사랑하느냐?

베드로는 죽은 자를 살리시고 병든 자를 고치시고 폭풍을 잠재우고 바다 위를 걷던 능력의 주님을 직접 보았고, 주님을 사랑한다고 자부하며 아주 가까이에서 3년이나 모셨지만, 결정적 순간에 그렇게 사랑했던 예수님을 3번이나 부인했습니다.

예수님을 사랑했지만 두려웠던 베드로는 사랑하는 예수님을 배신했고, 그런 자신을 미워하고 책망하며 자신을 용서하지 못하고 괴로운 시간을 보냈을 것입니다.

새벽이 가까이 오기까지 절망과 괴로움에 사로잡혀 물고기가 잡히지도 않는 바닷가에서 그물을 던지던 베드로를 찾아가신 예수님은 베드로에게 책망도, 원망도, 정죄함도 아닌 놀라운 질문으로 다가와 주셨습니다.

네가 나를 사랑하느냐?
네가 나를 사랑하느냐?
네가 나를 사랑하느냐?

베드로의 마음을 이미 알고 계셨던 예수님께서는 낙심과 절망 가운데서 어떤 변명과 설명으로도 자신을 표현할 길 없는 베드로에게, 베드로가 예수님께 가장 하고 싶었던 말, 그 말을 표현할 수 있는 완벽한 질문으로 다가와 주셨습니다.

베드로는 두려움 때문에 주님을 부인했지만 자신의 가슴을 치고 가슴을 찢고 후회하고 있었을 것입니다. 그때 예수님의 나를 사랑하느냐는 질문에 베드로는 염치도 없고, 면목도 없지만, 용기를 내서 자신의 마음을 고백할 수 있었을 것입니다.

내가 주를 사랑하는지 주께서 아시나이다!
내가 주를 사랑하는지 주께서 아시나이다!
내가 주를 사랑하는지 주께서 아시나이다!

베드로의 전부를 알고 계셨던 주님은 베드로의 행위에 대한 판단, 비난, 원망이 아닌 베드로의 존재 자체를 사랑해 주셨고, 베드로의 연약함을 온전히 수용해 주셨고 베드로의 마음을 끌어내는 완벽한 질문을 통해, 주님을 배신한 실패감 때문에 자신을 증오하며 스스로를 상처내고 있는 아픔으로부터 베드로를 일으켜 세워 주셨습니다. 질문을 통해 베드로는 마음속 깊은 곳에 있는, 주님을 사랑하는 열망을 입술로 고백하게 되었고, 예수님은 3번의 질문을 통해 3번 예수님을 입술로 부인했던 베드로를 치료하고 회복시키셨습니다. 그리고 예수님은 베드로에게 내 양을 먹이라고 소망과 비전을 주셨습니다.

지금 이 순간도 예수님께서는 절망하고 낙심하는 우리에게 다가오

서서 질문하고 계십니다.

네가 나를 사랑하느냐? 네가 나를 사랑하느냐?

이 순간 우리도 주님의 질문에 대답해 보시길 바랍니다.

> 무엇보다도 뜨겁게 서로 사랑할지니 사랑은 허다한 죄를 덮느니라 (베드로전서 4장 8절)

영성을 깨우는 셀프 코칭 질문 훈련 1

성경 속에 있는 질문에 스스로 대답해 보시기 바랍니다.

1. 하나님의 질문 : 아담아 아담아 네가 어디 있느냐?

1	영적으로 지금 당신은 어디에 있으신가요?
2	그 영적 자리에서 그동안 잘해 왔던 것은 무엇인가요?
3	하나님이 원하시는 자리에 더 가까이 가기 위해 당신이 버려야 할 것은 무엇인가요?
4	하나님이 원하시는 자리에 더 가까이 가기 위해 당신이 지금 노력해야 할 것은 무엇인가요?

2. 예수님의 질문 : 네가 나를 사랑하느냐?

1	오늘 내가 할 수 있는 주님을 향한 고백은 무엇인가요?
2	내 양 떼를 먹이라 말씀하셨는데 당신에게 보내신 양 떼는 누구인가요?
3	예수님의 부탁을 실천하기 위해 지금 당신은 무엇을 해야 하나요?
4	예수님의 부탁을 실천하는 데 더 필요한 것은 무엇인가요?
5	지금 예수님에게 가장 듣고 싶은 말은 무엇인가요?

이와 같이 우리는 완벽한 하나님의 질문과 예수님의 질문에 대해 묵상하고 성찰 질문을 통해 하나님 앞에 우리의 마음을 고백하는 시간을 훈련했습니다.

이제부터 하나님과 예수님께서 롤 모델로 보여 주셨던 열린 질문, 긍정 질문, 중립 질문을 묵상하며 이를 기반 하여 우리의 영성을 깨우는 다양한 질문의 태도와 기술을 훈련해 보겠습니다.

질문 기술의 이해와 훈련

코칭에서 질문은 피코치가 현재 보고 있는 인식의 틀을 확장시키고 전환시켜서 보다 다양한 관점에서 문제를 볼 수 있도록 도와줍니다. 마치 어둡고 답답한 터널에 갇혀 있던 생각이, 질문을 통해 터널 밖으로 나올 수 있도록 생각을 열어 줍니다.

또한 질문은 외부로 향하는 의식의 방향을 자신의 내면에 집중시키기 때문에 잠재된 의식 속에서 스스로 답을 찾아가도록 도와줍니다.

크리스천 코치는 질문을 통해서 피코치가 현재 갖고 있는 다양한 삶의 문제들을 하나님의 관점에서 하나님의 목적과 계획안에서 바라볼 수 있도록 생각을 열어줄 수 있고 문제에 초점을 맞추고 있던 시선을 들어 하나님을 바라보고 믿음의 눈으로 상황을 해석하고 반응하도록 도와 줄 수 있습니다.

말하기 vs 질문하기

말하기와 질문하기에 대해 생각해 보면 질문하는 것보다 말하는 것이 훨씬 쉽고 간편하며 말하기에 익숙한 우리들에게 질문은 어려운 숙제처럼 느껴질 수 있으나 말하기를 질문하기로 바꿀 때 나타나는 효과는 다음과 같습니다.

말하기	질문하기
• 쉽고 간단하다 • 내 기준으로 옳은 답을 말한다 • 내 자신을 충족시킨다	• 신뢰감을 높인다 • 창의성을 높이고 다양한 방법을 찾게 한다 • 자존감과 책임감을 높인다 • 사고와 의식 수준을 높인다

질문의 유형

코칭에서 에너지의 방향을 이끄는 5가지의 질문 유형을 소개합니다.

▷ 닫힌 질문 vs 열린 질문

열린 질문은 능력이나 가능성을 열어 주는 질문입니다. 생각과 관점을 확장시키고 어떤 생각이든 자유롭게 표현할 수 있도록 에너지의 방향을 이끄는 질문입니다.

닫힌 질문	열린 질문
한 주간 감사한 일이 있었나요?	한 주간 감사한 일이 있었다면 무엇인가요?
교회가 부흥되도록 할 수 있나요?	교회가 부흥되기 위해서 어떻게 해야 할까요?
교회의 변화를 위해서 노력할 수 있나요?	교회가 부흥되기 위해서 필요한 것은 무엇인가요?
목사님 설교를 통해 은혜 받으셨나요?	목사님 설교를 통해 받은 은혜는 무엇인가요?
다니엘이 사자굴 속에 있었나요?	다니엘은 사자굴에서 어떤 마음이었을까요?

▷ 부정 질문 vs 긍정 질문

부정 질문은 언어에 부정적인 의미가 숨겨진 질문이며, 받은 질문을 통해 부정적인 방향으로 의식하고 부정적인 답을 이끄는 질문으로 이러한 부정 질문은 자기 합리화의 함정에 빠지게 합니다. 만약 현실을 직면하도록 부정 질문을 적절하게 사용할 것이라면 부정 질문 이후에는 긍정질문을 연결하여 긍정적인 행동을 촉진시키는 것이 중요합니다.

긍정 질문은 질문의 언어에 긍정적인 단어를 포함하며, 질문을 통하여 에너지의 방향을 긍정적인 방향으로 이끌며, 긍정적인 방법들을 찾아내어 행동하도록 도와줍니다.

부정 질문	긍정 질문
성도들이 화합하지 못하는 이유가 무엇인가요?	어떻게 하면 성도들이 화합할 수 있을까요?
그것이 해결되지 않는다면 어떻게 하시겠어요?	그것을 해결하기 위한 방법은 무엇이 있을까요?
성경 읽기를 하지 않는 이유가 무엇인가요?	성경 읽기를 위해 필요한 것은 무엇인가요?
집사님이 기도를 하지 않는 이유는 무엇인가요?	집사님이 기도하기 위해서는 어떤 노력이 필요할까요?
목장이 성장이 안 되는 이유가 무엇인가요?	목장이 성장되기 위해서 우리는 무엇을 할 수 있나요?

▷ 과거 질문(책임추궁) vs 미래 질문(가능성 발견)

과거 질문은 과거의 문제 원인 추궁, 책임 등의 의도를 포함하여 질문받는 사람의 마음에 방어심리를 만들어 냅니다. 또한 책임 회피, 자기 합리화 등을 만들어 낼 수 있습니다.

반면 미래 질문은 미래에 앞으로 이루어질 가능성에 초점을 맞추고 있기 때문에 현재 상태에서 앞으로의 미래에 대한 희망을 가지고 가능성에 초점을 맞춰 생각을 확장할 수 있도록 돕는 질문입니다.

어떻게(How) & 무엇(What)이라는 단어를 사용하여 효과적 질문을 만들어 갈 수 있습니다.

과거 질문	미래 질문
왜 실패하게 되었나요?	다시 시도한다면 무엇을 다르게 하고 싶은가요?
왜 이번 주도 성경을 안 읽으셨나요?	성경 1독을 하고 나면 집사님의 마음은 어떻게 달라져 있을까요?
왜 반복해서 실수를 하나요?	어떻게 하면 앞으로는 다르게 행동할 수 있을까요?
왜 비전이 없나요?	하나님이 당신에게 원하시는 미래의 모습은 무엇일까요?
왜 할 수 없다고 생각하나요?	만약 모든 것이 가능하다면 어떤 방법을 선택하고 싶은가요?

▷ 의도적 질문 vs 중립적 질문

중립 질문은 코치의 자기중심성과 코치의 의도, 충고, 조언 평가, 판단이 들어 있지 않은 질문을 말합니다. 있는 그대로 사실에 초점을 맞춤으로써 코치와 피코치 사이에 안전한 환경을 조성하는 객관적인 언어입니다.

비중립언어(의도적 질문)	중립언어
그렇게 행동해서 되겠어요?	그 행동에 대해 어떻게 생각하세요?
왜 그런 선택을 하셨어요?	그 선택에 대해서 어떻게 생각하시나요?
성경을 읽지 않으면 하나님이 싫어하지 않을까요?	성경을 읽지 않는 집사님을 바라보는 하나님의 마음은 어떠실까요?
그 사역을 맡으면 힘들지 않을까요?	그 사역을 통해 기대하는 것은 무엇인가요?
직장을 그만두면 생활이 어렵지 않을까요?	직장을 그만두면 삶은 어떤 모습이 될까요?
10년 후가 걱정되지 않나요?	10년 후 당신은 어떤 모습이면 좋을까요?

▷ 요약 질문 vs 확장 질문

요약 질문은 피코치가 두서없이 말한 내용들을 잘 경청하고 요약하여 다시 질문으로 돌려주는 기술입니다. 요약 질문을 통해 피코치는 자신의 생각을 스스로 정리하고, 보다 깊은 차원의 의식으로 들어갈 수 있게 됩니다.

확장 질문은 현재 피코치의 현재 상태를 좀 더 폭넓은 관점에서 볼 수 있도록 생각을 열어 주고, 자신의 상태가 어떤 영향력으로 확장될 수 있는지를 상상하고 경험할 수 있도록 질문을 통해 도와줄 수 있습니다.

요약 질문	확장 질문
지금까지 말한 것을 한 단어로 표현한다면 뭐라고 말 할 수 있을까요?	그 일을 통해 하나님의 나라에는 어떤 영향을 줄 수 있나요?
지금까지 말한 것을 당신의 언어로 한 문장으로 정리한다면 어떻게 표현할 수 있을까요?	이 일이 당신의 가족과 교회에는 어떤 영향을 미칠까요?

경청하지 않은 상태에서 자신의 관심사만 채우려는 질문은 상대방에게는 신문하듯이 들릴 수 있으며 불쾌감을 느끼게 하여 마음의 문을 닫게 합니다. 또한 자신의 판단이 들어가 있는 질문, 특히 '왜?'로 시작하는 질문은 상대에게 심리적인 저항감을 줄 수 있으며, '왜'라는 질문은 분명한 동기와 목적을 발견 하도록 할 때 적절히 사용할 수 있습니다. 피해야 하는 질문은 이미 스스로 답을 가지고 유도하는 질문입니다.

상황에 따라서 간결하게 '예' 또는 '아니요'라는 답을 요구하는 닫힌 질문도 필요하지만, 코칭 대화에서는 많은 경우 상대의 생각을 열게 하고 생각을 촉진시켜 성장을 지원하기 위해 열린 질문을 사용합니다.

긍정 질문은 스스로 긍정적 의도와 성장 욕구를 발견하여 긍정적인 에너지로 긍정적 대안을 마련하도록 지원하는 질문입니다.

또한 미래에 대한 가능성을 여는 질문은 원하는 미래의 모습을 그려 볼 수 있도록 하여 이미 성공한 자신의 모습을 상상하고 성공을 경험해 보도록 함으로써, 가능성에 대한 긍정적 에너지를 높이고 더 강한 동기를 유발시킬 수 있습니다.

영성을 깨우는 셀프 코칭 질문 훈련 2

질문의 역량 또한 반복 훈련을 통해 높일 수 있으며, 질문 훈련에 있어서 셀프 코칭은 가장 기초훈련이며 중요한 내면에 질문의 기둥을 세우는 훈련입니다

크리스천으로서 신앙을 점검하고 비전을 품게 하고 동기를 부여하고 변화를 촉진시키는 질문들을 통해 자신을 성찰하고, 이 질문들에 스스로 대답해 보시면서 셀프 코칭 훈련을 해 보시기 바랍니다.

〈신앙을 점검하는 강력한 질문〉

나의 인생에 진정한 주인은 누구인가?
내 안에 예수님의 생명이 있는가?
나는 성령 충만한가?

나는 오늘밤 예수님이 오시면 천국 갈 준비가 되어 있는가?
내가 이 땅을 사는 동안 반드시 이루어야 할 사명은 무엇인가?
그 사명은 나에게 어떤 의미가 있는가?
현재 가장 가치 있는 일은 무엇인가?
내가 죽었을 때 나는 어떤 사람으로 기억되고 싶은가?

〈영적 성장을 위한 질문〉

하나님의 관점에서 바라보는 질문	① 하나님은 당신을 어떻게 바라보고 계실까요? ② 당신을 향한 하나님의 계획은 무엇일까요? ③ 하나님께서 당신에게 뭐라고 말씀해 주실까요? ④ 하나님께서는 당신이 어디에 있기를 원하실까요?
용기를 찾게 하는 질문	① 당신을 인정해 준 말 중 마음에 남아 있는 말은 무엇인가요? ② 과거 힘든 순간을 하나님의 도움으로 어떻게 이겨 내셨나요? ③ 예수님의 능력을 사용한다면 이 상황은 어떻게 달라질까요?
은혜를 발견하게 하는 질문	① 당신의 삶에서 가장 감사한 것은 무엇인가요? ② 한 주간 감사한 일이 있었다면 무엇인가요? ③ 예배를 통해 새롭게 깨달은 것은 무엇인가요?
사명을 촉진시키는 질문	① 당신이 죽은 후 어떤 사람으로 기억되길 원하시나요? ② 천국에 가기 전까지 이 땅에서 반드시 해야 할 것은 무엇인가요? ③ 주님을 만나게 된다면 어떤 말이 가장 듣고 싶은가요?
공동체를 촉진시키는 질문	① 당신이 기대하는 소그룹은 어떤 모습인가요? ② 당신이 리더라면 소그룹에 어떤 영향을 주고 싶나요? ③ 당신은 소그룹에서 무엇을 기여할 수 있나요? ④ 이 모임을 더욱 풍성하게 만들기 위해 우리에게 필요한 것은 무엇일까요?

말씀을 풍성하게 하는 질문	① 당신에게 가장 영향을 준 성경 말씀은 무엇인가요? ② 당신에게 구원의 확신을 준 성경 말씀은 무엇인가요? ③ 지금 당신이 가장 붙들고 있는 말씀이 있다면 무엇인가요? ④ 그 말씀을 통해 주신 깨달음은 무엇인가요?
내면을 자각시키는 질문	① 당신에게 멈춰야 할 습관이나 패턴이 있다면 무엇인가요? ② 고난을 통해 변화된 부분이 있다면 무엇인가요? ③ 하나님께서 당신을 성장시키기 위해서 이끄시는 방법은 무엇인가요?
은사를 사용하도록 격려하는 질문	① 하나님이 주신 은사가 있다면 무엇인가요? ② 다른 사람을 섬긴 일 중 가장 의미 있었던 일은 무엇인가요? ③ 모든 것이 가능하다면 당신은 어떤 섬김을 하고 있을까요? ④ 어떤 섬김을 할 때 가장 기쁘고 행복감을 느끼시나요?

성경 말씀 속 질문 묵상

- 아담아 네가 어디 있느냐?(창 3:1-21)
- 네 아우 아벨이 어디 있느냐?(창 4:9)
- 네가 분하여 함은 어찌 됨이며 안색이 변함은 어찌 됨이냐?(창 4:6)
- 네가 무엇을 하였느냐?(창 4:10)
- 네 이름이 무엇이냐?(창 32:24-32)
- 너희의 생명이 무엇이냐?(약 4:13-17)
- 네가 어찌하여 여기 있느냐?(왕상 19:9-18)
- 네가 성내는 것이 옳으냐?(욘 4:4)
- 네가 나를 사랑하느냐?(요 21:15-20)

- 사람들이 인자를 누구라 하느냐?(마 16:13)
- 너희 믿음이 어디 있느냐?(눅 8:22-25)
- 그 아홉은 어디에 있느냐?(눅 17:17)
- 아직도 알지 못하며 깨닫지 못하느냐?(막 8:17)
- 너희가 무엇을 보려고 나갔더냐?(눅 7:24)
- 네가 어떻게 읽느냐?(눅 10:26)
- 너희가 믿을 때 성령을 받았느냐?(행 19:2)
- 무엇을 주고 자기 목숨과 바꾸겠느냐?(막 8:37)
- 너희의 생명이 무엇이냐?(약 4:13-17)
- 너희도 가려느냐?(요 6:67)
- 이 말씀이 너희에게 걸림이 되느냐?(요 6:61)
- 인자가 이전에 있던 것으로 올라가는 것을 본다면 어떻게 하겠느냐?(요 6:62)

사람을 세우는 피드백 기술

사람은 그 입의 대답으로 말미암아 기쁨을 얻나니 때에 맞는 말이 얼마나 아름다운고(잠언 15장 23절)

유순한 대답은 분노를 쉬게 하여도 과격한 말은 노를 격동하느니라 지혜 있는 자의 혀는 지식을 선히 베풀고 미련한 자의 입은 미련한 것을 쏟느니라(잠언 15장 1-2절)

온순한 혀는 곧 생명나무지만 패역한 혀는 마음을 상하게 하느니라 잠언 15장 4절)

피드백 개념

일반적으로 피드백은 타인의 행동에 대한 자신의 생각을 솔직하게 이야기해 주는 과정이고 어떤 행동에 대한 과정과 결과에 대해 잘한 점과 부족한 점, 개선할 사항 등을 찾아서 올바른 방향으로 설정될 수 있도록 도와주는 것입니다.

코칭에서 피드백은 코치가 피코치로 하여금 코칭의 영역에서 더 잘 해 낼 수 있도록 칭찬과 인정, 격려 등으로 피코치의 행동을 강화시키고 피코치가 자신의 삶의 영역을 직면하고 성찰하도록 코치는 피드백을 사용합니다.

〈피드백의 유형〉

지지적 피드백	발전적 피드백
칭찬, 인정, 격려피드백	요청 피드백

〈지지적 피드백의 특징〉

칭찬	인정	격려
어떤 행동·결과에 대하여 높게 평가하는 것	상대방의 노력, 태도, 성품, 가치관 등을 알아주는 것	결과와 상관없이 과정에 대해 인정해 주고 좌절하지 않도록 용기를 주는 것
행동 결과에 초점, 칭찬의 기준이 칭찬받는 자에게 있음	과정에 초점, 내부에 있는 가치에 초점	결과보다는 과정, 존재 자체에 초점

〈지지적 피드백의 예시〉

칭찬	인정	격려
"성경을 읽었구나, 앞으로 더 잘 읽을 수 있겠어. 잘했어."	"노력했던 부분이 참 보기 좋았어." "지난 몇 달간의 노력은 모두 너의 자원이 될 거야."	"괜찮아. 실수는 누구나 할 수 있는 거야." "너가 잘 극복할 수 있을 거라 믿어."

칭찬은 우리가 가장 보편적으로 자주 사용하는 기술입니다. 코칭에서도 칭찬은 필요한 기술인데 칭찬을 할 때는 능력 칭찬, 예를 들어 '머리가 좋다' '똑똑하다'는 칭찬보다는 과정 칭찬, 즉 노력한 과정에 대한 칭찬에 초점을 맞추는 것이 효과적입니다.

또한 코치가 칭찬과 인정과 격려의 의미를 이해하고 피코치의 상황에 따라 적절한 피드백을 해주는 것이 중요합니다.

피드백 기술에서 칭찬과 인정 격려가 적절한 상황에서 피코치에게 표현될 때 피코치는 자신의 잘하는 행동을 강화시키고 자신의 가치를 발견하고 건강한 자존감과 유능감을 높이며 용기를 가지고 내면에서부터 올라오는 자기 긍정성의 힘으로 더욱 성장해 나갈 수 있습니다.

피드백 언어 스킬

상대방에게 저항감 없는 심리적으로 안전한 환경을 제공하고 코치의 생각을 긍정적으로 표현할 수 있도록 피드백 언어 스킬을 훈련해 보시기 바랍니다.

1	제가 느끼기로는 ~~한 것처럼 마음에 느껴졌는데 자매님은 어떻게 생각하세요?
2	제가 보기에는 ~~한 것처럼 보였는데 자매님은 어떻게 생각하세요?
3	제가 듣기로는 ~~한 것처럼 들렸는데 자매님 제가 잘 듣고 있나요?
4	제가 알게 된 것은 ~~라고 생각되는데 자매님 생각은 어떠세요?
5	자매님~~ 제가 잠깐 말씀드려도 될까요? ~~라고 생각되는데, 어떻게 생각하세요?

지지적 피드백 인정의 기술

인정은 상대방의 가치를 높여 주는 기술입니다. 단순하게 한 단어 또는 문장으로 표현했던 언어 방식을 구체적으로 표현하여 상대의 가치를 높여 주고, 보다 그 일을 탁월하게 해낼 수 있도록 힘을 주는 기술입니다.

또한 인정은 이미 상대가 알고 있지만 인정하는 대화를 통해 상대가 스스로 그 가치를 더욱 인식하도록 돕는 기술이며 행동을 강화 시키는 기술입니다.

〈행동을 강화시키는 지지적 피드백 스킬의 요소〉

1	구체적으로 인정하고 칭찬하기
2	진정성 있는 사랑과 응원의 마음을 담기
3	개선 요구를 함께하지 않기
4	관찰할 때마다 즉시 해 주기

〈지지적 피드백 인정의 기술 훈련〉

교회 안에서 모범이 되는 황 집사님은 항상 제일 먼저 교회 모임에 참석하고 미리 청소를 하고 커피와 함께 다과를 먹을 수 있도록 준비를 합니다. 성도들은 즐거운 쾌적한 공간에서 말씀을 배우고 교제하며 즐거운 다과 시간을 보냅니다.

행동	황 집사님이 오늘 제일 먼저 도착해서 청소를 하고 커피와 다과를 준비해 주셨네요.
가치	하나님을 섬기고 성도를 섬기는 황 집사님의 '사랑과 배려심' 있는 섬김의 마음이 참 감동입니다.
선한 영향력	덕분에 우리는 쾌적한 공간에서 성경 공부와 교제를 나눌 수 있습니다. 황 집사님의 그 모습이 참 귀감이 되고 본받고 싶어요.

인정의 기술은 그 사람이 스스로 알고 있지만 그 행동을 다시금 인식시키는 과정이며, 사실적 행동과 그 행동 안에 담고 있는 긍정적 의도와 가치를 읽어 표현해 주고, 그로 인한 선한 영향력을 표현해 주어, 행동을 강화시켜 주는 기술입니다.

〈인정 피드백 실습〉

사건	

행동	
가치	
선한 영향력	

발전적(요청) 피드백 기술

상대의 발전을 위해 요청 피드백을 사용할 때 진실 되고 정중한 태도가 선행된다면 더욱 효과적인 발전적 피드백이 될 수 있습니다. 틀린 말이 전혀 없는데도 듣는 내내 불쾌하고 저항하는 마음이 올라오는 피드백을 누구나 한 번쯤은 받아 보았을 것입니다. 피드백을 해 주는 사람의 언어 표현과 태도에 따라 반감이 작용되어 역효과가 나기도 하고 피드백의 태도에 따라 성장의 촉진제가 되기도 합니다.

〈행동을 변화시키는 발전적 피드백 스킬의 요소〉

1	개별적으로 긍정적으로 피드백하기
2	피드백하기 전에 기도하며 자신의 생각과 감정 순환시키기
3	사람보다 문제가 된 행동에만 초점을 맞추기
4	자신의 선입견과 편견의 작동을 점검하기
5	평가나 비난 비판이 되지 않도록 중립적 태도 갖기

〈발전적 요청 피드백 훈련〉

정 자매님은 교제 중에 자신의 이야기만 하며 중간에 다른 자매의 말을 끊는 경향이 있습니다. 수요일 날도 힘들어하는 자매가 자신의 이야기를 털어놓자 중간에 또 끼어들어 화제를 바꾸고 자신의 이야기를 했습니다. 그로 인해 교제의 분위가 흐려지고 마음을 털어놓은 자매는 마음의 상처를 입고 집으로 돌아갔습니다.

행동	자매님께서 끝까지 경청하지 않고 중간에 말을 끊는 것을 보았어요...
부정적 영향	교제의 분위기가 흐려지고 마음을 털어놓은 자매님은 혹시 자신을 무시하는 건가라는 오해를 할까 염려가 되네요….
발전적 요청 피드백	앞으로는 교제할 때 끝까지 경청한 후에 자매님이 하고 싶은 의견을 표현하신다면 교제의 분위기도 좋고 오해하는 일도 없을 것 같아요. 경청한 후에 말씀해 주시는 것은 어떨까요?

발전적 요청 피드백을 사용할 때는 사람에 초점이 맞춰지는 것이 아니라 사실적 행동과 이로 인한 부정적인 영향을 설명하고 변화되기를 원하는 바람의 행동을 정중하고 진솔하게 요청하는 것이 바람직합니다. 또한 성도가 진심으로 변화되고 성장하기를 바라는 기도가 더불어 준비될 때 더욱 효과적으로 피드백이 전달될 수 있을 것입니다.

〈발전적 요청 피드백 실습〉

사건	

행동	
부정적 영향	
발전적 요청 피드백	

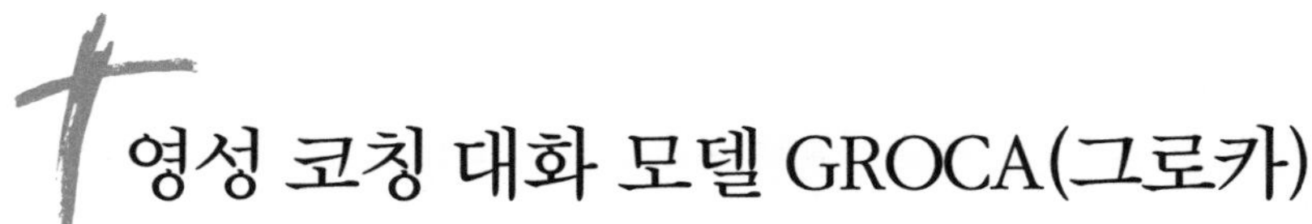

영성 코칭 대화 모델 GROCA(그로카)

누구든지 말씀을 듣고 행하지 아니하면 그는 거울로 자기의 생긴 얼굴을 보는 사람과 같아서 제 자신을 보고 가서 그 모습이 어떠했는지를 곧 잊어버리거니와(야고보서 1장 23-24절)

자유롭게 하는 온전한 율법을 들여다보고 있는 자는 듣고 잊어버리는 자가 아니요 실천하는 자니 이 사람은 그 행하는 일에 복을 받으리라(야고보서 1장 25절)

믿음이 그의 행함과 함께 일하고 행함으로 믿음이 온전하게 되었느니라(야고보서 2장 22절)

코칭 대화가 일반 대화와 다른 것 중 중요한 하나는 대화에 구조가 있다는 것입니다.

구조가 있는 대화 모델은 마치 길을 안내하는 표지판과 같습니다. 자신이 원하는 목표지점이 있고, 그 목표지점에 도착하기 위해 다른 길로 이탈하지 않도록 곳곳에 있는 안내표지판에 따라 이동하듯, 코칭 대화는 대화의 틀을 제공하고 전개되는 흐름을 예측할 수 있으며 대화의 방향성을 제시합니다.

GROCA(그로카) 대화 모델 훈련은 말씀을 통한 하나님의 뜻을 발견하고, 성령님께서 주시는 죄에 대한 인식과 자각으로 현재 나의 삶의 상태를 점검하고, 자신의 동기에 대해 점검하고 자신의 욕구와 기대를

5 서번트 코칭 연구소/기독교 영성코치 2급, 1급, 영성코칭전문가 민간 자격과정 대화모델

발견하며, 말씀 안에서 깨달음을 통한 실천계획을 만들고 행동으로 옮길 수 있도록 돕는 대화 모델입니다.

GROCA(그로카) 대화 모델 훈련은 질문의 프로세스에 따라 스스로 질문하고 대답하는 셀프 코칭 훈련의 형태로 진행하거나 또는 소그룹 대화 모델로 소그룹 리더가 질문 순서에 따라 질문하고 그룹 구성원들이 질문에 다양하게 자신의 생각과 신앙의 삶을 나누면서 말씀 안에서 더욱 풍성한 교제를 할 수 있도록 도와주는 대화 시스템입니다.

먼저 대화의 프로세스는 다음과 같습니다.

G 목표 **(God Goal)**	말씀을 통해 깨달은 하나님의 뜻
R 현실 인식 **(Reality)**	하나님의 뜻대로 살고자 할 때 생기는 어려움
O 대안 **(Option)**	어려움을 극복할 수 있는 다양한 방법들
C 선택 **(Choice)**	다양한 방법들 가운데 실천할 일 선택하기
A 행동 **(Active)**	실천을 위한 다짐과 기도, 실행

구체적으로 단계별 핵심적인 요소들과 질문들을 생각하며 GROCA 모델을 적용하여 셀프 코칭과 소그룹 말씀 교제 나눔의 모델로 적용하여 훈련해 볼 수 있습니다.

하나님의 말씀을 적용한 GROCA 셀프코칭 훈련

G 목표(God Goal)

목표의 단계는 하나님이 원하시는 목적이 무엇인지 말씀을 통하여 뜻을 찾고 목표를 설정하는 단계입니다.

오늘 말씀을 통하여 발견된 하나님의 뜻은 무엇인가?

이 말씀을 통하여 어떻게 변화되기를 원하는가?

R 현실(Reality)

현실 점검의 단계는 오늘 묵상한 말씀을 통해 바라본 나의 현재 신앙생활을 점검하는 단계입니다.

현재 나의 영적 상태, 마음가짐, 현재 상황들, 삶의 다양한 모습 등을 성령님이 말씀을 통해 조명하여 주시고 깨닫게 해주시는 단계이며 자신을 인식하고 자각하며 성찰하는 단계입니다.

또한 이 단계에서 말씀대로 실천하고자 할 때 현실적으로 장애물이 되는 요소가 무엇인지도 탐색하고 점검합니다.

O 대안(Option)

대안의 단계는 현실이 자각되면 하나님의 말씀대로 살아가기 위한 다양한 실천 방법들을 생각하고 행동계획을 수립하는 단계입니다.

현재 나의 신앙의 상태가 점검되었다면 어떻게 하나님의 말씀대로 실천할 수 있을까?

실천할 수 있는 또 다른 대안이 있다면 무엇인가?

그리고 또 어떤 대안이 있는가?

그 대안을 실천 할 수 있는 내 안의 자원은 무엇이 있는가?

현재 내 삶에서 무엇을 다르게 해야 하는가?

과거에 이와 비슷한 상황에서 장애물을 극복하게 했던 하나님이 주신 은혜는 무엇이었나?

성령님과의 교제 가운데 현재 상황을 극복할 지혜를 구하며 다양한 관점에서 생각하고 질문하며 실행할 수 있는 대안들을 떠올려 볼 수 있습니다.

C 선택(Choice)

선택의 단계는 하나님의 말씀을 실천할 여러 가지 대안 중 무엇을 먼저 실천에 옮기고 싶은지를 선택하는 단계입니다.

A 행동하기(Active)

적극적으로 행동하기 단계는 하나님의 말씀을 의지를 가지고 행동으로 옮기기 위한 준비단계입니다.

이 단계는 마음의 적극적인 변화와 행동의 적극적인 변화를 모두 포함하는 단계입니다.

언제 어디서 어느 시간 때에 실천할 것인가?

자신이 실천하고 있다는 것을 스스로 확인할 수 있는 방법이 있다면 무엇인가?

자신이 실천하는 데 도움이 되는 사람은 누구인가?

실천을 다짐하는 자신에게 격려해 주고 싶은 말은 무엇인가?

하나님께서 이런 나를 보고 뭐라고 말씀해 주실까?

실천의지를 북돋으며 스스로 책임감을 가지고 행동으로 옮길 수 있도록 자신을 격려하며 실천을 위한 다짐의 기도를 합니다.

★ 셀프코칭과 소그룹 말씀 나눔을 위한 GROCA 대화 훈련

〈1. 셀프코칭과 소그룹 대화 모델 GROCA[6]〉

G 목표 (GodGoal)	**말씀을 통해 깨달은 하나님의 뜻**
	① 오늘 묵상 말씀을 통해 깨달은 것은 무엇인가요? ② 이 말씀을 통해 어떻게 변화하고 싶은가요?
R 현실 인식 (Reality)	**하나님의 뜻대로 살고자 할 때 생기는 어려움**
	① 말씀을 통해 바라본 내 자신은 현재 어떤 상태인가요? ② 말씀대로 실천하는 데 장애물이 되는 것은 무엇인가요?
O 대안 (Option)	**어려움을 극복할 수 있는 다양한 방법들**
	① 오늘 말씀을 내 삶에 실천하기 위해 어떤 방법이 있을까요? ② 작은 것 하나라도 실천할 또 다른 방법은 무엇이 있을까요?
C 선택 (Choice)	**다양한 방법들 가운데 실천할 일 선택하기**
	① 오늘 나눈 실천 계획 중 한 주간 무엇을 먼저 실천할 건가요?
A 행동 (Active)	**실천을 위한 적극적인 다짐과 기도, 실행하기**
	① 한 주간 실천을 위해서 자신에게 격려해 주고 싶은 말은 무엇인가요? ② 실천을 위한 기도하기

6 청지기 교회 목장 예배 소그룹 대화 모델로 적용

1. 소그룹 교제 시 교제의 내용이나 방향이 흐트러지지 않고 구조화된 틀 안에서 말씀을 통한 깨달음, 현재 자신의 영적 상태, 말씀을 실천할 실천방법까지 도출시키고 마음의 다짐과 적극적인 실천 행동으로 옮기도록 도와주는 대화 모델입니다.

2. GROCA 대화 모델을 활용하여 말씀을 적용하여 소그룹으로 교제를 할 때, 준비된 질문에 따라 질문하고 대답하는 프로세스로 보다 구체적이고 실천적인 말씀에 기반 한 나눔의 교제를 훈련 할 수 있습니다.

3. 소그룹 리더가 소그룹 안에서 말씀 나눔을 할 때 적용할 프로세스는 다음과 같습니다.
① 주일 예배 때 들은 말씀을 기억하며 위의 질문에 대한 자신의 생각을 먼저 구성원들이 작성합니다.
② 소그룹 리더는 단계별로 질문을 합니다. G단계의 질문을 2-3명의 구성원에게 했다면, R단계의 질문은 또 다른 구성원 2-3명에게 합니다. 이렇게 단계별 질문을 활용하여 G, R, O, C, A, 5단계 질문을 실시함으로써 소그룹 성도가 모두 다 돌아가면서 자신이 깨달은 생각을 나눌 수 있도록 진행합니다.
③ 소그룹원이 하나님의 말씀을 듣고 각기 다르게 느끼고 깨달은 내용과 자신의 현재 상태, 실천방법, 실천의지 등을 나눔으로서 서로를 더욱 깊이 알아가며 말씀 안에서 더욱 풍성한 은혜를 경험하게 됩니다.

★ 셀프 코칭과 일대일 코칭을 위한 GROCA 대화 훈련

〈2. GROCA 셀프 코칭 훈련〉

G 목표 (GodGoal)	• 나를 향하신 하나님의 목적은 무엇일까? • 나의 사명은 무엇인가? • 그 사명은 나에게 어떤 의미가 있는가? • 사명을 이루기 위해서 나는 어떤 목표를 설정할 수 있는가? • 목표가 이루어졌다고 가정해 보자. 나는 지금 무엇을 하고 있는가?
R 현실 인식 (Reality)	• 현재 나의 상태는 어떠한가? • 목표가 이루어진 상태를 10점으로 가정할 때, 현재 나는 몇 점의 상태에 머물고 있는가? • 목표를 이루는 데 장애가 되는 장애물은 무엇인가? • 지금 이 상태가 계속된다면 1년 뒤에 나의 모습은 어떠한가?
O 대안 (Option)	• 목표를 이루기 위해 지금 할 수 있는 것은 무엇인가? • 또 다른 대안이 있다면 무엇인가? • 그리고 또 어떤 대안들이 있을까?
C 선택 (Choice)	• 위의 대안들 중 가장 먼저 시도해 보고 싶은 것은 무엇인가?
A 행동 (Active)	• 언제 실행에 옮길 수 있는가? • 실행의지를 수치로 표현한다면 몇 점인가? • 실행을 다짐하면서 자신에게 무엇이라고 격려해 주고 싶은가? • 하나님께 격려를 받고 싶다면 어떤 메시지를 받고 싶은가?

2번 GROCA 대화 모델은 프로세스별 다양한 신앙의 질문을 적용하여 셀프 코칭을 훈련할 수 있고 이런 훈련을 통해 타인과의 일대일 코칭 대화에서도 자연스럽게 적용할 수 있도록 훈련할 수 있습니다.

먼저 성령님의 인도하심을 구하며 단계별로 소리 내어 자신에게 질문 하고 대답하며 셀프 코칭 훈련을 시작해 볼 수 있으며 또한 GROCA 프로세스 단계의 질문들을 익숙하게 자신의 것으로 만들고 질문을 연습하여 적절하게 타인과의 대화 속에서도 코칭대화를 적용해 나갈 수 있습니다.

복음 전도 말씀묵상 GROCA 셀프 코칭 훈련

내 말과 전도함이 설득력 있는 지혜의 말로 하지 아니하고 다만 성령의 나타나심과 능력으로 하여(고린도전서 2장 6절)

복음 전도에 필요한 핵심적인 하나님의 말씀을 GROCA(그로카) 모델을 적용하여 묵상하고 암송하여, 우리 안에서 살아 역사하시는 하나님의 말씀을 전하는 우리의 입술이 전도의 도구로 사용될 수 있도록 먼저 우리 자신을 세우는 셀프 코칭 훈련을 해 보시기 바랍니다.

G 하나님의 목표(God Goal)

☞ 우리를 향하신 하나님의 뜻은 무엇인가요?

하나님이 세상을 이처럼 사랑하사 독생자를 주셨으니 이는 그를 믿는 자마다 멸망하지 않고 영생을 얻게 하려 하심이라(요한복음 3장 16절)

R 죄를 지은 인간의 상태(Reality)

☞ **죄를 지은 인간은 어떤 상태가 되었습니까?**

모든 사람이 죄를 범하였으매 하나님의 영광에 이르지 못하더니(로마서 3장 23절)

☞ **죄인이 된 우리에게는 무엇이 기다리고 있습니까?**

한 번 죽는 것은 사람에게 정해진 것이요 그 후에는 심판이 있으리니(히브리서 9장 27절)

O 구원을 위한 하나님의 대안(Option)

☞ **죄의 삯은 사망인데 우리 죄를 해결할 하나님의 대안은 무엇인가요?**

죄의 삯은 사망이요, 하나님의 은사는 그리스도 예수 우리 주안에 있는 영생이니라(로마서 6장 23절)

☞ **우리가 심판받지 않고 영생을 얻을 수 있는 유일한 근거는 무엇인가요?**

우리가 아직 죄인 되었을 때에 그리스도께서 우리를 위하여 죽으심으로 하나님께서 우리에 대한 자기의 사랑을 확증하셨느니라(로마서 5장 8절)

C 구원을 얻기 위한 사람의 선택(Choice)

☞ **어떻게 하면 우리는 하나님의 자녀가 될 수 있습니까?**

영접하는 자 곧 그 이름을 믿는 자들에게는 하나님의 자녀가 되는 권세를 주셨으니(요한복음 1장 12절)

☞ **심판을 받지 않고 사망에서 생명으로 옮기는 유일 한 방법은 무엇인가요?**

내가 진실로 진실로 너희에게 이르노니 내 말을 듣고 또 나를 보내신 이를 믿는 자는 영생을 얻었고 심판에 이르지 아니하나니 사망에서 생명으로 옮겼느니라(요한복음 5장 24절)

예수께서 이르시되 내가 곧 길이요 진리요 생명이니 나로 말미암지 않고는 아버지께로 올 자가 없느니라(요한복음 14장 6절)

A 사람의 행동(Active)

☞ **영생을 얻고 예수님과 동행하는 삶을 위해 지금 내가 해야 할 것은 무엇인가요?**

볼지어다 내가 문밖에 서서 두드리노니 누구든지 내 음성을 듣고 문을 열면 내가 그에게로 들어가 그로 더불어 먹고 그는 나로 더불어 먹으리라(요한계시록 3장 20절)

〈복음 전도 말씀묵상 GROCA 셀프 코칭 훈련〉

G 하나님의 목표 (GodGoal)	**① 우리를 향하신 하나님의 뜻은 무엇인가요?**
	하나님이 세상을 이처럼 사랑하사 독생자를 주셨으니 이는 그를 믿는 자마다 멸망하지 않고 영생을 얻게 하려 하심이라(요한복음 3장 16절)
R 죄를 지은 인간의 상태 (Reality)	**① 죄를 지은 인간은 어떤 상태가 되었습니까?**
	모든 사람이 죄를 범하였으매 하나님의 영광에 이르지 못하더니(로마서 3장 23절)
	② 죄인이 된 우리에게는 무엇이 기다리고 있습니까?
	한 번 죽는 것은 사람에게 정해진 것이요 그 후에는 심판이 있으리니(히브리서 9장 27절)

O 구원을 위한 하나님의 대안 (Option)	**① 죄의 삯은 사망인데 우리 죄를 해결할 하나님의 대안은 무엇인가요?**
	죄의 삯은 사망이요, 하나님의 은사는 그리스도 예수 우리 주안에 있는 영생이니라(로마서 6장 23절)
	② 우리가 심판받지 않고 영생을 얻을 수 있는 유일한 근거는 무엇인가요?
	우리가 아직 죄인 되었을 때에 그리스도께서 우리를 위하여 죽으심으로 하나님께서 우리에 대한 자기의 사랑을 확증하셨느니라(로마서 5장 8절)
C 구원을 얻기 위한 인간의 선택 (Choice)	**① 어떻게 하면 우리는 하나님의 자녀가 될 수 있습니까?**
	영접하는 자 곧 그 이름을 믿는 자들에게는 하나님의 자녀가 되는 권세를 주셨으니(요한복음 1장 12절)
	② 심판을 받지 않고 사망에서 생명으로 옮기는 유일한 방법은 무엇인가요?
	내가 진실로 진실로 너희에게 이르노니 내 말을 듣고 또 나를 보내신 이를 믿는 자는 영생을 얻었고 심판에 이르지 아니하나니 사망에서 생명으로 옮겼느니라(요한복음 5장 24절) 예수께서 이르시되 내가 곧 길이요 진리요 생명이니 나로 말미암지 않고는 아버지께로 올 자가 없느니라(요한복음 14장 6절)
A 사람의 행동 (Active)	**① 영생을 얻고 예수님과 동행하는 삶을 위해 지금 내가 해야 할 것은 무엇인가요?**
	볼지어다 내가 문밖에 서서 두드리노니 누구든지 내 음성을 듣고 문을 열면 내가 그에게로 들어가 그와 더불어 먹고 그는 나와 더불어 먹으리라(요한계시록 3장 20절)

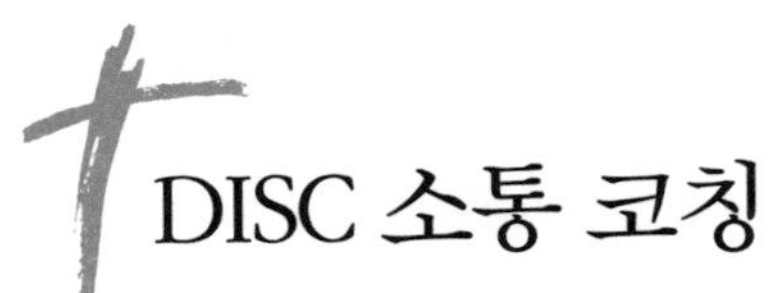

DISC 소통 코칭

오직 사랑 안에서 참된 것을 하여 범사에 그에게 까지 자랄 지라 그는 머리니 곧 그리스도라 그에게서 온 몸이 각 마디를 통하여 도움을 받음으로 연결되고 결합되어 각 지체의 분량대로 역사하여 그 몸을 자라게 하며 사랑 안에서 스스로 세우느니라(에베소서 4장 15-16절)

소통은 사전적 의미로 "막힘이 없이 잘 통한다", "서로 뜻이 통하여 오해가 없다"라는 뜻을 가지고 있습니다.

교회의 머리 되시는 예수 그리스도의 한 몸의 지체로 부르심을 받은 성도들이 서로 몸 가운데 분쟁이 없고 서로 마디마디가 잘 연결되고 공급되며 서로 지체를 존귀하게 여기는 소통하는 건강한 교회로 성장하기 위해서 자신을 이해하고 성도를 이해하는 소통훈련이 필요합니다.

이 땅에 하나님과 우리 사이에 죄로 인해 막힌 담을 허무시고 하나님과 우리 사이를 화목하게 하사 소통하게 하신 예수 그리스도를 본받아 이제 우리도 성도와 성도 사이에 막힘이 없고 하나님과 세상을 통하게 하는 소통의 리더들로 훈련되어야 합니다.

교회 공동체에는 각기 다른 기질과 행동 패턴을 가진 사람들이 모여 있습니다. 서로 다른 지식수준과 환경, 서로 다른 가치관을 가진 사람들이 교회 안에서 지체로서 한 몸을 이루고 서로 소통하는 과정은 그리 단순한 과정은 아닙니다.

어느 공동체든 다양한 사람들이 모이면 갈등이 발생되고, 갈등을 만드는 가장 큰 문제는 의사소통의 부재이며, 더 구체적으로는 서로에 대한 이해의 부족에서 시작됩니다.

서로 사랑하라고 말씀하셨고 이는 그리스도인이라면 누구나 다 아는 사실이지만 서로 사랑하며 공동체를 유지하기 위해서는 자기 자신과 타인에 대한 이해와 노력, 소통을 위한 태도와 방법 훈련이 필요하다는 사실에 대해서는 간과하는 경향이 있습니다.

서로 다름을 이해하고 존중하며 서로 각기 다른 지체들의 은사와 강점으로 교회를 더욱 아름답게 섬겨가고 서로가 서로를 세워 가고 돕는 일에 하나가 되도록 훈련을 통해 소통하는 교회를 만들어 갈 수 있습니다.

> 모든 겸손과 온유로 하고 오래 참음으로 사랑 가운데서 서로 용납하고 평안의 매는 줄로 성령이 하나 되게 하신 것을 힘써 지키라 몸이 하나요 성령도 한 분이시니 이와 같이 너희가 부르심의 한 소망 안에서 부르심을 받았느니라(에베소서 4장 2-4절)

DISC를 활용한 소통 훈련

심리학자 윌리엄 마스톤(William Marston)은 주도형(Dominance), 사교형(Influence), 신중형(Conscientiousness), 안정형(Steadiness) 4개의 유형으로 인간의 행동 경향을 설명하고 있습니다.

이러한 이론을 기반으로 먼저 자기 행동 유형을 간단 검사지를 활용하여 진단해 보고, 자신에 대한 이해, 타인에 대한 이해의 훈련을 시작해 볼 수 있습니다.

① 자신의 행동 유형(DISC[7])을 분석하고 자신의 행동 패턴의 강점과 계발점을 이해합니다.
② 자신과 다른 유형이 틀린 것이 아니고 다르다는 것을 이해합니다.
③ 각 유형의 강점과 은사를 교회 안에서 어떻게 활용할 것인지 생각해 봅니다.

자신을 표현해 주는 단어 옆에 1점부터 5점까지 척도로 점수를 적습니다. 각 항목의 합계 점수를 박스에 작성합니다. 합계 점수가 가장 높게 나온 유형이 자신과 비슷한지 강점과 보완점을 탐색해 봅니다.

되고 싶은 내가 아니라 현재의 나를 생각하면서 체크해야 합니다.

---

7 정요섭, 『Christian Coaching Leadership』, 좋은땅, 2017

그렇지 않다 0점 / 생각해 본다 1점 / 드물게 행동한다 2점
간혹 행동한다 3점 / 자주 행동한다 4점 / 항상 행동한다 5점

1	도전/ 모험	3	통찰/ 직관	4	결과/ 업적	4	권위/ 위엄	3	주도적인	5
2	열정/ 재미		독특/ 개성		관심/ 친절		흥미/ 신기		개방적인	
3	화평/ 온유		안정/ 지속		충성/ 인내		동행/ 친밀		협력적인	
4	절차/ 정확		대비/ 안전		완벽/ 치밀		완성/ 준비		원칙적인	
1	경쟁/ 공격	3	폭력/ 분노	3	권력/ 서열	2	강압적인	5	거만하게	4
2	싫증/ 포기		화려/ 사치		수다/ 과장		회피하는		충동적인	
3	미룸/ 양보		견딤/ 침묵		무사/ 태평		우유부단		소극적인	
4	엄격/ 철저		따짐/ 깐깐		불안/ 의심		완전무흠		비판적인	

예시) 1번은 1번끼리 전체 합

1 주도형	36	2 사교형		3 안정형		4 신중형	

(예)

1. 단어 옆 빈칸에 점수를 기재하고 1번은 1번끼리 합산하여 빈칸에 점수를 기록합니다.
2. 합산한 점수에서 가장 높게 나온 점수를 아래 유형 설명을 통해 이해합니다.
3. 각 유형을 표현해 주는 단어들을 통해 자신의 행동 유형에서 자신의 강점과 성장이 필요한 계발점을 체크해 봅니다.

점수/유형	강점	계발점
주도형 (Dominance)	직관력, 모험적, 권위적, 주도적, 결단력, 통찰력, 성과적, 도전적, 책임감, 근면함, 자신감	고집이 센, 참을성이 부족한, 억압하는, 충동적인, 공격적인, 경솔한, 무모한
사교형 (Influence)	낙천적, 설득력 있는, 온화한, 감정 풍부, 상상력, 호기심, 칭찬, 사교적인, 격려하는, 열정적인	즉흥적인, 말이 많은, 산만한, 비체계적인, 끝마무리가 부족한
안정형 (Steadiness)	친절한, 인내심, 성실한, 순수한, 안정적인, 차분한, 꾸준한, 협동적인, 여유 있는, 수용적인	변화에 더딘, 수동적인, 우유부단, 양보하는, 행동이 느린, 일을 미루는
신중형 (Conscientious-ness)	논리적인, 원칙적인, 분석적인, 객관적인. 세심한, 성실한, 신중한, 위험요소를 예측하는, 준비하는	의심이 많은, 자기 비하적인, 비판적인, 감정표현에 인색한, 따지는, 판단하는

사람은 4가지 유형을 다 가지고 있지만, 그중에서 1~2가지 두드러진 자신만의 행동 양식을 갖습니다.

① 가장 두드러지게 나타나는 행동 유형은 무엇인가요?

② 강점으로 나타나는 자신의 행동 패턴은 무엇인가요?

③ 보완점으로 나타나는 자신의 행동 패턴은 무엇인가요?

④ 자신의 강점을 교회 안에서 어떻게 활용할 건가요?

〈행동 패턴 셀프 코칭 훈련〉

나의 행동 패턴 강점	나의 행동 패턴 계발점

나의 강점은 무엇인가?	강점을 어떻게 사용할 것인가?

DISC 성경 인물 이야기

주께서 내 내장을 지으시며 나의 모태에서 나를 만드셨나이다 내가 주께 감사하옴은 나를 지으심이 심히 기묘하심이라 주께서 하시는 일이 기이함을 내 영혼이 잘 아나이다(시편 139편 13-14절)

하나님께서는 우리를 각기 다르게 디자인하시고 창조해 주셨습니다. 작게는 가족 구성원 사이에도 서로 다른 기질을 가지고 있고, 교회 공동체 안에서도 서로 다른 기질과 행동 패턴을 가진 사람들이 모여 공동체를 이루게 됩니다.

성경 속에 인물들도 다양한 기질과 행동 패턴을 가지고 있었으며 하나님께서는 이들을 서로의 동역자가 되게 하여 하나님의 일을 아름답게 이루어 가셨습니다.

DISC 성경 인물[8] 소개

• D 주도형(Dominance) 사도바울 주도형의 성경 속 대표적 인물은 사도바울입니다. 이방인에게 복음을 전하고 교회를 개척했던 사도바울의 리더십을 성경을 통해 이해할 수 있습니다. 주도형의 특징은 결과 성취, 목표지향적, 도전적이고 창조적이며 독립심, 자신감, 결단력, 변화지향적, 책임감 있는 행동 경향을 보입니다.
• I 사교형(Influence) 베드로 사교형의 성경 속 대표적 인물은 베드로입니다. 나사렛 예수 이름으로 일어나 걸으라고 말했던 베드로의 설득력과 제자들을 이끌었던 관계 중심적 리더십을 성경을 통해 이해할 수 있습니다. 사교형의 특징은 친화력, 설득력, 감성적, 온화함, 열정적이며 격려하는 행동 경향을 보입니다.

8 한국교육컨설팅연구소, 『성경인물 프로파일 시스템』, 1997

• S 안정형(Steadiness) 아브라함

안정형의 성경 속 대표적인 인물은 아브라함입니다.

순종의 롤 모델인 아브라함은 하나뿐인 아들 이삭을 하나님께 드릴 만큼 순종적이었으며 조카 롯 사이에서도 자신의 것을 양보하는 수용적이고 협력적인 리더십을 가지고 있음을 성경을 통해 이해할 수 있습니다.

안정형의 특징은 충성, 수용, 협동, 갈등 회피, 양보, 친절, 인내심, 성실한, 차분한 행동 경향을 보입니다.

• C 신중형(Conscientiousness) 모세

신중형의 성경 속 대표적인 인물은 모세입니다.

이스라엘 백성을 이끌어 애굽에서 광야로 인도하며 성막과 율법을 완수하는 모세의 리더십을 성경을 통해 이해할 수 있습니다. 신중형의 특징은 완벽한 과업완수로 세부적인 핵심 사항에 관심이 높고 논리적인, 원칙적인, 분석적인, 객관적인, 세심한, 준비하는, 위험 요소를 예측하는 특징과 행동 경향을 보입니다.

- 우리 자신과 비슷한 성격 속 대표적 인물은 누구인가요?
- 나와 비슷한 성경 속 인물들의 강점과 기질을 사용하여 하나님의 일을 이루시는 데 어떻게 동역자로 세우시고, 사용하시며, 함께하셨는지 성경 말씀 안에서 다시금 관찰하고 묵상해 보시면 좋겠습니다.

달라도 너무 다른 성도들의 회의 시간

다음은 4개의 각기 다른 행동 유형의 성도들이 모여 회의를 진행한다는 가정하에 각 유형의 대표적인 행동 특성을 통해 자신과 타인의 의사소통, 행동방식이 다름을 이해할 수 있습니다.

주제: 교회의 차를 새로 구입하는 것	
주도형 D	앞으로 새 차가 왜 필요한지, 새 차 구입을 통해 활동할 비전을 제시하며 설득한다(큰 그림을 설명한다)
사교형 I	좋은 계획이라고 인정하고, 긍정적인 분위기를 조성한다
안정형 S	'지금 이대로도 좋은데, 더 타도 될 것 같은데 구입하는 데 무리는 없는가?'라는 생각을 하고 침묵을 지키며 대화를 듣는다
신중형 C	교회에 예산이 얼마나 있고 지금 구입하는 것이 현실적으로 타당한지 생각을 하며 구체적이고 분석적인 질문을 한다

만약 이 회의에서 모두 주도형이거나 사교형만 있다면 당장 차를 보러 가고 구매할 가능성이 크고, 만약 신중형만 있다면 가격, 기능, 차종, 예산을 분석하다가 회의는 끝나지 않을 것이며, 만약 안정형만 있다면 지금도 좋으니 다음 기회에 사는 것으로 대화가 마무리될 수도 있습니다.

이러한 대화의 샘플을 통해서 보듯이 각 유형의 기질과 욕구 가 대화에서 기대하는 바가 서로 다르다는 것을 생각해 볼 수 있습니다. 또한 틀린 게 아니라 다름을 인정하고, 서로를 존중하는 태도로 대화를 이끌어 가다 보면 가장 탁월한 결과를 창출할 수 있습니다. 성격 속 인물들도 하나님이 전혀 다른 유형을 보완적 동역자로 세우셔서 하나님의 일을 이루셨습니다.

〈하나님이 세우신 동역자[9] & 나에게 보내신 동역자는〉

사도바울(D) & 바나바(I)
베드로(I) & 요한(C)
아브라함(S) & 사라(D)
모세(C) & 아론(I)

나의 동역자	소통 전략

각각 동역자를 붙이셔서 각자의 부족한 부분을 보완하며 하나님의 일을 하도록 계획하셨습니다. 하나님께서는 각기 다른 우리를 한 지체로 그리고 동역자로 부르셨고, 보완적 관계로 하나님의 일을 함께하도록 계획하셨음을 생각해 볼 수 있습니다. 나의 동역자들은 누구인지 작성해 보고 동역자와의 소통 전략과 기도 제목을 작성해 보시기 바랍니다.

9 한국교육컨설팅연구소, 『성경인물 프로파일 시스템』, 1997

DISC 소통 전략과 셀프 코칭 훈련

▷ D 주도형(Dominance)

의사소통 스타일	• 주도형의 의사소통 스타일은 속도가 빠르고 성과를 얻기 위해 말하고 전반적으로 사교적인 덕담보다는 핵심적인 내용을 직선적으로 말하는 경향을 보이며 타인의 말을 선택적으로 듣거나, 경청하기보다는 자기주장을 말하는 경향성이 있습니다. • 주도형은 독립심이 강하고 주도적인 행동 유형이기 때문에 주도형은 지시받거나 명령받을 때 불편해하고 우유부단하고 비효율적인 것을 불편해합니다.
소통 전략	• 주도형에게는 지시형 표현보다는 의뢰형 또는 질문형 표현이 적합합니다. • 속도가 빠른 주도형에게 결론부터 말해 주고 이에 따른 상황을 간결하게 설명해 주는 요령이 필요합니다.
주도형의 셀프 코칭	• 자기주장을 하고 싶은 순간 상대방의 말을 끊지 않고 경청하기 훈련이 필요합니다. • 압력을 받으면 독재적이거나, 공격적이 될 수 있음을 자각하고 평상시 타인과 입장을 바꾸어 생각하는 마음 훈련이 필요합니다.

▷ I 사교형(Influence)

의사소통 스타일	• 사교형의 의사소통 스타일은 인정에 대한 욕구를 가지고 대화하는 스타일이고, 사교적이고 자유로운 분위기로 대화하는 환경을 선호하고 타인의 말에 공감하고 반응해 줍니다. 사교형은 부정적인 이야기나 심각한 대화를 기피하는 경향성이 있습니다. • 사교형은 사회적으로 인정받지 못하거나 거부당하는 것, 지나친 격식 차림을 불편해합니다.

소통 전략	• 질책이나 충고보다는 작은 일이라도 먼저 인정해 주는 대화로 마음의 문을 여는 것이 필요합니다.(공개적 칭찬에 더욱 동기부여가 됩니다) • 사교형은 통제받거나 딱딱한 분위기를 불편해하기 때문에 자유롭게 자신의 생각을 표현할 수 있는 환경을 조성해 줄 때 동기부여가 됩니다.
사교형의 셀프 코칭	• 상대를 향한 인정과 칭찬에 대한 기대를 내려놓고 대화할 때 꼭 필요한 말과 책임지는 말을 훈련하면 좋습니다. • 지적과 충고를 받아들이는 감정의 근육 키우기 훈련(압력을 받으면 감정적·비체계적으로 행동할 수 있음을 자각하고 마음이 불편해도 끝까지 경청하는 훈련)이 필요합니다. • 과제에 집중하고 일의 끝마무리에 대한 중요성을 인식하고 실천하는 훈련이 필요합니다.

▷ S 안정형(Steadiness)

의사소통 스타일	• 안정형의 의사소통 스타일은 주도적으로 말하기보다는 다른 사람의 이야기를 수용적으로 경청하고 비공식적으로 편안할 때 속마음을 이야기하는 스타일입니다. • 안정형은 빠른 의사결정을 요구할 경우 불편해할 수 있습니다.
소통 전략	• 공감해 주는 언어 표현, 진실한 감사의 표현에 마음을 엽니다(가까운 대인 관계, 신뢰에 의해 결정, 압력을 받으면 더 대답을 못하고 양보하는 모습을 보입니다). • 책임감의 과정을 진실하게 칭찬하고 격려해 주는 것(교회에서 꼭 필요한 존재임을 인식시키는 격려가 도움이 됩니다).
셀프 코칭	• 나는 꼭 필요한 존재라는 자신의 존재감을 격려하는 훈련이 필요합니다. • 스스로 갈등을 회피하고 변화에 더디다는 것을 인식하고 자신의 생각을 표현하고 속도를 조절하는 훈련이 필요합니다.

▷ C 신중형(Conscientiousness)

의사소통 스타일	• 신중형의 의사소통 스타일은 타인의 말을 분석적으로 듣고 사적인 대화는 피하고 공식적인 의사소통을 선호하고 자신의 생각을 정리해서 간단명료하게 이야기하는 스타일입니다. • 완벽을 추구하는 신중형은 자신이 한 일을 비판받는 것, 불합리한 행동을 강요받는 것, 민감하지 못한 상황을 불편해할 수 있습니다.
소통 전략	• 감정적인 표현보다는 사실에 근거한, 합리적인 기준 제시, 구체적인 비전 제시가 중요합니다. • 생각할 시간을 미리 제공하고 세부사항에 대해 구체적으로 칭찬하는 것이 효과적입니다. • 향후 비전을 제시할 때도 구체적인 계획과 대안을 가지고 대화하는 것이 효과적입니다.
신중형의 셀프 코칭	• 완벽해야 한다는 신념, 완벽에 대한 자기 기대, 타인에 대한 기대 줄이는 훈련이 필요합니다. • 회피하지 않고 자신의 감정을 표현하는 훈련이 필요합니다(압력을 받을 때 숨지 않기).

이렇게 DISC 행동 패턴 모델을 적용하여 각 유형별 의사소통 방식을 이해하고 의사소통 전략과 동기부여 전략을 생각해 보고 자신의 유형을 계발하는 셀프 코칭 훈련의 내용을 함께 나누었습니다. 우리 자신을 이해하고 타인을 이해하며 각기 다른 성도들과 어떻게 섬기고 함께 소통하며 건강한 교회를 만들어 갈 수 있을지 훈련할 수 있습니다.

우리의 강점은 성도를 섬기는 일에 더욱 아름답게 사용하고 보완적인 습관적 패턴은 건강하게 계발하도록 훈련해 나갈 수 있습니다. 부정적 습관적 패턴이 우리를 지배하려고 할 때, 우리는 자신의 신분을 의식하는 훈련을 함께해야 합니다.

자신이 누구인지를 알 때 우리 안에 계신 주님을 통하여 진정한 변화의 힘을 얻을 수 있습니다. 우리는 사고와 감정 행동의 습관대로 사는 존재가 아니라는 것, 습관을 다스리는 존재라는 것을 매 순간 의식하면서 자신과 성도 사이에 새롭게 소통 리더십 훈련을 반복해 보시기 바랍니다.

실습 활동

DISC 코칭 질문에 따라 아래 빈칸에 작성해 보세요.

1.	나와 갈등을 느끼는 사람의 무엇이 불편한가요?
2.	상대방은 나의 어떤 모습에 불편함을 느낄까요?
3.	그 사람과 갈등을 줄이려면 어떤 것이 필요할까요?
4.	내가 그 사람과 소통할 때 유의할 점은 무엇인가요?
5.	이렇게 시도한다면 그 사람과의 관계는 어떻게 달라져 있을까요?

제4장

크리스천 리더십

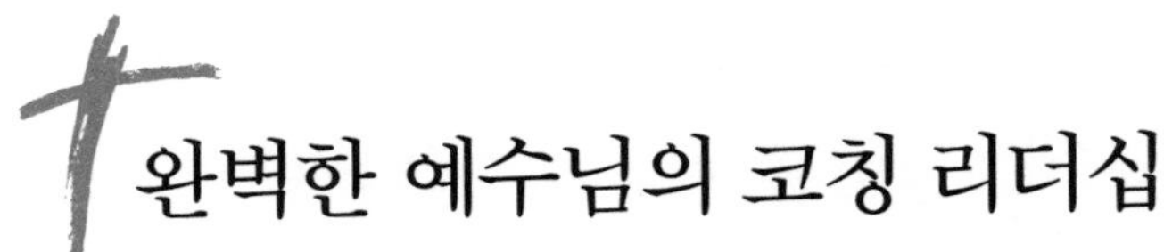

완벽한 예수님의 코칭 리더십

그는 근본 하나님의 본체시나 하나님과 동등됨을 취할 것으로 여기지 아니하시고 오히려 자기를 비워 종의 형체를 가지사 사람들과 같이 되셨고 사람의 모양으로 나타나사 자기를 낮추시고 죽기까지 복종하셨으니 곧 십자가에 죽으심이라(빌립보서 2장 6-8절)

성경의 4복음서에서 보여 주신 예수님의 리더십에서 진정한 코치다움을 발견할 수 있습니다.

복음서에서 나타난 예수님은 어떤 모습으로 우리에게 다가오셨을까? 예수님의 성품과 사역에서 보여 주신 모습 속에서 코칭 리더십을 발휘하신 예수님을 만날 수 있습니다.

일반적으로 코치형 리더는 신뢰관계, 역할모델, 비전제시, 지지와 격려, 탁월한 피드백, 공감과 경청 질문 등으로 소통하며 구성원을 성장시키고 영향력 있는 리더로 세우는 리더십인데 예수님은 일반적인 코치형 리더의 수준을 뛰어 넘는 완벽한 코칭 리더십을 보여 주셨습니다.

예수님은 사랑의 성품으로 겸손하고 온유하며 긍휼함을 보여주셨고, 마음 깊은 곳의 작은 신음까지 들어주시는 경청자의 모습을 보여주셨고, 예수님은 많은 질문을 통해 생각을 열고 깨닫도록 도우시고 탁월한 피드백으로 제자들을 세우셨고 군중들을 깨닫게 하셨으며, 위로하고 도와주고 치료하고 지지하고 격려하는 모습을 보여주셨습니다. 좀 더 구체적으로 예수님의 코칭 리더십에 대해 생각해 보겠습니다.

첫 번째, 예수님은 분명한 목표와 비전을 가지고 이 땅에 오셨습니다. 예수님은 오직 성령님의 인도하심과 하나님의 목적에만 초점을 맞추셨습니다. 예수님은 제자들이 하나님이 원하시는 자리로 나아갈 수 있도록 하나님 나라의 복음과 비전을 제시하시고 목적 가운데 제자들을 세워 가셨습니다.

두 번째, 인간의 몸으로 이 땅에 오신 순간부터 예수님은 수직적이지 않으셨습니다. 자신을 낮추셨고 어떤 누구에게도 편견과 선입견으로 대하지 않으셨습니다. 겸손하고 온유한 성품과 태도 수평적인 리더십으로 우리에게 다가오셔서 역할 모델이 되어 주셨습니다.

세 번째, 예수님은 가난한 자, 병든 자, 약한 자들을 먼저 돌봐주시고 고쳐 주셨습니다. 그들의 아픔을 공감했으며 군중들의 신음을 경청해 주셨습니다. 수평적 관계에서 군중들과 대화하셨으며 예수님은 상황에 맞는 적절한 질문을 통해 대화를 열어 가셨습니다.

대표적인 예수님의 질문들 몇 가지에 대해 생각해 보겠습니다.

가이사랴 빌립보에서 제자들에게 물으셨습니다. "사람들이 인자를 누구라 하느냐? 너희는 나를 누구라 하느냐?"(마태복음 16장 13절)

예수님은 단순히 배고픈 자들을 먹이시거나 병을 고치시거나 가난한 자들을 돕는 사역을 넘어 이 땅에서 죄 가운데 있는 세상을 구원할 살아계신 하나님의 아들 예수 그리스도라는 그분의 정체성을 깨달을 수 있도록 질문을 통하여 생각을 열어주시고 도전을 주셨습니다.

베데스다 연못에서 38년 된 병자를 만나 주신 주님은 "네가 낫고자 하느냐?"(요한복음 5장 6절) 라는 질문으로 38년 동안 누워 있어 무기력하고 무뎌져 가는 희망을 잃어 가는 병자의 마음에 의지를 일깨우셨으며 믿음으로 나아가도록 행동을 촉구하는 질문을 하셨습니다.

맹인들에게 "내가 능히 이 일 할 줄을 믿느냐?"(마태복음 9장 27절) 라고 자신의 믿음과 직면하도록 하는 질문으로 다가와 주시며 갈급한 마음을 믿음의 행동으로 옮기도록 도우셨습니다.

풍랑을 만난 배에서는 두려워 떠는 제자들에게 "너희 믿음이 어디에 있느냐?"(누가복음 8장 25절)라고 질문하시며 자신의 믿음을 돌아보도록 자각시키셨으며 눈앞에 보이는 폭풍 앞에서 능력의 예수님께 초점을 맞추도록 도와주셨습니다.

부활하신 후 예수님은 베드로에게 "네가 나를 사랑하느냐?"(요한복음 21장 16절) 라는 강력한 질문으로 예수님을 배신하고 처절하게 자신을 원망했을 베드로를 질문으로 찾아와 주시고 베드로를 다시 일으켜 세워 주셨습니다.

네 번째, 예수님은 12제자들 즉 팀을 세우셨고 제자들을 땅 끝까지 복음을 전하는 리더들로 성장시키셨습니다. 예수님은 가르치실 때도 먼저 해결책을 주시는 것이 아니라 때론 비유를 사용하시고 질문하시고 피드백을 주시며 제자들의 성장을 돕고 방향을 제시해 주셨습니다. 실수의 상황에서도 제자들을 바로잡아 주시면서 격려해 주시며 제자들을 세워 가셨습니다.

크리스천의 코치형 리더 훈련

시대가 변하면서 리더십 스타일도 변화하고 있습니다.

과거에는 카리스마 있게 구성원들을 이끌어가는 지시형 리더들이 사회 경제와 시대의 트렌드에 적합했지만 시대가 변하고 공동체의 환경과 문화가 달라지면서 요구되는 리더십도 달라지고 있습니다. 가정과 교회 공동체 안에서도 적절하게 상황에 맞는 리더십의 밸런스가 필요한 때입니다.

하나님은 무질서의 하나님이 아니라 화평의 하나님이십니다.

교회에서는 하나님의 말씀의 권위와 화평을 이끄는 질서가 필요합니다. 이러한 진리 안에서 성도를 양육하고 소그룹이나 일대일 대화를 열어 갈 때는 지혜와 태도 기술의 유연성이 필요합니다.

교회 공동체 안에서 말씀 선포와 양육을 위해서는 티칭도 필요하고, 신앙의 리더로서 또는 선배로서 좋은 경험을 나누는 멘토링도 필요하고, 아픈 상처를 치유하고 어루만지는 상담도 필요한데 여기에 코칭이 함께 밸런스를 맞출 수 있다면 더욱 효과적인 교회 교육과 가정교육, 소그룹과 일대일 소통을 해나갈 수 있습니다.

우리는 가정에서 교회에서 어떠한 리더십을 발휘하고 있는지 생각해 보겠습니다. 리더십에도 스타일이 있습니다.

첫 번째는 지시형 리더십
두 번째는 티칭형 리더십
세 번째는 멘토형 리더십
네 번째는 코치형 리더십입니다.

첫 번째, 지시형 리더는 모든 것을 자신의 기준으로 해라, 하지마라를 결정하며 나를 따르라는 마인드로 지시하는 리더십 스타일 입니다.

두 번째, 티칭형 리더십은 내가 다 알려 줄게라는 마인드로 지식을 전달하며 가르치는 리더십 스타일입니다.

세 번째, 멘토형 리더십은 자신의 경험을 통해 얻은 지식을 전수해 주며 구성원들을 이끌어 가는 리더십 스타일입니다.

네 번째, 코치형 리더십은 대화를 하거나 관계를 할 때 상대의 수준과 눈높이에 자신을 맞추는 수평적인 마인드로 공감과 경청과 질문을 통해 소통하며, 비전을 공유하며 후원, 격려, 상호 책임을 함께하며 스스로 답을 찾아가고 문제를 해결할 힘을 기르도록 도와주는 리더십 스타일입니다.

교회의 상황과 성도의 상황에 따라 적절하게 각 요소의 리더십 스타일이 균형과 조화를 이룰 때 더욱 효과적인 영향력으로 성도를 세워갈 수 있습니다.

코치형 리더의 특징과 효과

〈지시형 리더 vs 코치형 리더의 특징〉

지시형 리더의 특징	코치형 리더의 특징
혼자 방향을 결정한다	공감하고 경청하고 질문한다
통제, 지시, 명령한다	인정하고 위임한다
결과를 우선시한다	격려하고 지지하고 지원한다
이유와 원인에 초점을 둔다	과정을 중요시 한다
거리를 둔다	책임을 함께 한다
권위적이다	긍정적이다
자신의 경험에 초점을 둔다	관계를 중요시한다

〈지시형 리더십 vs 코치형 리더십의 효과〉

지시형 리더십의 효과	코치형 리더십의 효과
자존감, 자신감 저하	자존감이 높아짐
수동적 자세	자신감, 자기효능감이 높아짐
책임감 감소	스스로 답을 찾음
문제 해결능력의 저하	적극적이고 능동적임
비전과 열정의 저하	책임감이 높아짐
	실행력이 높아짐
	잠재력의 극대화

지시형 리더십의 결과는 구성원 내면에 저항감과 두려움을 일으키고 자존감과 자신감이 저하 되며 수동적으로 만들며, 창의적인 아이디어를 발산하고 스스로 문제를 해결하고 의사결정을 하는데 장애물이 되는 환경을 조성합니다.

반면 코치형 리더십의 결과는 상대를 존중하고 인정하는 수평적인 관계에서 쌍방향 소통 환경으로 불통의 장애물을 극복하도록 돕습니다.

코치형 리더는 공감과 경청 존중을 기반으로 하는 대화 환경을 조성하여 상대방의 방어기제를 해체시키고 자신이 충분히 존중받을 만한 존재라는 자기 자존감 향상과 자기 스스로 어떠한 문제를 해결할 수 있다는 자신에 대한 믿음 즉 자기 효능감을 촉진시키며 책임감을 높입니다. 또한 지시가 아닌 질문을 통하여 스스로 잠재된 에너지에 초점을 맞추고 내면에서 답을 이끌어 내도록 지지적인 대화 환경을 조성하며 공유된 비전에 한 방향으로 정렬되도록 내면에서 동기를 이끌어 내는 협력적인 파트너십을 제시합니다.

코치형 리더 자기 관찰 체크리스트

1. 현재 나의 리더십 스타일은 어떠한가요?

100% 비율로 현재 나의 리더십 밸런스를 체크해 보겠습니다.

지시형 리더십	이렇게 해라!	
티칭형 리더십	내가 다 가르쳐 줄게!	

멘토형 리더십	나처럼만 해라!	
코치형 리더십	너라면 어떻게 할래?	

2. 10문항의 질문지를 통해 코치형 리더로서 가져야 할 역량에 대해 점검해 보고 어떤 부분을 계발하고 훈련해 나아갈지 점검해 보겠습니다.

전혀 그렇지 않다 1점 / 그렇지 않다 2점 / 그저 그렇다 3점
그런 편이다 4점 / 매우 그렇다 5점

	질문	점수
1	나는 공동체의 의견을 충분히 수렴하고 의사결정을 한다	
2	나는 공동체의 문제나 실수에 함께 책임을 진다	
3	나는 공동체 안에서 비전을 공유하고 방향을 제시한다	
4	나는 공동체 구성원의 형편과 상황을 충분하게 파악하고 있다	
5	나는 공동체 안에서 솔선수범하며 롤 모델이 되고 있다	
6	나는 공동체와의 약속은 반드시 지킨다	
7	나는 공동체의 의견에 경청하며, 지시하기보다 질문한다	
8	나는 구성원의 약점과 문제 보다는 구성원의 잠재력, 가능성과 강점에 초점을 맞춘다	
9	나는 비판하거나 판단하기보다는 인정하고 격려한다	
10	나는 구성원에게 역할을 위임하고 잘해 낼 수 있도록 옆에서 도와준다	

3. 코칭 질문

1. 나는 4가지 유형 중 어떤 리더십 스타일을 발휘하고 있습니까?
2. 나의 리더십에 플러스해야 할 요소들은 무엇인가요?
3. 10문항 중 현재 잘하고 있는 요소들은 무엇인가요?
4. 10문항 중 계발하고 훈련해야 할 요소들은 무엇인가요?

나를 세우고 교회를 세우는 셀프리더십 코칭

망령되고 허탄한 신화를 버리고 경건에 이르도록 네 자신을 연단하라(디모데전서 4장 7절)

푯대를 향하여 그리스도 예수 안에서 하나님이 위에서 부르신 부름의 상을 위하여 달려가노라(빌립보서 3장 14절)

우리에게 리더십은 자신에게 먼 이야기처럼 느껴질 수 있지만 우리는 세상 가운데 빛의 역할을 감당해야 할, 예수 그리스도의 찬란한 복음의 빛을 비추는 크리스천 리더들로 위임받았습니다. 리더들이 갖추어야 할 리더십에 대한 이론들과 스토리가 넘쳐 나지만 리더십을 한마디로 정의한다면 리더십은 영향력이라고 말할 수 있습니다.

우리가 단 한 사람에게라도 영향을 주고 있다면 우리는 이미 리더입니다. 특별히 우리는 하나님께서 이 땅에 보내신 그리스도의 편지이며 세상에 영향력을 주고 있는 크리스천 리더들입니다.

우리의 주변을 둘러보면 리더십을 발휘하여 조직 공동체를 이끌어가고 성공을 향해 달려가지만 정작 자신의 내면을 다스리는 셀프리더십의 부재로 평생의 업적과 소중한 삶이 송두리째 무너져 내리는 것을 직면하게 됩니다. 건강하고 영향력 있는 크리스천 리더로 성장하기 위해서는 반드시 셀프리더십 훈련이 우선되어야 합니다.

> 이 모든 일에 전심전력하여 너의 성숙함을 모든 사람에게 나타나게 하라 네가 네 자신과 가르침을 살펴 이 일을 계속하라 이것을 행함으로 네 자신과 네게 듣는 자를 구원하리라(디모데전서 4장 15-16절)

셀프리더십이란?

리더십이 타인에게 영향력을 주는 것이라면 셀프리더십은 우리 자신에게 스스로 영향력을 주는 과정이며 모든 리더십의 기초이자 기반입니다.

건축물의 기초공사에서 먼저 건물의 기초 골조를 튼튼하게 세우듯 셀프리더십은 크리스천들이 훈련해 나가야 할 리더십의 기초이며 기반이 됩니다. 무너지지 않는 건물을 세우기 위해서는 기초공사가 중요하듯이, 셀프리더십은 마음의 중심을 보시는 하나님 앞에서 우리의 내면의 사고와 감정과 행동의 근육을 건강하고 튼튼하게 훈련해 나가는 리더십입니다.

셀프리더십이란 자기 자신을 잘 관리하고 이끌어 가며 자신에게 긍정적인 영향력을 행사하는 것이라고 정의할 수 있습니다.

셀프리더십은 외부로 향하고 있는 에너지의 방향을 자신의 내면세계에 집중시켜 자신을 인식하고 관찰하고 조절하여 내면의 힘을 키우는 과정입니다. 또한 타인의 지시에 의해서가 아니라 자발적인 동기를 가지고, 주어진 일들을 주도적으로 수행하도록 자신에게 긍정적인 영향력을 발휘하는 과정입니다.

크리스천 셀프리더십이란?

그러므로 나는 달음질하기를 향방 없는 것같이 아니하고 싸우기를 허공을 치는 것같이 아니하며 내가 내 몸을 쳐 복종하게 함은 내가 남에게 전파한 후에 자신이 도리어 버림을 당할까 두려워함이로다(고린도전서 9장 26-27절)

형제들아 내가 그리스도 예수 우리 주 안에서 가진 바 너희에 대한 나의 자랑을 두고 단언하노니 나는 날마다 죽노라(고린도전서 15장 31절)

성화의 주권자는 성령님이십니다. 성령님께서 우리의 내면의 속사람을 튼튼하게 세워 가실 수 있도록, 우리는 자신의 사고와 감정과 행동을 민감하게 인식하고 성령님께 반응하며, 자신의 생각이나 감정 및 행동이 죄의 종 노릇을 하지 않도록 우리자신을 내어 드리는 의지의 훈련이 필요합니다.

성령님께서 우리 안에서 성화를 이루어 가실 때 스스로 장애물이 되지 않도록 자신을 준비하며, 그리스도의 장성한 분량에 이르기까지 하나님이 원하시는 순종의 영역으로 자신을 이끌어 가며 하나님이 우리에게 주신 모든 자원을 잘 관리하고 계발해 나가는 훈련이 크리스천으로서 셀프리더십을 발휘하는 과정입니다.

셀프리더십의 3개의 기둥[10]

첫 번째 기둥	자기이해 및 인식	영성,정체성,사명,비전,자존감,자신감,정서,감정,강점, 사고방식, 습관, 성격유형
두 번째 기둥	자기 관리	영성관리, 시간관리, 목표관리, 건강관리, 지적관리
세 번째 기둥	타인과의 관계관리	타인이해, 소통의 기술

셀프리더십은 크게 3개의 기둥으로 설명할 수 있으며 첫 번째는 자기이해 및 인식 두 번째는 자기 관리 세 번째는 관계 관리입니다. 셀프리더십의 3개의 핵심 역량 중에 가장 중요한 첫 번째 요소는 자기 인식

10 '코치되시는 나의 성령님' 전체적인 내용은 크리스천 코칭이라는 대주제 아래 셀프리더십의 3개의 기둥을 훈련할 수 있는 내용으로 연결되어 있습니다. 목차에서 제목을 찾아 3개의 기둥에 관련된 내용을 집중적으로 훈련해 보시기 바랍니다.

이며, 효과적인 자기 인식 훈련을 통해 자기 관리, 관계 관리를 보다 건강하게 해 나갈 수 있습니다.

자기 인식은 나는 누구이고, 어디에서 왔고, 어디로 갈 것이며, 나는 지금 어디에 있는가에 대한 질문에 스스로 성찰하고 답하는 것입니다. 자기 인식을 통해 자신의 정체성을 분명하게 하면 자신이 왜 살아야 하고 무엇을 위해, 어떻게 살아야 하는지 정체성에 걸맞은 자기 관리의 목표를 명료화하는 훈련을 해 나갈 수 있습니다.

또한 자기 인식, 자기 관리를 통해 보다 영향력 있는 대인 관계 관리를 해 나갈 수 있습니다. 우리가 하나님 안에서 자신이 어떤 존재인지를 아는 것이 우리의 삶의 방향을 결정하고 성장을 향해 나가는 첫 번째 출발점이 됩니다.

자신의 정체성을 정확하게 인식하고 자신의 역할을 인식하는 하나님의 자녀는 자신의 내면과 외면의 삶을 어떻게 관리해야 하며 성도로서 어떠한 삶의 태도를 취해야 할지를 날마다 훈련해 나갈 수 있습니다.

크리스천에게 셀프리더십이 필요한 이유

> 너희 몸은 너희가 하나님께로부터 받은 바 너희 가운데 계신 성령의 전인 줄을 알지 못하느냐 너희는 너희 자신의 것이 아니라 값으로 산 것이 되었으니 그런즉 너희 몸으로 하나님께 영광을 돌리라(고린도전서 6장 19-20절)

우리는 하나님의 동역자들이요 너희는 하나님의 밭이요 하나님의 집이라(고린도전서 3장 9절)

하나님께서 완전히 이루신 칭의의 구원은 하나님 편에서 예수 그리스도를 통하여 완전히 이루신 일이기에, 우리가 예수 그리스도를 구주로 영접하고 믿는 것 외에는 우리가 행해야 할 일이 없습니다. 그러나 예수 그리스도 안에서 새롭게 태어난 하나님의 자녀로서, 예수 그리스도를 나타내고 닮아 가는 하나님의 목적을 이루는 삶을 위해서는, 우리 자신을 하나님께 드리는 셀프리더십 훈련이 필요합니다.

우리를 변화시키고 성장시키는 일은 성령님께서 주도하시며 성령하나님은 성화의 주권자이십니다. 크리스천들은 개인적인 훈련을 통해 성령님께서 보다 효과적이고 지속적으로 우리 안에서 성화의 일을 하시도록 우리 자신을 준비할 수 있습니다

좀 더 구체적으로 셀프리더십의 필요성에 대해 생각해 보겠습니다.

첫 번째, 하나님은 우리를 인공지능 로봇으로 만들지 않으시고 자율의지를 가진 인간으로 창조하셨습니다.

두 번째, 하나님은 우리를 향한 목적과 계획을 가지고 계시며 우리 인생의 주권자이시지만 인격적인 분으로서 성령님의 도우심에 순종하며 우리의 자발적 동기와 선택을 통해 하나님을 사랑하고 교제하는

인격적인 관계를 원하시기 때문입니다.

세 번째, 하나님은 하나님이 하실 일과 우리가 해야 할 일의 영역을 주셨고, 우리는 하나님 나라의 동역자로서 우리가 감당해야 할 영역에서 최선을 주님께 드려야 하며, 이를 위해 우리의 의지를 순종의 영역으로 이끌어 가는 훈련이 필요합니다.

건강한 교회를 세우는 성도의 셀프리더십

몸 가운데서 분쟁이 없고 오직 여러 지체가 서로 돌보게 하셨느니라 만일 한 지체가 고통을 받으면 모든 지체가 함께 고통을 받고 한 지체가 영광을 받으면 모든 지체가 함께 즐거워하느니라 너희는 그리스도의 몸이요 지체의 각 부분이라(고린도전서 12장 25-27절)

교회는 존귀하신 예수 그리스도의 핏값으로 세워졌고, 교회의 머리되시고 주인 되시는 예수 그리스도의 몸 가운데 한 부분의 지체를 이루고 있는 분들이 바로 성도들입니다.

우리가 교회의 성도가 되었다는 것은 하나님께서 창세전부터 예정하셔서 하나님의 자녀로 부르시고 또한 하나님께서 한 분 한 분을 존귀하신 예수 그리스도의 몸 된 교회의 한 지체로 지명하여 불러 주셨다는 것입니다.

그냥 단순하게 우연한 기회에 교회에 출석하거나 교회를 섬긴다는 차원 그 이상으로 이 글을 읽는 당신은 하나님께서 지명하여 부르신 예수 그리스도의 몸의 한 부분을 이루는 존귀한 존재입니다.

성도는 교회의 지체로서 지체들은 각 마디를 통하여 연결되어 있습니다. 그래서 각 개인이기도 하지만 전체에 속해 있는 속성을 가지고 있습니다.

성도는 자신의 영적 상태를 스스로 잘 관리하고 경건에 이르기를 연습하고 훈련해 나가야 하는 책임이 있습니다. 그 이유는 성경의 말씀처럼 우리 자신은 예수 그리스도의 한 몸에 참여한 지체이기 때문입니다.

각 개인의 속사람이 약해지면 자신의 건강뿐만 아니라 유기적으로 연결되며 연합되어 한 몸을 이루는 교회의 몸 전체가 영향을 받을 수 있습니다. 반면 자신을 살피고 자신의 경건과 영적 건강을 관리하는 성도는 다른 지체에게도 영적인 영향을 공급하며 도움을 줄 수 있습니다. 교회의 성도가 각자 자신을 잘 관리하는 셀프리더십의 훈련을 통해 더욱 건강한 교회로 튼튼히 세워질 수 있습니다.

성경 속 셀프리더십 묵상하기

성경 말씀 속에서도 대표적으로 자신의 영적 삶을 잘 관리했던 셀프리더십의 성공적 모델과, 하나님의 인도하심 가운데 있었지만 자신을 관리하는 셀프리더십의 부재로 광야의 시간을 경험했던 성경 속 인물들을 통해 교훈을 얻을 수 있습니다.

셀프리더십의 부재	성공적 셀프리더십
• 민수기 20장 1-13절 (모세의 바위사건) • 사무엘하 11장 (다윗과 밧세바 사건) • 사사기 13장 7절 (삼손과 데릴라) • 사무엘하 3장 1절 (사울의 모습) • 요나서(요나의 모습)	• 사도행전, 서신서(사도바울) • 에스더(에스더) • 다니엘(다니엘) • 출애굽기(요셉) • 느헤미야(느헤미야)

셀프리더십 실천을 위한 핵심 요소 훈련하기

셀프리더십 창시자인 Manz & Sims는 셀프리더십이란 "스스로 자기 자신에게 영향력을 행사하기 위한 사고 및 전략"이라고 정의합니다. 전통적인 리더십만으로는 구성원을 이끌어 비전을 달성하는 데 한계를 느끼고, 조직에서 원하는 목표를 달성하기 위해서는 자기 자신에게 먼저 영향력을 행사하고 자신을 스스로 이끌어 갈 수 있는 내재적 리더십이 필요하다는 원리에서 셀프리더십이 출발하게 되었습니다.

Manz & Sims의 이론을 기반으로 2가지의 중심전략을 크리스천의 관점에서 확장하여 적용하고 셀프리더십의 역량을 높이도록 훈련해 나갈 수 있습니다.

행동 중심 전략	목표설정	하나님 안에서 뜻을 구하며 삶의 상황 가운데 구체적 목표 설정을 습관화한다
	자기 관찰 및 평가	자신의 생각, 언어, 행동을 관찰하고 자신을 스스로 평가한다
	의식적 반복 연습	목표를 달성하기 위해 정신적 신체적으로 의식적 반복 연습을 한다
	자기 보상하기	바람직한 행동에 스스로 보상한다
	자기 조절하기	자신의 사고와 감정 행동을 인식하고 긍정적인 방향으로 조절한다
건설적 사고 전략	자기 대화하기	자신을 존중, 수용, 이해, 공감, 경청, 질문, 평가, 격려 등으로 자기와의 대화를 이끌어 간다
	자신감 갖기	하나님의 자녀로서 자신의 존재가치와 자신의 능력에 대해 자신감을 가지고 스스로 자신을 응원하고 격려한다
	긍정적 사고 갖기	자신의 약점과 문제를 수용할 수 있는 내면의 힘을 기르고, 성장 가능성과 강점에 초점을 맞추며 긍정적 관점을 유지하기 위해 노력한다

위의 행동중심전략과 건설적 사고전략의 하위요소들은 셀프리더십의 역량을 높이는 훈련의 요소들입니다. 각 요소의 내용들을 적용하여 현재 나의 상태를 점검하고 각 부족한 요소들은 훈련을 통해 셀프리더십의 근육들을 높여 갈 수 있습니다.

또한 위 내용을 통해 우리는 셀프리더십이 코칭과 동전의 양면처럼 연결되어 있음을 생각해 볼 수 있습니다.

코칭의 궁극적 목적은 피코치가 자신감을 가지고 스스로 목표를 설정하고 대안을 수립하고 스스로 행동을 촉진하고 실천하도록 돕는 즉 자신의 삶을 스스로 잘 관리하고 이끌어 가도록 돕는 프로세스입니다. 이런 면에서 셀프리더십 훈련은 코치와 피코치 모두에게 필요하며 서로의 성장을 돕는 중요한 요소와 훈련입니다

크리스천 셀프리더십 & 셀프 코칭 실천편

1. 셀프리더십 자기 관찰 체크리스트

① 셀프리더십의 행동중심전략과 건설적 사고 전략을 기반으로 현재 자신의 상태를 점검해 보겠습니다.

② 15항목의 질문을 통해 자신의 현재 상태를 이해하고 셀프리더십의 근육을 키우기 위해 변화시키고 노력해야 할 부분들을 성찰해 봅니다.

전혀 그렇지 않다 1점 / 그렇지 않다 2점 / 그저 그렇다 3점
그런 편이다 4점 / 매우 그렇다 5점

	질문	점수
1	나는 대체적으로 내 자신에게 만족한다	
2	나는 어떤 일이 닥쳤을 때 스스로 해낼 수 있다고 믿는다	
3	나는 나의 약점과 강점을 대체적으로 알고 있다	
4	나는 나의 생각이나 말 행동에 대해 스스로 관찰하고 평가한다	
5	나는 목표를 달성하기 위해 의식적 반복 연습을 한다	

6	나는 만족한 결과를 얻었을 때 스스로에게 칭찬과 선물을 한다	
7	나는 나의 감정과 말 행동을 잘 조절 한다	
8	나는 나 자신과의 대화를 자주하는 편이다	
9	나는 매사에 긍정적이다	
10	나는 실수를 했을 때 인정하고 해결 방안을 모색한다	
11	나는 분명한 사명을 가지고 있다	
12	나는 실패는 기회라고 생각 한다	
13	나는 어려운 상황이 생겨도 쉽게 포기하지 않는다	
14	나는 구체적인 계획을 가지고 실천 한다	
15	나는 미래를 위한 준비에 시간을 투자하고 있다	

코칭 질문

1. 현재 나의 셀프리더십의 역량은 어떠한가요?
2. 15문항 중 현재 잘하고 있는 요소들은 무엇인가요?
3. 15문항 중 계발하고 훈련해야 할 요소들은 무엇인가요?

2. 크리스천의 마음 밭 가꾸기

크리스천이 자신의 삶을 잘 관리하고 하나님이 원하시는 삶으로 자신을 순종시키고 자신을 이끌어가는 셀프리더십을 발휘하기 위해서는 먼저 자신의 마음 밭을 가꾸는 것이 중요합니다. 하나님께서 우리의 농부가 되어 풍성한 열매를 맺게 하시려고 우리 마음 밭에 말씀의 씨, 은혜의 씨를 뿌리실 때 우리 자신이 우리의 마음을 잘 관리하여 좋은 땅이 되어 풍성한 열매를 맺을 수 있도록 자신의 마음 밭을 가꾸는 훈련을 해 나갈 수 있습니다.

마태복음 13장의 네 가지 땅에 떨어진 씨 비유를 통해 우리의 심리적인 마음 밭의 상태를 점검해 보고 질문을 통해 셀프 코칭 훈련을 해 보시기 바랍니다.

> 뿌릴새 더러는 길 가에 떨어지매 새들이 와서 먹어 버렸고 더러는 흙이 얕은 돌밭에 떨어지매 흙이 깊지 아니하므로 곧 싹이 나오나 해가 돋은 후에 타서 뿌리가 없으므로 말랐고 더러는 가시떨기 위에 떨어지매 가시가 자라서 기운을 막았고 더러는 좋은 땅에 떨어지매 어떤 것은 백 배, 어떤 것은 육십 배, 어떤 것은 삼십 배의 결실을 하였느니라(마태복음 13장 4-8절)

1. 길가 밭 굳어진 마음, 무관심, 세상일로 분주한 마음	**2. 돌밭** 교만, 이기심, 상처, 열등감, 자기비하, 경험, 지식, 신념, 고정관념, 편견
3. 가시 떨기 밭 염려, 유혹, 욕심, 욕구, 결핍, 탐심, 욕망, 상대적 박탈감	**4. 좋은 땅** 온유하고 겸손한 마음 정결하고 순종하는 마음 마음의 상처들 (쓴 뿌리들)이 치유된 마음

셀프 코칭

1. 현재 나의 마음 밭은 어떤 상태인가?
2. 구체적으로 나의 마음 밭을 가꾸는 데 제거해야 할 요소들은 무엇인가?

3. 좋은 땅으로 마음 밭을 가꾸기 위해 오늘부터 변화시켜야 할 생각과 행동은 무엇인가?

3. 영성의 삶을 위한 내 삶의 가치 점검하기

① 가치는 우리 삶의 방향을 결정하게 하는 가이드라인입니다. 또한 비전을 이루기 위한 동력과 같습니다. 매 순간 선택의 기로에서 가치는 우리의 삶의 순간을 결정하게 합니다.
또한 매 순간의 선택에 의해서 하루 한 달이 일 년이 되고, 지금 우리의 모습은 그 선택의 결과이기도 합니다. 우리는 우리가 가진 가치들에 의해 무의식적으로 또는 의식적으로 선택의 삶을 살아가고 있습니다.
그리스도인으로서 나는 어떤 가치들을 가지고 있는가? 스스로 가치 목록을 작성해 보고, 그리스도인의 정체성에 한 방향으로 정렬될 수 있는 가치들인지 점검해 보시기 바랍니다.

② 변화하고 싶은 가치 단어들을 빈칸 안에 작성하고, 변화를 위한 실행 계획을 작성해 보고 실천해 보시기 바랍니다.

〈1. 삶의 가치 점검하기〉

① 나에게 소중한 것들은 무엇인가?
② 나는 어디에 시간들을 사용하고 있는가?

③ 나는 어떤 일들에 돈을 사용하고 있는가?
④ 내가 만나는 사람들은 누구인가?
⑤ 나는 지금 무엇에 몰입하고 있는가?

〈2. 변화를 위한 실행 계획 작성 편〉

변화하고 싶은 가치	변화를 위한 실행 계획

4. 하나님의 선물 나의 강점 찾기

성령께서 각 사람에게 나타나신 것은 공동의 이익을 얻게 하려는 것입니다(고린도전서 12장 7절)

우리는 신의 성품에 참여한 자들이며 우리 안에는 이미 하나님께서 주신 은사와 자원들이 많이 있습니다. 자신이 스스로 자각 하지 못하여 잠자고 있는 자원들, 또는 자신이 가진 장점이지만 사용하지 않는 자원들을 발견하고 계발하여 자신을 성장시키고 교회와 성도의 성장을 돕는 자원으로 사용할 수 있습니다.

① 다음의 표에서 당신이 가진 강점을 표현하는 단어를 3개 찾아서 작성해 보세요.
② 주변에 가장 가까운 분들 중 3분에게 인터뷰를 통해서 내가 가진 강점이 무엇이라 생각하는지 질문을 통해 3개의 단어를 선물 받으시고 작성해 보시기 바랍니다.
③ 자신이 선택한 강점과 지인들에게 인터뷰를 통해 선물 받은 강점 중에서 더욱 계발하여 강점으로 활용하고 싶은 3개의 단어를 선별해 보시기 바랍니다.
④ 12개의 단어 중 더욱 계발하여 나를 성장시키고 섬김의 자원으로 활용할 단어를 선택하여 '선언문'을 작성해 보시기 바랍니다.

〈강점 찾기〉

감각적	낙관적	이성적	설득력	끈기	자유	용기	카리스마	활력
체계적인	재치	진지함	쾌활함	감성적	공감	섬세함	조화	섬김
적극적	탁월함	강인함	논리적	신뢰	솔직함	적응력	친화력	강인함
평안	이타심	전문성	리더십	개방적	지혜	추진력	의리	화평
결단력	신중함	의지력	창의성	겸손	사랑	책임감	도전정신	안정적
목표지향	모험적	정직	공정함	따뜻함	분석적	이해력	탐구심	정확함
책임감	포용력	균형	통찰력	열정적	이해심	총명함	정의로움	헌신
탁월성	자비	독립적	긍정적	인내	낭만적	절제	여유로움	협력

기쁨	명석함	예술적	완벽함	주도적	충성	호기심	평정심	유연성
친절	용서	온유	자신감	모범적	명확함	감사	우정	탐구심
프로 정신	결단	진정성	영성	양선	정의	충성	영향력	소통

〈작성 예시〉

내가 선택한 강점	영성, 충성, 전문성
선물 받은 강점	지혜, 이타심, 사랑
	명석함, 탁월성, 충성
	협력, 유연성, 신뢰
가장 마음에 드는 3가지 단어 선택	영성, 충성, 전문성

내가 선택한 강점	
선물 받은 강점	
가장 마음에 드는 3가지 단어 선택	

선언문

나, 정윤진은 (지혜, 전문성, 충성)의 강점을 가진 하나님의 자녀입니다.
나, 정윤진은 앞으로 (지혜, 전문성, 충성)의 강점을 더욱 성장시켜 교회와 성도를 섬기는 일에 사용할 것을 기도하며 다짐합니다.

선언문

나, 은 (, ,)의 강점을 가진 하나님의 자녀입니다.
나, 은 앞으로 (, ,)의 강점을 더욱 성장시켜 교회와 성도를 섬기는 일에 사용할 것을 기도하며 다짐합니다.

5. 사명 선언문 작성하기

> 믿음의 선한 싸움을 싸우라 영생을 취하라 이를 위하여 네가 부르심 받았고 많은 증인 앞에서 선한 증언을 하였도다(디모데전서 6장 12절)

먼저 크리스천으로 우리 자신을 잘 관리하고 하나님이 원하시는 삶으로 방향을 설정하여 나아가는 데 지침이 되어 줄 사명 선언문을 작성해 보겠습니다.

하나님이 부르신 소명 안에서 우리에게 주신 사명과 그것을 이루어 가는 비전과 구체적 목표, 그리고 사명을 이루는 데 중심을 잡아 줄 신앙의 핵심 가치들, 사명의 길을 가는 데 빛이 되고 길이 되는 말씀들, 그리고 우리 안에서 주신 강점들을 자기 사명서에 정리해 보는 훈련을 함께 해 보겠습니다.

먼저 사명 선언문 작성을 위해 자기 사명서 작성에 필요한 단어의 의미를 명료화합니다.

소명 (Calling)	하나님의 자녀로서 부르심 역할로서 부르심
사명 (Mission)	주어진 임무, 맡겨진 책무, 받은 명령
비전 (Vision)	내다보이는 장래 상황 눈에 보이는 미래의 그림
목표 (Goal)	비전을 이루기 위한 구체적인 목표
핵심가치 (Core Value)	비전을 이루기 위한 행동과 방향을 결정하게 하는 힘
성경 말씀 (Bible Verse)	사명을 이루는 데 길이 되고 빛이 되는 말씀
강점 (Strength)	사명을 이루는 데 나에게 주신 능력

아래 박스 안 질문들을 적용하여 작성해 봅니다.

〈자기 사명서 작성을 위한 질문〉

항목	사명선언문 작성을 위한 질문
사명 (Mission)	① 나는 하나님의 자녀로서 무엇을 기여하는 삶을 살 것인가? ② 내가 반드시 이루어야 할 것은 무엇인가?
비전 (Vision)	① 사명을 이루기 위해 나는 무엇을 계획할 수 있는가?
목표 (Goal)	① 사명을 이루기 위해 구체적으로 중기, 장기, 단기적으로 목표하는 것은 무엇인가? ② 사명을 이루기 위해 무엇을 준비해야 하는가?

핵심가치 (Core Value)	① 사명을 이루는 과정에서 기준과 지침이 되는 나의 핵심 가치는 무엇인가?
성경 말씀 (Bible Verse)	① 사명을 이루는 데 길이 되고 빛이 되는 레마의 말씀은 무엇인가?
강점 (Strength)	① 사명을 이루어 가는 데 하나님이 나에게 주신 보석 같은 강점들은 무엇인가?

〈사명 선언문 예시〉

사명선언문	
사명 (Mission)	나의 사명은 코칭을 도구 삼아 복음을 전하며 소통하는 건강한 개인과 가정, 교회를 세우는데 조력하며 치유와 회복 변화 성장이 일어나도록 조력하는 것이다
비전 (Vision)	서번트 코칭연구소를 통해 방송사역, 문서사역, 학교사역, 교회 세미나, 소그룹 만남을 통해 사명을 이루는 것이다.
목표 (Goal)	24년 교회 코칭 세미나로 500명 크리스천 리더 세우기 24년 침례신학대학교 평생교육원 50명의 기독교 영성코치 세우기 24년 방송 사역하기 24년『코치 되시는 나의 성령님』개정판 2쇄 출간하기
핵심가치 (Core Value)	사랑, 충성, 인내, 절제
성경 말씀 (Bible Verse)	이사야 58장 11절 여호와가 너를 항상 인도하여 메마른 곳에서도 네 영혼을 만족하게 하며 네 뼈를 견고하게 하리니 너는 물댄 동산 같겠고 물이 끊어지지 아니하는 샘 같을 것이라
강점 (Strength)	영성, 충성, 전문성

〈사명 선언문 작성하기〉

사명 선언문	
사명 (Mission)	
비전 (Vision)	
목표 (Goal)	
핵심가치 (Core Value)	
성경 말씀 (Bible Verse)	
강점 (Strength)	

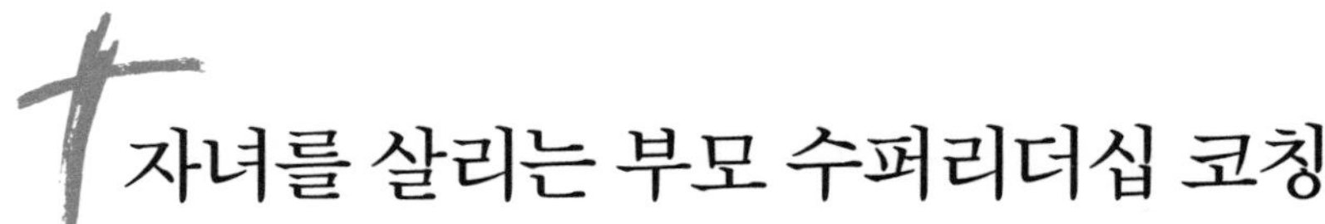

자녀를 살리는 부모 수퍼리더십 코칭

또 아비들아 너희 자녀를 노엽게 하지 말고 오직 주의 교훈과 훈계로 양육하라(에베소서 6장 4절)

보라 자식들은 여호와의 기업이요 태의 열매는 그의 상급이로다(시편 127편 3절)

오늘 내가 네게 명하는 이 말씀을 너는 마음에 새기고 네 자녀에게 부지런히 가르치며 집에 앉았을 때에든지 길을 갈 때에든지 누워있을 때에든지 일어날 때에든지 이 말씀을 강론할 것이며(신명기 6장 6-7절)

수퍼리더십은 셀프리더십 모델을 개발한 경영학자 만츠(Charles Manz)와 심즈(Henry P. Sims)에 의해 개발된 리더십 모델입니다.

수퍼리더십의 의미는 먼저 자신이 셀프리더로 훈련되어 다른 구성원들이 셀프리더십을 발휘하도록 영향력을 행사하는 것입니다.

수퍼리더십의 의미를 크리스천 부모의 리더십에 적용해 보면 앞장에서 함께 나눈 크리스천의 셀프리더십을 기반 하여 먼저 부모 자신이 셀프리더십의 역량을 훈련하는 것입니다. 이로 인해 부모의 영향력으로 부모가 롤 모델이 되어 자녀가 하나님이 허락하신 자신의 삶을 스스로 잘 관리하고 이끌어 갈수 있도록 셀프리더로 성장시키는 리더십입니다.

부모가 영적으로 먼저 살아나야 우리의 자녀들을 살려 낼 수 있습니다. 크리스천으로서 부모 자신의 신앙을 먼저 점검하고 부모로서 가져야 할 정체성과 자녀양육에 대한 철학을 다시금 점검하고 자신의 사고, 감정, 행동패턴을 인식하고 조절하며 자녀와 더욱 건강한 관계를 형성해 나가도록 셀프리더십을 발휘할 때 이러한 영향력으로 자녀를 세우는 것이 크리스천 부모의 수퍼리더십 훈련입니다.

수퍼리더십을 위한 부모의 정서적 자기 탐색

자녀의 정서능력은 부모라는 거울을 통해 형성됩니다.

우리 인간은 관계 속에서 태어나고 관계 속에서 자신의 존재와 가치를 인식하며 형성해 나갑니다.

부모는 자녀에게 자기라는 존재의 의미와 가치를 만들어 주는 대상이 되어 주며, 자녀는 부모라는 거울을 통해 자신의 자아상을 만들어 갑니다.

부모와의 관계 속에서 부모가 반응해 준 언어의 표현, 감정의 표현, 매순간 자녀에게 반응해 주었던 부모의 태도에 영향을 받으며 자녀는 자신의 존재를 형성해 가고 내적 심리 구조 안에 생각과 감정을 처리하는 내적 작동모델[11]을 구축하며 정서를 관리하는 능력도 함께 형성해 나갑니다.

이렇게 자녀의 정서 세계에 부모가 막대한 영향을 준다는 책임감 앞에서 우리 자신은 자녀에게 어떤 영향을 주는 부모인가를 생각하게 됩니다.

우리 세대의 부모라면 부모가 되기 위해 부모 교육 훈련을 받고 준비해서 부모가 되기에는 열악한 환경이었습니다.

가부장적이고 엄격한 문화와 환경이 대물림되고 그러한 환경 속에서 감정표현, 의사표현, 대상에 대한 적절한 애정 표현을 충분히 경험하거나 훈련 받지 못해 그 영향으로 자녀들과 관계를 형성해 가는 과정이 능숙하지 못한 부모세대 들입니다.

그렇다고 절망하거나 자책할 필요는 없고 포기해서도 안 됩니다. 자녀들에 대한 간절한 사랑과 애정이 있지만, 누구나 부모는 처음이며 경험이 부족했고 훈련되지 못해서 관계하는 방식에 서툰 부모 리더십을 이제부터 훈련하며 성장시킬 수 있습니다.

이제 부모로서 자녀의 심리적 정서적 발달 단계를 이해하고, 부모 스

---

11 내적 작동모델은 의미 있는 양육자와 애착 관계의 경험을 통해 구조화된 자신과 타인, 세계에 대한 독특한 세계관과 행동체계, 신념체계를 말한다.

스로 자녀와의 관계나 타인과의 관계에 영향을 주고 있는 내면의 정서 상태를 자각함으로써 부모 자신의 정서를 조절하고 관계를 긍정적인 방향으로 변화시킬 수 있도록 훈련하여 자녀에게 좋은 영향력과 롤 모델이 될 수 있도록 훈련해 나갈 수 있습니다.

자녀의 심리 사회적 발단 단계 이해하기

정신분석학자 에릭슨의 심리사회적 발달이론을 토대로 영아기부터 청년기까지 자녀들의 심리적 발달 단계를 이해하고 발달 단계에 따라 부모가 정서적으로 자녀들의 마음에 심어주어야 할 과업에 대해 함께 생각해 보겠습니다.

1. 영아기(0세-1세)

이 연령의 특징은 신뢰감 vs 불신감입니다.

이 시기에 양육자의 태도가 중요한 때입니다. 자녀의 욕구를 읽어주고 아이가 울 때 아이의 욕구에 반응하며 기저귀를 갈아주고 모유나, 우유를 먹여주며 사랑의 마음으로 일관성 있게 공감하며 언어와 비언어로 반응해 줄 때 아이는 이 세상은 신뢰할 만하다는 신뢰감을 획득할 수 있으나 이 시기에 부모의 일관성 없는 부적절하고 냉소적인 반응 속에서 아이는 불신감을 획득할 수도 있습니다.

2. 유아기(1세-3세)

이 연령의 특징은 자율성 vs 수치심입니다.

이 연령 시기에는 말문이 트이고 걷기를 시작하고 스스로 먹고 배변 활동을 하는 시기입니다. 이 시기에 부모가 자녀가 자립심을 기를 수 있도록 인내하며 공감하고 경청하고 긍정적인 칭찬과 지지 응원으로 스스로 할 수 있도록 도와줄 때 자녀는 스스로 자신이 무엇인가를 할 수 있다는 자율성을 획득할 수 있고 이시기에 부모가 자녀의 자율성을 해치는 부모의 지나친 언어나 비언어, 참견, 행동 제지 등으로 인해 자녀는 자신의 능력을 의심하고 자신의 행동에 수치심을 획득할 수도 있습니다.

3. 아동기(4세-6세)

이 연령의 특징은 주도성 vs 죄책감입니다.

이시기에는 자녀들이 도덕적 양심이 만들어지는 시기이며 옳고 그름을 배우는 시기입니다. 그리고 주도적으로 자신이 무엇인가를 시도하고 도전하고 행동해 보려는 시기입니다. 이 중요한 시기에 부모가 자녀를 긍정적이고 적극적인 자세와 반응으로 용기를 주고 격려해 주는 것이 중요합니다. 자녀가 하나님의 사랑 안에서 옳고 그름을 배울 수 있도록 말씀으로 가르치고 양육해 주며 자녀의 의사표현과 감정표현에 부모의 적극적인 공감과 경청, 지지와 응원을 통해 자녀는 작은 활동 과업 속에서도 성취감을 얻고 주도성을 획득할 수 있고 이 시기에 자녀의 목표의식과 도전적인 행동에 부적적할 부모의 지적, 비난, 질책, 꾸지람 등은 자녀들의 성취경험을 방해하고 자녀 스스로 자신이 잘못된 생각과 행동을 하고 있다는 죄책감을 획득하게 만들 수 있습니다.

4. 학령기(7세-11세)

이 연령의 특징은 근면성 vs 열등감입니다.

이시기는 학교 공동체 생활을 시작하며, 학교나 학원 교회에서 사회적, 지적, 신체적인 다양한 기술들을 배우게 됩니다.

이 시기는 자신이 원하고 하고 싶은 것들에 대해 관심을 가지고 도전하는 시기이며, 또래 관계 속에서 스스로 경험하는 성취감과 자신이 무엇인가 할 수 있다는 자기 효능감을 가지며 근면성을 획득할 수 있고 반면 이 시기에 학업에 관련된 과업, 자신이 원하는 것들을 달성하지 못하거나 성취하지 못하고 또래 관계 속에서 비교되거나 부족하다고 느끼는 상황이 반복될 때 열등감을 획득할 수도 있습니다.

5. 청소년기(13세-18세)

이 연령의 특징은 정체감 vs 정체감 혼미입니다.

이 시기는 아동기와 성인기의 교차점이며 자신이 누구인가에 대해 스스로 탐색하며 가정, 교회, 학교, 사회, 직업 관계에서 자신의 정체감을 형성해 나가는 중요한 시기입니다. 이 시기에 자신의 정체성과 가치, 존재감을 형성하지 못하면 자신이 누구이며 어떤 존재인지를 스스로 인식하지 못하는 역할혼미라는 정서를 획득할 수 있습니다

이렇게 유아기부터 청소년기까지 사회 심리적 발달 단계의 과업을 이루는 우리 자녀들에게 부모로서 정서적 안전감과 긍정적인 심리적

환경을 만들어주는 것은 매우 중요한 일입니다.

특별히 우리 자녀들은 하나님의 자녀이며 하나님이 주신 선물이기에 하나님이 맡겨 주신 자녀들을 크리스천 부모로서 예수님의 성품과 사랑 안에서 말씀과 기도로 자녀들의 정체성, 존재감과 가치를 심어주기 위해 노력해야 하며 부모 자신의 정서와 생각, 언어와 행동을 지속적으로 성찰하고 훈련해야 합니다.

애착이론을 기반 한 부모의 정서 코칭

보울비(Bowlby, 1969)의 애착이론[12]을 기반으로 바솔로뮤와 호로위츠(Bartholomew & Horowitz, 1991)가 발전시킨 4가지 성인애착유형을 통해 자신의 애착유형을 관찰하고 먼저 부모로서 자신을 이해하고 수용하며 또한 유형별로 자녀들에게 줄 수 있는 영향에 대하여 함께 생각해 보겠습니다.

1. 안정형

안정형은 자기긍정 & 타인긍정의 관점을 가지고 있습니다.

안정형은 자기 자신과 타인에게 모두 긍정적이며 스스로 자신을 사랑받을 만한 가치가 있는 존재로 인식하고 타인에 대해서도 신뢰를 갖고 긍정적인 관점을 갖습니다.

---

12 유중근, 『애착이론 Basic』, MCI, 2018

안정형은 타인으로부터 오는 관심과 친밀함을 불편해하지 않으며 거절과 버림받는 것을 두려워하지 않습니다. 사랑과 수용, 신뢰의 경험을 통해 타인과 부정적 상황에서도 관계를 지속시킬 수 있는 정서적 힘이 있고, 자신의 감정을 건강한 방식으로 표현합니다.

이런 안정형의 성인으로부터 영향을 받은 자녀들은 부모라는 안전기지를 확보하고 안전 기지를 기반으로 세상을 탐험하고 도전하며 자신이 경험한 사랑과 신뢰를 바탕으로 긍정적이고 건강한 정서 상태를 형성해 갑니다.

2. 불안정 거부형

불안정 거부형은 자신 긍정 & 타인 부정적인 관점을 가지고 있습니다.

타인에 대한 부정적 관점으로, 타인을 신뢰하지 못하며 친밀한 관계를 불편해하며 타인에게 의존하거나 타인이 자신에게 의존하려는 것을 스스로 방어하고 부담스러워합니다.

자녀의 욕구보다는 자신의 욕구를 먼저 해결하려는 경향이 있고, 냉소적이고 거부적인 태도로 자녀의 요청을 거절하거나 억제시키거나 지연시키는 반응을 형성합니다.

이러한 성인 유형으로부터 영향을 받은 자녀는 부모가 안전 기지가 될 수 없다는 것을 인식하며 스스로 자신을 안전기지 삼고 안전한 상태를 확보하기 위해 불편한 감정들을 스스로 억압, 회피합니다.

수용받지 못한 불안정한 경험으로 자신을 무가치하게 받아들이며,

타인에 대해 부정적 관점을 형성하고, 자신의 감정을 이해받는 경험을 획득하지 못하여 감정을 인식하고 타인을 공감하는 능력 또한 취약해질 수 있습니다.

3. 불안정 몰두형

불안정 몰두형은 자기 부정 & 타인 긍정의 관점을 가지고 있습니다.

불안정 몰두형은 상대에게 친밀감을 원하지만, 자신을 무가치하게 여기는 자기 부정으로 막상 타인에게 사랑받지 못할까 봐 두려워합니다.

버림받는 것에 대한 두려움 때문에 혼자 있는 것을 어려워하고, 버림받지 않기 위해 과도한 친밀감 형성을 원하며 타인에게 집착합니다.

이런 성인유형에게 영향을 받은 자녀들은 자신감이 부족하고 타인에게 집착하는 경향을 보일 수 있으며 타인의 인정에 연연해하며 과도하게 타인중심적인 관계를 형성할 수 있습니다.

4. 불안정 두려움형

불안정 두려움형은 자기 부정 & 타인 부정의 관점을 가지고 있습니다.

자기 자신에 대해 부정적이며, 타인에 대해서도 부정적입니다.

자신을 무가치하게 여기며 타인과의 친밀한 관계를 원하지만 타인을 믿지 못하고 회피하며 친밀해진 후 자신이 상처받을까 봐 두려워합니다.

이런 성인유형에 영향을 받은 자녀는 자신의 생각과 감정을 회피하고, 타인에게서 오는 친밀한 감정도 거절에 대해 두려움으로 회피하며 자신과 타인에 대한 부정적 정서가 내면화되어 근본적으로 타인과의 관계를 형성해 나가는 데 취약할 수 있습니다.

보울비(Bowlby, 1973)는 생애 초기 애착을 통해 만들어진 내적작동모델(internal working model)이 인생 전체에서 대인관계를 만들어 가는 과정에 영향을 준다고 말합니다.

불안정한 애착 관계에서 안전 기지를 확보하지 못한 자녀들은 충분히 수용 받았거나 사랑받았다는 정서적 안정감이 결핍되어 있고 이런 결과는 성장 과정에서 자녀의 정서에 부정적 영향을 미칠 수 있습니다. 또한 자녀의 또래 관계, 사회적 관계에도 부정적 영향을 미칠 수 있으며 자신의 욕구와 존재에 대해 공감 받지 못한 감정들이 내면화되어 우울, 불안, 분노와 같은 부정적인 정서 상태가 내면화되어 긍정적 정서지능을 높이는 데 취약한 장애물이 될 수 있습니다.

이렇듯 부모가 가진 정서 상태와 그로 인한 자녀와의 애착관계가 자녀의 정서, 사회성에 미치는 영향을 생각할 때 부모 자신의 정서 상태를 성찰하고 인식하며 자신의 정서 세계를 건강하고 긍정적으로 관리해야 하는 중요성을 실감하게 됩니다. 또한 이러한 정서적 영향은 부모 자녀의 관계뿐만 아니라 모든 대인관계 속에서 나타나며 자녀로서 하나님 아버지에게 갖는 이미지에도 영향을 미치게 됩니다.

중요한 것은 현재 의미 있고 소중한 대상과의 긍정적인 관계 형성을 통해서 자신의 내면화된 부정적인 정서 상태를 긍정적인 정서 상태로 변화시킬 수 있으며 특별히 우리 크리스천들은 자존감 격려하기, 습관이 된 생각 바꾸기 편에서 강조한 것처럼 하나님의 말씀 안에서 하나님의 사랑으로 새롭게 우리 자신의 내면을 회복시키고 긍정적이고 건강한 정서로 만들어 갈 수 있습니다.

또한 이러한 긍정적 정서의 근육을 키우는 훈련을 통하여 다시금 자녀들과 다른 사람들과 긍정적인 관계를 새롭게 만들어 갈 수 있습니다.

부모의 수퍼리더십 셀프 코칭 훈련

앞서 보울비의 부모의 애착유형을 통해 부모로서 내면에 가진 정서 상태를 점검해 보았고, 에릭슨의 사회 심리적 발단 단계를 통해 자녀들이 발단 단계에서 이루어야 할 심리적 과업에 대해 함께 생각해 보았습니다. 이러한 기반 아래 이제 부모의 수퍼리더십 역량을 강화하기 위해 필요한 요소들에 대한 질문에 스스로 답해보며 무엇을 잘하고 있는지 무엇을 더 변화시켜야 하는지 점검해 보겠습니다.

〈부모 수퍼리더십 역량 & 셀프 코칭 훈련 1〉

부모 수퍼리더십	셀프 코칭
부모의 정체성확립	1. 크리스천으로 나는 어떤 정체성을 가지고 있는가? 2. 크리스천 부모로서 나의 사명은 무엇인가? 3. 크리스천 부모로서 나의 양육 철학은 무엇인가?

부모의 수퍼리더십 역량	**1. 롤 모델**
	크리스천 부모로서 가정과 교회 가운데 솔선수범의 모습을 보이고 있는가?
	2. 교사
	성경 말씀, 도덕, 윤리, 질서, 지혜 등을 교훈하고 있는가?
	3. 동기부여자
	목표를 설정하고 스스로 실천할 수 있도록 칭찬과 격려로 용기와 힘을 북돋아 주고 있는가?
	4. 지지자
	어떤 상황에서도 인정해주고 응원하고 격려하는 역할을 하고 있는가?
	5. 상담자
	자녀의 고민, 아픔을 공감하고 자녀의 감정을 수용하고 반영하며 자녀의 아픔이 회복되도록 돕고 있는가?
	6. 코치
	자녀의 잠재력과 가능성을 믿고 스스로 문제를 해결하며 답을 찾을 수 있도록 도와주고 있는가? 공감과 경청, 질문으로 자녀의 잠재력을 이끌어 내어 주도적이고 건강한 자존감으로 성장하도록 도와주고 있는가?

코칭 질문

1. 현재 부모로서 나의 슈퍼리더십의 역량은 어떠한가요?
2. 현재 부모로서 잘하고 있는 요소들은 무엇인가요?
3. 앞으로 계발하고 훈련해야 할 요소들은 무엇인가요?

크리스천 부모로서 사명과 정체성, 자녀양육에 대한 철학을 새롭게 정립하고 질문을 통해 자신을 성찰하고 기도하며 자녀를 건강하게 세울 수 있도록 크리스천 부모로서 수퍼리더십 역량을 훈련해 보시기 바랍니다.

사람을 세우는 격려 리더십 코칭

형제들아 너희를 권면하노니 게으른 자들을 권계하며 마음이 약한 자들을 격려하고 힘이 없는 자들을 붙들어 주며 모든 사람에게 오래 참으라(데살로니가전서 5장 14절)

또 약속하신 이는 미쁘시니 우리가 믿는 도리의 소망을 움직이지 말며 굳게 잡고 서로 돌아보며 사랑과 선행을 격려하며(히브리서 10장 23-24절)

지금 이 시대는 그 어느 때보다 더 크리스천들이 예수 그리스도의 사랑으로 개인과 집단 사회를 격려할 때입니다. 치열하게 경쟁하는 사회 환경 속에서 불안하고 두려워하는 영혼들, 실패를 경험하거나 절망 가운데서 낙심해 있는 영혼들, 고통 속에서 메말라 가는 영혼들의 마음에, 격려는 용기와 힘을 얻게 합니다.

또한 인내로써 고난을 견디고 최선의 노력으로 도전하고 있는 사람들에게, 격려는 가능성을 보게 하고 미래의 희망을 보게 하는 진정성 있는 사랑의 태도이며 기술입니다. 특별히 우리가 교회 가운데서 지체들을 격려하고, 이 땅의 교회를 격려하고 더 나아가 교회가 세상을 격려해야 하는 것은 핏값으로 사신 교회의 주인 되신 예수 그리스도의 성품이며 신의 성품에 참여한 자들, 즉 우리의 사명입니다.

성경의 말씀을 통해서 하나님께서도 끊임없이 우리를 격려하셨습니다. 말주변이 없어서 애굽의 왕 바로에게 갈 수 없다며 뒤로 물러서던 모세를 격려하시고, 모세 없이 이스라엘 민족들과 함께 가나안의 여정을 시작해야 했던 여호수아를 격려하시고, 자신을 버리고 떠난 제자들을 찾아가 내 양을 먹이라고 격려하셨던 주님께서 이 시간 힘겨워하는 우리를 격려하시며, 또한 우리를 통하여 하나님의 자녀들을 격려하시기 원하실 것입니다.

지금 우리의 형편과 상황은 다 다릅니다. 이러한 환경에서 믿음의 경주를 달려가는 가운데 눈앞에 있는 장애물들이 힘겹지만, 넘어지고 다시 일어서서 장애물을 넘어가는 과정에서 근육들이 만들어 지고, 우리가 경험하는 진통의 시간들을 엮어서 성장의 자원으로 사용하실 하나님을 기대하며 우리 서로가 서로를 격려해야 하겠습니다. 또한 하나님께 받은 격려와 스스로 격려하는 훈련을 통하여 이제 하나님의 성품처럼 우리도 격려자로서 사명을 감당하기 위해 구체적인 격려의 본질과 효과와 태도, 방법을 나누겠습니다.

격려의 본질

행위자의 행동 결과가 아닌 존재 자체에 대한 신뢰와 믿음입니다. 결과가 아닌 과정에서 작은 부분이라도 과정을 격려할 수 있으며 실패했어도 주어질 수 있는 것이 격려입니다.

격려의 효과

① 자신을 성찰하고 인식하도록 도우며 자신 안에 잠재력과 가능성을 보게 합니다.
② 실패의 과정에서도 절망이 아닌 희망으로 시선이 향하게 합니다.
③ 결과와 상관없이 그동안 노력해 온 과정을 인정해 줌으로써 자부심을 갖게 하고 노력의 과정을 성장 자원으로 활용하여 다시 도전할 수 있도록 용기를 갖게 합니다.
④ 격려의 힘이 격려받는 자의 자아존중감과 자기 효능감을 높입니다.

이처럼 격려는 결과와 상관없이 실패했어도 받을 수 있는 선물이며 실수나 실패의 과정에서도 그동안의 노력이 다시금 도전하는 데 성장 자원이 되게 하고, 도전할 용기를 얻게 하는 힘을 가지고 있으며, 이로 인해 자신을 질책하기보다는 실패를 교훈으로 삼아 보다 성숙한 그리스도인으로 성장할 수 있도록 돕는 리더십입니다.

격려의 태도와 실행 훈련

크리스천으로서 성도에게 따뜻한 마음과 용기를 전하며 성장의 진통을 겪는 성도들을 돕는 격려 리더십을 발휘하기 위해서는 먼저 자신의 태도가 훈련되어야 합니다.

격려가 주는 힘을 알고 있지만 지속적으로 격려하지 못하고 흔들리는 이유는 격려는 기술이라기보다 마음의 태도이며, 태도는 우리 안에 있는 신념과 연결되어 있기 때문입니다. 그래서 격려 리더십을 발휘하기 위해서는 먼저 마음가짐을 점검해야 합니다.

첫 번째, 자신의 신념을 점검하고 유연성을 기르는 훈련입니다.

우리가 가진 신념은 '스스로 굳게 믿고 있는 마음'입니다. 만약 타인에 대한 기대가 절대적이라면 기대에 어긋나는 행동에 대해 불만을 가지게 됩니다.

예를 들어 아내, 자녀, 목회자, 남편, 다른 성도들에게 기대하는 기준이 높다면 그 기준에 미치지 못하는 행동을 보면서 긍정적인 격려의 표현을 한다는 것은 어려운 일입니다.

이런 신념은 무의식에서 작동되고 자신의 신념에 맞지 않을 때 격려하고 싶은 마음은 있지만, 격려가 되지 않은 언어를 자동적으로 사용하게 될 수 있습니다. 또한 격려는 마음의 태도에서 우러나기 때문에 한두 번은 격려할 수 있지만, 다시 자신의 패턴으로 돌아갈 수 있습니다. 그렇기 때문에 격려 리더십을 발휘하기 위해서는 먼저 자신의 신념을 점검해야 합니다.

두 번째, 상대의 행동에서 긍정적 의도를 찾는 훈련입니다.

사람마다 어떤 행동을 할 때에는 그렇게 행동하는 그 사람만의 긍정적 의도가 있습니다. 예를 들어 울며 보채는 아이는 엄마에게 관심을 받고 싶은 긍정적 의도가 있습니다. 행동이 느린 남편은 꼼꼼하고 섬세하게 처리하려는 긍정적 의도가 있을 수 있습니다.

표면에 나타나는 행위 안에 있는 긍정적 의도를 읽어 주고, 결과에 상관없이 과정에서 긍정적 의도를 찾아 존중해 주는 훈련을 해 나가다 보면 비난과 책망보다는 격려의 리더십을 발휘할 수 있게 됩니다.

잘하고 싶었구나! 도와주고 싶었구나! 엄마가 걱정할까 봐 힘들어도 참고 견디려고 했었구나! 이러한 긍정적 의도 찾기를 통해 긍정적인 언어 표현을 훈련하다 보면 긍정적으로 보는 관점과 언어 표현이 훈련되어 삶 속에서 자연스러운 격려 리더십을 발휘할 수 있습니다.

세 번째, 격려의 방법 훈련입니다.

격려는 우리 마음을 언어와 행동으로 표현하는 기술입니다. 그래서 격려는 반복되는 언어 표현 훈련을 통해서 더 자연스럽고 진정성 있게 전달될 수 있습니다.

격려의 3가지 방법은 신뢰의 표현, 노력과 과정에 대한 인정, 존재 자체에 대한 사랑의 표현 방법입니다.

진정성 있게 상대를 신뢰하고 있음을 표현하고, 노력과 과정을 구체적으로 인정해 주며, 존재를 격려해 주는 것입니다.

네 번째, 격려 사회를 만드는 실행 훈련입니다.

먼저 자신을 격려하는 것입니다.

여러분은 하나님이 바로 앞에 계시다면 어떤 메시지를 받고 싶으신가요?

지금 가장 듣고 싶은 격려의 메시지는 무엇인가요?

그 메시지로 소리 내어 자신에게 격려해 보시기 바랍니다.

그리고 타인과 교회 공동체의 소중한 분들에게 격려의 마음을 전하는 훈련을 시작해 보시기 바랍니다. 지금 격려가 필요한 사람은 누구이며, 격려가 필요한 공동체는 어디인지 관심을 가지고 오늘부터 작은 실천을 해 나갈 수 있습니다. 문자로, 전화로, 만남을 통해 우리의 격려의 마음을 전할 수 있습니다.

격려의 실천 실습하기

1. 현재 가장 힘이 되는 격려의 말은 무엇인가요?
2. 현재 하나님께 듣고 싶은 격려의 말은 무엇인가요?
3. 자신에게 보내는 격려의 글을 작성해 보세요.
4. 격려해 주고 싶은 한 대상을 떠올리고 그 사람에게 격려의 메시지를 작성해 보세요. (문자 메시지 보내기)

나다움을 만드는 진정성 리더십 코칭

하나님이여 내 속에 정한 마음을 창조하시고 내 안에 정직한 영을 새롭게 하소서. 나를 주 앞에서 쫓아내지 마시고 주의 성령을 내게서 거두지 마소서 주의 구원의 즐거움을 내게 다시 회복시키시고 자원하는 심령을 주사 나를 붙드소서(시편 51편 10-12절)

진정성 리더십의 핵심은 "너 자신을 알라!"에서 시작합니다.

외면적으로 보이는 삶과 내면의 삶의 차이가 적을수록 진정성 있는 리더라고 말합니다. 크리스천 자신의 내면과 외면의 정서, 사고, 감정, 행동을 인식하고 관리하여 내면의 삶과 타인에게 보이는 외면의 삶이 한 방향으로 정렬될 때, 내면에서부터 힘 있게 올라오는 진정성의 힘이 가정과 교회 사회 가운데 복음의 선한 영향력을 나타낼 수 있을 것입니다.

진정성 리더십을 소유한 사람들의 특징은 자아 인식, 즉 자신이 누구인지를 알며 어디로 가는지, 자신의 삶의 방향과 사명을 인식하고 있습니다. 또한 자신의 비전과 목표를 투명하게 공유하며, 사명과 비전에 맞는 가치와 행동으로 일치된 삶을 나타내고, 내적인 자신과 외적으로 보이는 자신을 통합하기 위해 끊임없이 쇄신하고 노력합니다.

때론 자신의 실수와 약점까지도 다른 사람들의 성장을 위해 공유하며 자신에 대한 성찰과 반성으로 자신을 훈련하며 있는 그대로의 모습이 타인에게 선한 영향력을 줄 수 있는 진심으로 무장한 리더입니다.

진정성 리더십은 우리 크리스천들에게 도전이 되는 리더십입니다.

마음의 중심과 폐부를 살피시는 하나님 앞에서 우리는 어떤 동기와 목적으로 신앙생활을 하고 있으며 주어진 일들을 해나가고 있는지 성찰해 보아야 합니다. 우리 자신의 동기를 점검하고 우리의 동기와 태도, 행위가 내면의 중심을 살피시는 하나님 앞에 진솔하게 고백 될 수 있도록 훈련하는 과정이 진정성 리더십 훈련입니다.

또한 교회 안의 생활과 교회 밖의 생활이 어느 정도 일치하고 있는지, 나는 그리스도인이라 자부하지만, 우리의 삶을 가까이에서 지켜본 세상 사람들 사이에서도 우리 자신이 그리스도인으로 인정받고 있는지 스스로 진정성 있는 그리스도인의 태도를 갖추고 있는지 깊은 성찰이 필요합니다.

하나님 앞에 참 존재로 살아가는 훈련

하나님 안에서 살아가는 우리에게는 많은 역할이 있습니다. 아내, 남편, 목회자, 사역자, 장로, 권사, 집사, 리더, 부모, 직장에서의 역할

등 우리는 각자 자신이 가진 역할에 사명감을 가지고 많은 에너지를 집중하여 몰두하고 있습니다. 특별히 크리스천에게 맡겨진 역할과 직분들은 우리를 몰입시키며 자부심과 긍지를 갖게 합니다. 이러한 역할은 우리 자신을 표현하는 하나의 정체성이 될 수는 있으나 그 역할이 우리 존재 자체는 아니며 그 역할 뒤에는 우리의 참 존재가 있습니다.

분석심리학자 융(Jung)은 이러한 사회적 역할을 라틴어로 페르소나(Persona)라는 용어로 표현했고, 페르소나는 가면이라는 뜻으로 사회적 관계 속에서 우리 자신을 드러내는 방식이라고 정의했습니다.

융이 말하는 건강한 사람은 자신의 페르소나를 스스로 인식하고 자신 안의 그림자도 자각하는 사람입니다. 만약 겉으로 드러나는 자신의 역할에만 집중하고 그림자로 표현할 수 있는 내면의 자기 갈등, 욕구, 기대, 생각과 감정 등을 억압하면 페르소나는 우세해지고 내면의 그림자(Shadow)는 더욱 짙어져 겉과 속이 다른 분열된 모습으로 살아가게 됩니다.

크리스천들에게 사역, 직분은 하나님께서 주신 역할입니다. 자칫 진실한 동기를 잃어버리면 사역과 직책 봉사와 섬김이 자만심의 함정이 되고 주님보다 사역이 더 중요해지는 불건강한 모습을 보일 수 있습니다.

이러한 그림자들이 정신과 육체의 멍에가 되어 정신과 육체가 병들어 가고 전심으로 하나님 앞에 나아가는 것에 장애물이 되기도 합니다.

우리는 날마다 예수 그리도 앞에 모든 것을 내려놓고 참 존재로서 하나님과 관계하는 훈련을 통해 사역도, 역할도, 봉사와 섬김도 더 영향력 있고 아름답게 해 나갈 수 있습니다.

하나님께서는 우리가 이미 죄인이 되었을 때 우리를 사랑하시고 자신의 사랑을 아들 예수 그리스도를 통해 확증해 보여 주셨습니다. 아들을 죗값으로 내어 주시고 온몸에 물과 피를 다 흘려 우리의 죗값을 갚아 주시고 하나님과 우리 사이에 막혀 있던 지성소의 휘장을 활짝 열게 하사 하나님과 교제하며 하나 될 수 있게 해 주셨습니다. 우리가 있는 그대로 진솔하게 하나님 앞에 나아갈 근거는 오직 예수 그리스도입니다.

> 그러므로 우리에게 큰 대제사장이 계시니 승천하신 이 곧 하나님의 아들 예수시라 우리가 믿는 도리를 굳게 잡을지어다 우리에게 있는 대제사장은 우리의 연약함을 동정하지 못하실 이가 아니요 모든 일에 우리와 똑같이 시험을 받으신 이로되 죄는 없으시니라 그러므로 우리는 긍휼하심을 받고 때를 따라 돕는 은혜를 얻기 위하여 은혜의 보좌 앞에 담대히 나아갈 것이니라(히브리서 4장 14-16절)

진정성으로 무장한 통합된 리더, 사도바울

> 그러므로 내가 한 법을 깨달았노니 곧 선을 행하기를 원하는 나에게 악이 함께 있는 것이로다. 내 속사람으로는 하나님의 법을 즐거워하되 내 지체 속에서 한 다른 법이 내 마음의 법과 싸워 내 지체 속에

있는 죄의 법으로 나를 사로잡는 것을 보는도다 오호라 나는 곤고한 사람이로다 이 사망의 몸에서 누가 나를 건져 내랴(로마서 7장 21-24절)

신약성경을 대표하는 사도바울은 하나님으로부터 놀라운 능력을 받고 복음을 전파하는 사도였고 내면에서 올라오는 자신의 연약한 죄의 그림자를 인정하고 자신의 연약함을 한탄하며 성령님의 도우심을 간구하는 정직한 리더였습니다.

예수 그리스도 안에서 완전한 구원을 받았지만 현재 자신이 가진 본질적인 죄성과 연약함을 자각하고 선을 향하는 자신의 갈망과 그러한 자신 안에 죄의 그림자가 있음을 한탄하는 사도바울은 진정성 리더입니다.

그리스도인으로서 죄 사함의 은혜 안에 있다고 해서 죄의 감각에 무뎌지는 것은 두려운 일입니다. 성령님께서는 우리의 마음을 정결하게 하기 위해 우리의 양심을 밝은 빛으로 조명하시고 우리가 볼 수 없던 것들을 보게 하시는 분이십니다. 그래서 더욱 하나님 앞에 애통한 마음으로 나아가도록 우리의 마음을 가난하게 하시고, 의에 주리게 하시며, 더욱 큰 은혜를 사모하게 하시고, 예수 그리스도의 보혈 안에서 그 은혜를 더욱 충만하게 누리게 하시는 분이십니다.

자신을 인식하고 자각하며 두렵고 떨리는 마음으로 정직한 모습으로 하나님이 목적하신 푯대를 향하여 달려가는 사도바울처럼 우리도 진정성 리더십을 배워갈 수 있습니다.

예수 그리스도를 닮아 가는 성화의 삶에서 죄에 민감하게 반응하며 우리 자신 안에 죄의 그림자들을 자각하고 자백하며 정결한 마음과 행동을 갈망하고 우리의 연약함을 탄식하며 성령님의 도우심을 구하며 하나님 앞에 담대히 나아가는 진정성 리더십 훈련은 성화의 삶에서 반드시 필요한 과정입니다.

> 그러므로 나의 사랑하는 자들아 너희가 나 있을 때뿐 아니라 더욱 지금 나 없을 때에도 항상 복종하여 두렵고 떨림으로 구원을 이루라(빌립보서 2장 12절)

> 그러므로 이제 그리스도 예수 안에 있는 자에게는 결코 정죄함이 없나니 이는 그리스도 예수 안에 있는 생명의 성령의 법이 죄와 사망의 법에서 너를 해방하였음이라(로마서 8장 1-2절)

> 육체의 소욕은 성령을 거스르고 성령의 소욕은 육체를 거스르나니 이둘이 서로 대적함으로 너희가 원하는 것을 얻지 못하게 하려 함이라(갈라디아서 5장 17절)

약함을 자랑하는 진정성 리더 사도바울

> 내 은혜가 네게 족하도다 이는 내 능력이 약한데서 온전하여 짐이라 하신지라 그러므로 도리어 크게 기뻐함으로 나의 여러 약한 것들에 대하여 자랑하리니 이는 그리스도의 능력이 내게 머물게 하려 함이라(고린도후서 12장 9절)

사도바울은 위대한 사도였지만 자신의 연약함을 통하여 그리스도의 능력이 나타나도록 자신을 낮추고 자신의 여러 약한 것들을 자랑하는 진정성 리더였습니다.

우리 각자 안에도 여러 약한 것들이 존재합니다. 이러한 약함은 부끄러운 것이 아니며 약함을 하나님 앞으로 가지고 나아갈 때, 하나님은 우리를 온전히 수용하시고 하나님께서 우리를 강하게 하십니다. 또한 우리의 약함을 사용하시어 그리스도의 능력을 나타내시는 하나님을 신뢰하며 성도의 교제 가운데 우리의 약함을 정직하게 나눌 때 하나님의 은혜가 더욱 풍성하게 머물고 우리의 약함을 통하여 역사하시는 하나님을 경험하게 됩니다.

진정성 리더십 자기 관찰 체크리스트

아래 질문에 스스로 대답해 보면서 현재 나의 진정성 리더십의 수준은 어느 정도인지 점검해 보겠습니다.

전혀 그렇지 않다 1점 / 그렇지 않다 2점 / 그저 그렇다 3점
그런 편이다 4점 / 매우 그렇다 5점

	질문	점수
1	나는 하나님의 자녀라는 분명한 정체성이 있다	
2	나는 하나님이 주신 비전을 가지고 살아간다	
3	제시한 비전에 자신의 가치와 행동이 한 방향으로 정렬되어 있고 모든 일에 솔선수범한다	
4	자신의 약점과 실수를 인정하며 자신의 약점과 실수까지도 구성원의 성장을 위해 공유할 수 있다	
5	자기를 인식하고 내적인 자신과 외적으로 보이는 자신을 건강하게 통합시키기 위해 노력한다	
6	매순간 자신의 행동에 대한 동기를 점검한다	
7	하나님 앞에서 나의 사고, 감정, 욕구 등 작은 속마음까지 다 표현한다	
8	성도들과의 교제 가운데 나는 솔직하게 나의 마음을 표현한다	
9	나는 크리스천이라는 것을 사회생활 가운데서 모든 사람에게 당당하게 밝힌다	
10	주변에 있는 사람들은 내가 크리스천이라는 것을 인정해 준다	

코칭 질문

1. 현재 나의 진정성 리더십의 역량은 어떠한가요?
2. 10문항 중 현재 잘하고 있는 요소들은 무엇인가요?
3. 10문항 중 계발하고 훈련해야 할 요소들은 무엇인가요?

예수님에게 배우는 서번트 리더십 코칭

인자가 온 것은 섬김을 받으려 함이 아니라 도리어 섬기려 하고 자기 목숨을 많은 사람의 대속물로 주려 함이니라(마태복음 20장 28절)

서번트 리더십은 경영학자 그린리프(Robert K. Greenleaf)에 의해 처음 소개되었습니다.

서번트 리더십(Servant Leadership)은 섬기는 리더십, 종의 리더십으로 보편적으로 알려져 있는데 서번트 리더십이 등장하게 된 유래를 통해 서번트 리더십의 진정한 의미를 생각해 볼 수 있습니다.

서번트 리더십 모델은 헤르만 헤세의 『동방순례』에 나오는 레오라는 인물을 통해 영감을 얻게 되었습니다. 『동방순례』에 등장하는 레오는 순례단 안에서 가장 낮은 위치에서 하인과 같이 순례단의 식사 준비를 돕고, 치친 순례단을 배려하며 밤에는 악기를 연주해 주고, 순례자 사이에서 필요한 것들이 무엇인지 살피며 온갖 궂은일을 하며 순례단을 섬겼습니다. 그러던 어느 날 레오가 순례단에서 사라지게 되고 레오의 빈자리로 어려움을 겪고 혼란에 빠진 순례단은 그제서야 비로소 레오의 소중함을 깨닫고 레오가 순례자들의 진정한 리더였음을 알게 되었습니다.

그리고 시간이 지난 후 레오는 순례단의 하인이 아닌 순례단을 후원하는 교단의 최고의 높은 위치에 있는 리더였다는 것을 알게 되었습니다.

단순하게 종의 위치에서 종처럼 섬기는 것이 아니라 최고의 리더의 위치에서 종의 자세로 헌신하며 순례단의 필요를 채워 주고 섬겼던 레오의 모습에서 영감을 얻어 서번트 리더십 모델이 등장하게 되었습니다.

서번트 리더십의 완벽한 롤모델, 예수 그리스도

> 너희 안에 이 마음을 품으라 곧 그리스도 예수의 마음이니 그는 근본 하나님의 본체이시나 하나님과 동등됨을 취할 것으로 여기지 아니하시고 오히려 자기를 비워 종의 형체를 가지사 사람들과 같이 되셨고 사람의 모양으로 나타나사 자기를 낮추시고 죽기까지 복종하셨으니 곧 십자가에 죽으심이라(빌립보서 2장 5-8절)

서번트 리더십의 완벽한 롤 모델은 예수 그리스도이십니다.

창조주이며, 왕이신 예수님께서 하늘 보좌를 버리시고 이 땅에 인간의 모습으로, 종의 모습으로 오셔서 죽기까지 우리를 섬겨 주셨습니다. 또한 우리 크리스천들은 왕이신 예수 그리스도의 자녀들입니다. 왕의 신분으로서 종의 모습으로 섬기신 예수님을 본받아 왕의 자녀답게 그리고 겸손하게 세상을 섬겨 가도록 훈련해야 합니다.

예수님께서는 우리의 고통의 소리를 경청하셨고 공감하시며 함께 아파하시며 가난한 자들을 치유하셨고, 하나님과의 끊어진 관계를 회복하고 우리를 하나님의 자녀로 다시 태어나게 하시고 하나님과 하나되게 하시려고, 숨 쉬기조차 힘든 처절한 십자가의 고통 속에서 물과 피를 다 쏟으시고 우리를 위해 자신의 모든 것을 내어주시며 십자가 위에서 죽기까지 섬겨주셨습니다.

이 땅에 오신 예수님은 하나님의 목적을 이루어 드리기 위해 오직 하나님 나라의 비전을 선포하시고, 우리를 향하여 회개를 촉구하시며 몸소 사랑의 실천으로 우리를 설득하셨습니다.

또한 예수님은 제자들의 성장을 돕기 위해 제자들을 지원하고 격려하며 섬겨 주셨으며, 이 땅에서 복음을 전파하시고 하나님 나라의 공동체가 확장되고 세워지도록 백성들을 섬겨 주셨습니다.

또한 예수님과 함께하며 예수님의 삶을 통해 섬김의 리더십을 훈련받은 제자들은, 예수님이 승천하신 이후에 세상 가운데 섬기는 리더로, 이 땅에서 진정한 하나님 나라의 복음을 전파하며 사랑으로 섬김을 실천하셨습니다. 이제는 우리가 예수님을 나타내고 닮아 가는 섬김으로 하나님이 꿈꾸시는 가정과 교회와 세상을 위해 아름답게 영혼들을 섬기는 훈련을 해 나갈 수 있습니다.

> 너희가 나를 선생이라 또는 주라 하니 너희 말이 옳도다 내가 그러하다 내가 주와 또는 선생이 되어 너희 발을 씻었으니 너희도 서로 발을 씻어 주는 것이 옳으니라 내가 너희에게 행한 것같이 너희도 행하게 하려 하여 본을 보였노라(요한복음 13장 13-15절)

서번트 리더십의 핵심 역량

이러한 서번트 리더십을 발휘하기 위해서 핵심적으로 훈련하고 준비해야 할 요소들이 있습니다.

서번트 리더십 모델의 창시자인 그린리프[13]의 섬기는 리더에게 필요한 10가지 역량을 이해하고 적용하여 함께 훈련해 보겠습니다.

경청	수용적이며 존중하는 태도 적극적으로 상대방의 욕구와 기대, 바람, 의견을 듣는 태도 구성원의 소리에 반응하며 자신을 성찰하고 자신의 문제를 찾는 능력
공감	상대의 생각과 감정을 이해하고 상대가 필요로 하는 것이 무엇인지 인식하고 리드하는 태도와 능력
치유	구성원들의 건강, 관계의 악화 및 상처, 아픔과 좌절감 등이 회복되도록 보살피며 돕는 태도와 능력
인지	유연성을 가지고 다양한 관점으로 인식하고 전체적인 상황을 파악하고 판단하는 능력
설득	권위나 지시가 아닌 자발적인 동기와 행동을 이끌어 내는 동기부여 능력
비전 제시	분명한 비전 공유와 제시로 비전을 목표와 연결시켜 비전을 구체적으로 이루어 가는 능력
통찰력	경험과 직관을 통해 현재와 미래의 상황을 예측하는 능력
청지기 정신	주인의 뜻대로 자원을 관리하는 능력

13 유옥덕·강은희, 『크리스천 명품 리더십』, 참고

성장을 위한 헌신	구성원들에게 성장의 기회와 환경을 제공하고 잠재력을 발휘할 수 있도록 지원하는 능력
공동체의 형성	서로 다양한 관점을 존중하고 소통의 장을 조성하여 서로 협력하도록 지원하는 능력

서번트 리더십 자기 관찰 체크리스트

섬김의 리더십에 필요한 요소들을 질문을 통해 점검해 보고 현재 내가 가진 역량을 1점부터 5점 사이로 자가 진단해 보고 어떤 요소를 더욱 강화시키고 훈련해야 하는지 점검해 봅니다.

전혀 그렇지 않다 1점 / 그렇지 않다 2점 / 그저 그렇다 3점
그런 편이다 4점 / 매우 그렇다 5점

	구성요소	질문	점수
1	경청	수용적이며 온전히 존중하는 태도로 적극적 공감적 경청을 하는가?	
2	공감	구성원의 생각과 감정을 이해하고 반응하며 적절하게 표현하고 있는가?	
3	치유	구성원들의 아픔이 회복되도록 보살피며 돕고 있는가?	
4	인지	유연성 있게 다양한 관점에서 인지하며 상황을 판단하고 있는가?	
5	설득	자발적으로 행동하도록 동기부여를 하는가?	
6	비전제시	분명하게 비전을 공유하고 목표를 설정하도록 돕고 있는가?	

7	통찰력	경험과 직관을 사용하여 미래 상황까지 예측하며 고려하고 행동하는가?	
8	청지기정신	하나님의 뜻대로 공동체를 관리하며 주신 자원들을 관리하고 있는가?	
9	성장을 위한 헌신	구성원의 성장을 위해 기회와 환경을 제공하도록 노력하고 있는가?	
10	공동체 형성	공동체의 다양한 관점을 수용하고 소통의 장을 열어 하나가 되도록 지원하고 있는가?	

코칭 질문

1. 현재 나의 서번트 리더십의 역량은 어떠한가요?
2. 10문항 중 현재 잘하고 있는 요소들은 무엇인가요?
3. 10문항 중 계발하고 훈련해야 할 요소들은 무엇인가요?

서번트 리더십을 발휘하는 역량들이 점검되었다면 10개의 항목 중 역량이 부족한 요소들은 지속적으로 노력하며 성장될 수 있도록 훈련해 나갈 수 있습니다.

봉사하고 섬기는 크리스천으로서 우리의 마음만큼 중요한 것은 섬김의 태도와 방법의 실천적 훈련입니다. 예수님께서도 마음으로만 우리를 사랑하시지 않으시고 전인적인 인간의 모습으로 이 땅에 오셔서 사랑과 섬김을 실천으로 보여 주셨던 것처럼 우리도 예수님의 섬김의 모습을 본받아 예수님의 형상을 회복하고 실천을 통해 영혼을 살리고 사람을 세우는 섬김의 리더로 훈련해 나갈 수 있습니다.

제5장

크리스천 마음 코칭

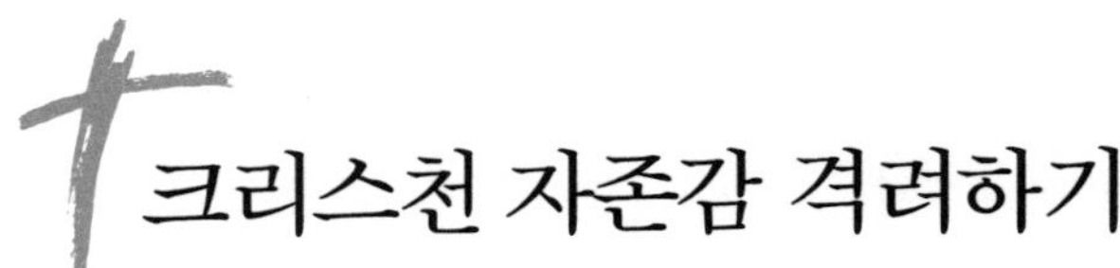

크리스천 자존감 격려하기

그런즉 누구든지 그리스도 안에 있으면 새로운 피조물이라 이전 것은 지나갔으니 보라 새것이 되었도다(고린도전후서 5장 17절)

그러나 너희는 택하신 족속이요 왕 같은 제사장들이요 거룩한 나라요 그의 소유가 된 백성이니 이는 너희를 어두운 데서 불러내어 그의 기이한 빛에 들어가게 하신 이의 아름다운 덕을 선포하게 하려 하심이라(베드로전서 2장 9절)

하나님께서는 새롭게 거듭난 자녀들에게 이전 것은 지나가고 새것이 되었다고 말씀해 주셨는데, 예수 그리스도 안에서 새로운 신분으로 태어났고 하나님의 생명을 가진 자녀가 되었지만 때로는 우리의 옛 자아의 사고와 습관, 행동 패턴에 영향을 받고 반응하며 살아가고 있는 모습을 보게 됩니다.

자아상은 과거에 의미 있는 양육자 또는 주변에 관계했던 사람, 환경과 상호작용하면서 우리의 정신세계에 내면화한 자신에 대해 가지는 자기 개념입니다.

존중과 인정, 관심과 적절한 보살핌을 받았다면 안정된 자아정체감과 보다 긍정적인 자아상과 세상에 대한 긍정적 태도로 세상을 바라보는 틀을 형성하게 됩니다. 반면 불충분한 애정과 거절, 수용 받지 못한 감정, 수치심을 지속적으로 경험하는 환경에 노출되었다면 자신에 대해 부정적인 자아상이 내면화될 수 있습니다.

우리는 우리 자신에 대하여 어떤 자화상을 가지고 있나요?

거울에 비친 여러분 자신은 어떤 모습인가요?

먼저 우리 자신은 어떤 상태인지 점검해 보겠습니다.

긍정적 자아상과 부정적 자아상 중 여러분은 어느 쪽에 더 많은 영향을 받으며 살아가고 있는지 체크해 보시면 좋겠습니다.

긍정적 자아상	부정적 자아상
• 자신을 소중하고 가치 있게 생각한다 • 타인의 평가를 두려워하지 않는다 • 실패한 자신을 격려한다 • 자신을 신뢰한다 • 있는 그대로의 자신을 수용한다	• 자신을 신뢰하지 못한다 • 타인의 평가를 두려워한다 • 타인의 칭찬을 신뢰하지 못한다 • 실패가 두려워 도전을 포기한다 • 자신을 무가치하게 여기고 비난한다

수치심과 거절감, 열등감과 실패에 찌들어 왔던 자신의 자아상이 여전히 거울 속에 비치고 여전히 우리 자신이 무가치한 존재로 여겨지고 있다면 그 상처의 틀에서 시선을 돌려 십자가의 사랑을 바라보시기 바랍니다.

채찍에 온몸이 찢겨지고 말로 다 표현할 수 없는 십자가의 고통 속에서 우리는 예수님의 피를 통하여 새로운 신분으로 다시 태어났습니다. 우리가 경험했던 과거 기억들, 옛사람의 상처 난 자아상은 하나님의 사랑과 말씀, 성령님의 통치를 통하여 치유되고 회복되고, 우리 마음속에 새겨진 우리 자신에 대한 옛사람의 자아상은 새롭게 만들어질 수 있습니다.

영의 아버지이신 하나님은 하나밖에 없는 아들 예수 그리스도를 통해 우리를 향한 하나님의 사랑을 확증해 주셨으며 말씀을 통해 우리의 존재 가치를 새롭게 회복시키는 분이십니다.

> 네가 내 눈에 보배롭고 존귀하며 내가 너를 사랑하였은즉 내가 네 대신 사람들을 내어주며 백성들이 네 생명을 대신하리니(이사야 43장 4절)

> 우리가 아직 죄인 되었을 때에 그리스도께서 우리를 위하여 죽으심으로 하나님께서 우리에 대한 자기의 사랑을 확증하셨느니라(로마서 5장 8절)

> 영접하는 자 곧 그 이름을 믿는 자들에게는 하나님의 자녀가 되는 권세를 주셨으니(요한복음 1장 12절)

> 그 안에서 너희도 진리의 말씀 곧 너희의 구원의 복음을 듣고 그 안에서 또한 믿어 약속의 성령으로 인치심을 받았으니(에베소서 1장

13절)

성령님은 우리가 어떤 존재인지를 하나님의 말씀을 통해 증언하시는 분이십니다.

성령님은 뒤틀린 우리의 자아상을 바로잡아 과거의 상처를 치유하시고 그 아픔의 시간들을 회복시키시고 우리가 예수 그리스도 사랑 안에서 다시 태어난 존귀한 존재임을 증언하십니다.

당신은 예수 그리스도의 핏값으로 구속된 존귀한 존재입니다.

당신은 십자가의 사랑과 진통으로 새롭게 태어난 하나님의 자녀입니다.

당신은 하나님의 사랑을 받기 위해 태어난 사람입니다.

이제 우리는 과거의 경험에서 해방되고 영적 고아 시절의 상처를 딛고 일어서서 고아처럼 우리를 버려두지 않으시고 우리 안으로 들어오셔서 친히 우리를 말씀으로 만지시고 양육하시는 은혜의 하나님 아버지로부터 새로운 자아상을 만들어 갈 수 있습니다.

5장 마음코칭 장을 통하여 첫 번째 우리의 자아상을 점검하고 격려하는 시간을 가졌고 다음 장부터 좀 더 구체적으로 우리의 존재를 견고하게 세우고 하나님의 자녀다운 새로운 사고체계로 의식이 바뀌고 생각과 언어와 행동이 변화될 수 있도록 훈련해 보겠습니다.

자극과 반응 사이 태도 훈련

너희 안에 이 마음을 품으라 곧 그리스도 예수의 마음이니 그는 근본 하나님의 본체이시나 하나님과 동등됨을 취할 것으로 여기지 아니하시고 오히려 자기를 비워 종의 형체를 가지사 사람들과 같이 되셨고 사람의 모양으로 나타나사 자기를 낮추시고 죽기까지 복종하셨으니 곧 십자가에 죽으심이라(빌립보서 2장 5-8절)

예수님께서 십자가를 지시기 전 겟세마네 언덕에서 기도하셨던 때를 묵상해 봅니다. 땀방울이 핏방울이 되어 땅에 떨어지는 간절한 기도를 하셨던 예수님이 선택한 태도는 고통의 십자가를 지는 것이었습니다. 고통스러운 십자가 형벌 속에서도 예수님께서 취하신 태도는 마지막까지 우리의 죄를 용서해 달라는 기도였습니다.

스스로 하나님의 본체이면서 동등됨을 취하지 아니하시고 자신을 비워 종의 형체를 가지신 예수님의 태도는, 사람의 모양으로 이 땅에 오셔서 자신을 낮추시고 죽기까지 복종하신 예수님의 태도는 가장 위대하고 아름다운 순종의 태도였습니다.

사전적 의미를 보면 태도(Attitude)는 어떤 일이나 상황에 직면했을 때 자신이 취하는 입장이나 자세이며, 태도는 가치관에 따라 나타나는 감정 및 행동입니다. 어떤 일이나 상황에 직면했을 때 그리스도인다운 태도를 갖기 위해 훈련되어야 할 것은 무엇인지 생각해 봅니다.

인간에게는 어떤 죽음의 고통 속에서도 그 죽음의 고통에 직면하는 태도를 결정할 수 있는 자율의지가 있습니다. 우리는 어떤 환경이 주는 자극과 반응 사이에서 우리의 생각과 감정, 행동을 선택할 수 있습니다.

즉 자극받은 대로 반응하는 존재가 아니라 자극받은 그 상황에 직면했을 때, 상황을 긍정적으로 또는 부정적으로 해석하고 그 해석에 따른 감정과 행동을 선택할 수 있는 자율의지가 있습니다. 또한 자극받는 상황에서 우리 자신이 부여하는 선택의 의미는 그 상황을 극복하게도 할 수 있으며, 그 선택을 통해 또 다른 의미 있는 삶을 창조할 수도 있습니다.

마음 근육을 키우는 STC 훈련

무릇 하나님의 영으로 인도함을 받는 사람은 곧 하나님의 아들이라 (로마서 8장 6절)

육신을 따르는 자는 육신의 일을 영을 따르는 자는 영의 일을 생각

하나니 육신의 생각은 사망이요 영의 생각은 생명과 평안이니라(로마서 8장 5-6절)

〈자극과 반응 사이 '아름다운 태도' 만들기 훈련〉

자극(사건)	나에게 스트레스를 주는 상황과 사건
성령님의 통치 공간 (STC)	Stop / Think / Choice 멈추고 생각하고 선택한다
반응(태도)	새로운 태도 반응을 만들어 낸다

크리스천이 훈련해야 할 태도의 근육은 어떤 상황 가운데서도 자극과 반응 사이의 공간을 키우는 것이며, 그 공간 안에서 우리의 의식과 무의식이 성령님의 통치를 받을수록, 우리자신을 내어드리는 훈련입니다.

어떤 사건으로 인해 자극을 받았을 때 습관처럼 바로 반응하며 태도와 행동을 만들어 내는 것이 아니라, 공간을 만들고 쉼 호흡을 하며 멈추고(**Stop**), 생각하고(**Think**), 선택(**Choice**)할 수 있는 마음 근육을 만들어 갈 수 있습니다. 그리고 이 공간 안에서 두 가지 질문을 할 수 있습니다.

예수님이라면 어떻게 하셨을까?
하나님이 기뻐하시는 생각은 무엇인가?
나는 무엇을 새롭게 생각하고 선택할 수 있는가?

우리 자신에게 질문할 수 있으며 성령님의 통치 안에서 지금 우리가 직면하고 있는 사건들에 어떤 태도를 취할지 선택할 수 있습니다. 현재 직면하고 있는 사건을 기록하고 자극과 반응 사이 공간 안에서 성령님과 교제하며 어떠한 태도를 취할 것인지 마음 근육을 키우는 훈련을 시작해 보시기 바랍니다.

1. 사건 하나를 기록해 봅니다.
2. 성령님의 통치 속에서 전과는 다른 생각과 선택을 작성해 봅니다. (멈추고(**Stop**), 생각하고(**Think**), 선택하기(**Choice**))
3. 새로운 생각과 선택으로 인해 나타날 자신의 반응과 태도 행동 변화를 작성해 봅니다.

자극(사건)	
성령님의 통치 공간(STC)	
반응(태도)	

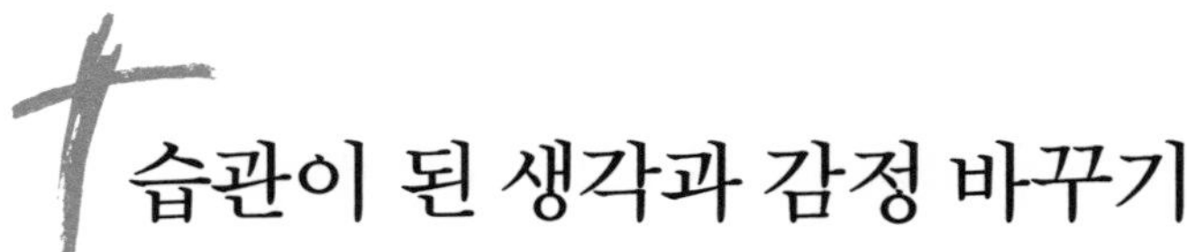

습관이 된 생각과 감정 바꾸기

너희는 이 세대를 본받지 말고 오직 마음을 새롭게 함으로 변화를 받아 하나님의 선하시고 기뻐하시고 온전하신 뜻이 무엇인지 분별하도록 하라(로마서 12장 2절)

너희는 유혹의 욕심을 따라 썩어져 가는 구습을 따르는 옛사람을 벗어 버리고 오직 심령이 새롭게 되어 하나님을 따라 의와 진리의 거룩함으로 지으심을 받은 새사람을 입으라(에베소서 4장 22-24절)

각기 사람에게는 그동안 경험하면서 만들어진 독특한 사고 패턴이 있습니다. 우리 뇌에는 고속도로처럼 길이 나 버린 생각의 회로들이 있고, 자동적으로 그 회로들을 통해 들어온 정보들이 처리되어 감정과 행동으로 표현하게 됩니다.

이렇게 우리 안에는 과거부터 차곡차곡 경험을 통해 만들어진 사고의 틀이 있고 그 틀 안에서 정보를 인식하고 해석하게 되며, 이러한 습관화된 사고의 패턴은 의식하려고 노력하지 않으면 평생 그림자처럼 숨어서 우리를 작동시킵니다.

그리스도인들에게 습관화된 사고 패턴을 알아차리고 변화시키는 훈련은 중요한 일입니다. 과거에 경험한 지적, 비판, 비난, 무시, 경멸, 거절, 버림받음, 학대 등의 이런 환경들은 우리 안에 부정적인 자아상을 형성하여 우리 자신을 무가치한 존재로 인식하게 만들고 부정적인 사고 습관을 만들어 사람과의 관계뿐만 아니라 하나님과의 관계에도 장애물 이 되고 매 순간 들어오는 모든 정보들은 자신의 사고 형판 안에서 부정적으로 처리될 수 있습니다.

하나님의 자녀들은 예수 그리스도를 통해 새롭게 태어났고 고아에서 왕의 자녀가 되었습니다. 우리의 본질적인 신분이 변하였고 신분에 걸맞도록 하나님의 말씀을 듣고 배우고 경험하며 우리 안에 새로운 사고체계를 형성해 나갑니다.

우리는 매사 우리에게 펼쳐지는 상황들을 어떻게 해석하고 있습니까?
그 해석 이후 어떤 감정 상태가 우리 안에 머무르고 있습니까?
그래서 우리는 어떻게 행동하고 있습니까?
사람들은 당신에게 어떻게 반응하고 있습니까?

먼저 심리학자 알버트 엘리스의 ABC모델과 아론백의 인지적 오류에 대해 생각해 보겠습니다.

ABC모델

심리학자 알버트 엘리스(Albert Ellis, 1962)의 ABC모델은 사람들이 고통받고 부적응을 겪는 것은 일어난 사건 때문이 아니라 그 사건의 의미를 해석하는 개인의 신념 때문이고, 사건에 대한 의미 해석에 따라 결과가 달라진다고 말합니다.

A(Activate event)	촉발된 선행사건
B(Belief)	합리적 신념 vs 비합리적 신념
C(consequences)	결과

<table>
<tr><td>촉발된 선행사건</td><td>취업 면접에서 떨어짐</td></tr>
<tr><td rowspan="4">비합리적 신념
vs
합리적 신념</td><td>비합리적 신념</td></tr>
<tr><td>사람들은 모두 나를 싫어한다</td></tr>
<tr><td>합리적 신념</td></tr>
<tr><td>모두가 나를 선택하지 않는다
면접 준비가 부족했다</td></tr>
<tr><td rowspan="4">감정과 행동의 결과</td><td>비합리적 신념의 결과</td></tr>
<tr><td>무가치함, 우울감, 원망, 회피</td></tr>
<tr><td>합리적 신념</td></tr>
<tr><td>다시 도전, 면접준비를 시작함
자신을 가치있는 존재로 바라본다</td></tr>
</table>

예시와 같이 우리가 부정적인 감정과 행동 안에 갇히는 것은 촉발된 사건보다 그 사건을 불건강하게 해석하는 비합리적인 신념과 생각 때문입니다. 똑같은 상황에서도 어떻게 생각하고 스스로 해석하느냐에 따라 우리의 감정도 행동도 달라질 수 있고 건강하고 긍정적인 정서를 유지할 수 있습니다.

인지적 오류

인지행동 심리학자인 아론백이 말하는 인지적 오류들은 습관 이 된 사고방식에서 자동적으로 나오는 생각들입니다. 인지적 오류의 요소들을 살펴보고 우리의 사고와 감정 행동의 패턴을 점검해 보겠습니다.

개인화	전부 내 탓이라고 생각하는 것 자신이 일부만 책임이 있거나 전혀 책임이 없는데도 자신을 비난하는 것
성급한 결론	객관적인 몇몇 징후만으로 전체적으로 부정적으로 해석해 버리는 것
의미 확대와 축소	부정적인 면은 과장해서 생각하거나 말하고 긍정적인 면은 무시하거나 폄훼하는 것
당위적 사고	'반드시 ~~해야만 해' 와 같이 자신이나 타인에게 비합리적인 요구를 하거나 압박을 가하는 것
흑백 논리	이분법적으로 생각하는 것 모든 상황을 전부 좋거나 전부 나쁘다고 생각하는 것
과잉 일반화	사건의 일부를 과장해서 의미를 확대 해석하는 것
독심술	상대방이 어떤 생각을 하고 있다고 믿는 것

이러한 인지적인 오류들은 무의적인 상황에서 자동적으로 우리의 생각과 감정과 그로 인해 행동을 지배하므로 평상시 자신의 사고패턴을 관찰하고 알아차리는 훈련이 필요하고 이를 위하여 멈추고(Stop) 생각하고(Think) 또 다른 건강한 생각을 선택하는(Choice) 훈련을 해 나갈 수 있습니다.

생각을 바꾸면 관계가 달라진다

비합리적 신념은 부정적 생각이 견고한 진처럼 오랜 시간을 통해 틀을 형성하게 된 것입니다. 그래서 정보가 들어왔을 때 붕어빵의 기계가 붕어빵을 찍어내듯 자동적으로 부정적인 생각을 하는 것입니다. 건강한 생각으로 우리의 마음을 채우기 위해서 먼저 자신에게 들어오는 정보를 자동적으로 어떻게 인식, 즉 해석하고 있는지 점검해 보아야 합니다. 앞의 예시처럼 촉발된 사건보다 그 사건을 어떻게 해석하느냐에 따라 우리의 감정도 행동도 그리고 그 행동으로 인한 인간관계에서 돌아오는 결과도 달라지기 때문입니다.

See-Do-Get의 원리

	See 나는 어떻게 보는가	Do 나는 어떻게 행동하는가	Get 얻는 결과는 무엇인가
부정적 해석	김 권사님은 목장모임에서 표정이 안 좋다. 내가 불편하신가 보다.	나는 김 권사님에게 퉁명스러운 표정으로 대답한다.	김 권사님과의 관계는 더욱 악화되었다.
긍정적 해석	김 권사님이 오늘 피곤하신건가? 아님 개인적으로 무슨 일이 있으신 건가?	권사님에게 안부를 묻는다.	안부를 물어주는 고마운 사람, 더 소통할 수 있는 연결 고리를 만들었다.

도표의 내용처럼 우리가 사건을 바라보는 관점, 인식, 해석에 따라 인간관계에서 얻게 되는 결과가 달라지며 건강하고 긍정적인 해석과

인식이 새로운 감정과 행동을 만들고 새로운 관계를 만들어 낼 수 있습니다.

생각과 감정 행동 일기 쓰기

이와 비슷한 상황이 다시 발생한다면 나는 어떻게 다르게 생각할 수 있으며, 다르게 행동할 것인지 미리 대처 방안에 대하여 인지적 사고 훈련을 해 나갈 수 있습니다.

1. 현재 사건 칸에 그날의 사건, 그 순간 느낀 생각, 그로 인해 발생된 감정, 그 감정으로 인해 나타난 행동을 기록합니다.
2. 새로운 해석 칸에 다시 비슷한 상황이 왔을 때 어떻게 다르게 생각할 것인지 작성해 보고 그 생각으로 인해 발생될 감정과 그 감정으로 인해 나타날 행동을 작성해 봅니다.

	사건	생각	감정	행동
현재 사건				
새로운 해석				

하나님의 말씀으로 생각의 틀 바꾸기

우리가 싸우는 무기는 육신에 속한 것이 아니요 오직 어떤 진도 무너뜨리는 하나님의 능력이라 모든 이론을 무너뜨리며 하나님 아는 것을 대적하여 높아진 것을 다 무너뜨리고 모든 생각을 사로잡아 그리스도에게 복종하게 하니(고린도후서 10장 5절)

코칭의 한 분야인 NLP(Neuro-Linguistic Programming)의 원리는 언어와 신경은 하나로 프로그래밍되어 있어 이미 프로그램된 신경을 언어를 통해 재구조화하는 코칭기법입니다.

우리가 레몬을 입에 넣는 상상만 해도 침이 고이는 것은 우리의 생각 또는 언어가 신경을 통해 우리 몸에 반응을 일으키도록 프로그램되어 있다는 것을 생각해 볼 수 있습니다.

이미 아주 어린 시절부터 현재까지의 지식과 경험 생각과 언어로 만들어진 견고한 우리 자신의 사고 체계를 다시 하나님의 생명의 말씀을 통하여 새로운 생각과 언어를 사용하여 습관처럼 프로그램 된 우리의 사고체계를 다시 재구조화할 수 있습니다.

우리를 창조하신 하나님께서는 하나님의 자녀들에게 말의 권세를 주셨고 우리의 생각과 습관과 삶을 바꾸시기 위해 끊임없이 하나님의 말씀을 주야로 묵상하고 집에 앉아 있을 때나, 길을 걸을 때나, 누워 있을 때나, 일어날 때에 하나님의 말씀을 강론할 것을 말씀하셨습니다.

하나님의 생명의 말씀 안에서 자동적으로 생각하는 습관화된 비합리적 신념들을 합리적 신념으로 변화시킬 수 있도록 훈련해 나갈 수 있습니다. 먼저 자신의 습관적이고 자동적인 생각들을 작성해 보고 건강한 신념의 언어로 전환하고 긍정적인 언어로 소리 내어 자신에게 들려주는 과정이 필요합니다. 또한 위로와 소망을 주는 하나님의 말씀을 찾고 작성하며 반복적으로 소리 내어 읽고 묵상해 보시기 바랍니다.

> 하나님의 말씀은 살아 있고 활력이 있어 좌우에 날 선 어떤 검보다 더 예리하여 혼과 영과 및 관절과 골수를 찔러 쪼개기까지 하며 또 마음의 생각과 뜻을 판단하나니(히브리서 4장 12절)

〈생각의 틀 바꾸기 훈련〉

비합리적 생각	건강한 생각으로 바꾸기
나는 가치 없는 사람이다	예수님의 피 값으로 구원하신 나는 존귀한 존재이다(에베소서 1장 7절)
나 같은 사람은 하나님을 사랑할 자격이 없다	하나님이 먼저 나를 사랑하셨다 (요한일서 4장 10절)

말씀 묵상
사랑은 여기 있으니 우리가 하나님을 사랑한 것이 아니요 하나님이 우리를 사랑하사 우리 죄를 속하기 위하여 화목 제물로 그 아들을 보내셨음이라(요한일서 4장 10절)

하나님의 말씀은 영이요 생명이기 때문에, 굳어진 우리의 사고 패턴일지라도 하나님의 말씀으로 다시 새롭게 구조화 될 수 있으며, 하나님의 생명의 말씀이 우리의 심령 안에 선포되고 하나님의 말씀이 우리의 심령을 만지실 때, 우리 안에는 새로운 사고의 회로들이 열리고 우리의 마음이 건강하게 회복될 수 있습니다.

생각의 틀 바꾸기 훈련 - 실천 편

1. 먼저 자동적으로 올라오는 건강하지 않은 비합리적인 생각을 스스로 건강한 생각으로 재해석하여 작성해 봅니다.

비합리적 생각	건강한 생각으로 바꾸기

2. 나의 견고한 진과 같은 생각을 타파시켜 주실 하나님의 말씀 구절을 선정하여 작성하고 지속적으로 묵상하고 선포합니다.

말씀 묵상

궁정 언어로 행동 패턴 바꾸기

사람은 입에서 나오는 열매로 말미암아 배부르게 되나니 곧 그의 입술에서 나는 것으로 말미암아 만족하게 되느니라 죽고 사는 것이 혀의 힘에 달렸나니 혀를 쓰기를 좋아하는 자는 혀의 열매를 먹으리라(잠언 18장 20-21절)

모든 지킬 만한 것 중에 더욱 네 마음을 지키라 생명의 근원이 이에서 남이니라 구부러진 말을 네 입에서 버리며 비뚤어진 말을 네 입술에서 멀리 하라(잠언 4장 23-24절)

죽고 사는 것이 혀의 힘에 있다고 말씀하실 만큼 우리가 선포하는 언어는 생명력과 권세를 가지고 있으며 그리스도인의 삶의 언어는 위의 잠언 말씀처럼 그 사람의 마음 즉 사고와 감정에서 올라오는 열매이며 인격과 성품의 열매이기도 합니다.

또한 우리가 선포한 언어의 열매를 우리 자신이 먹게 된다는 잠언의 말씀처럼 우리를 창조하신 하나님은 우리가 언어를 통해 날마다 새롭게 변화되고 창조되도록 디자인하셨고, 타인을 향한 축복의 말, 사랑의 말도 자신에게 축복이 되도록 뇌와 신경계의 기능을 만들어 주셨습니다.

언어와 신경이 연결되어 프로그래밍되어 있는 우리의 뇌는 자신과 타인에 대한 언어의 명령을 따로 구분하지 않고 언어로만 부호화하여 뇌의 신경에 저장하기 때문에 우리가 축복의 말을 선포할 때 축복의 말은 부메랑처럼 우리 자신에게 돌아와 우리의 신경계와 몸에 긍정적인 영향을 줍니다.

NLP 코칭의 원리

> 우리가 말들의 입에 재갈 물리는 것은 우리에게 순종하게 하려고 그 온몸을 제어하는 것이라 또 배를 보라 그렇게 크고 광풍에 밀려가는 것들을 지극히 작은 키로써 사공의 뜻대로 운행하나니(야고보서 3장 3-4절)

> 이와 같이 혀도 작은 지체로되 큰 것을 자랑하는도다 보라 얼마나 작은 불이 얼마나 많은 나무를 태우는가(야고보서 3장 5절)

NLP(Neuro Linguistic Programming)는 리처드 벤들러와 존 그린더에 의해 창시된 신경언어학모델입니다.

N(Neuro)은 사람들이 정보를 오감으로 지각하여 중추신경계로 연결하는 신경세포를 의미하며 L(Linguistic)은 언어로 생각과 말과 비언

어를 포함하며 P(Programming)는 신경과 언어가 우리 마음 안에서 패턴화되고 구조화되도록 프로그래밍되어 있다는 논리입니다.

이러한 개념으로 신경과 언어는 우리 마음 안에서 프로그래밍되어 있고 이렇게 이미 구조화되고 패턴처럼 굳어 프로그램되어 있는 신경과 마음을 새롭게 긍정적인 생각과 언어를 통해서 재구성시켜 우리의 마음과 행동을 변화시킬 수 있다는 원리입니다.

이 원리들은 성경 속에서 하나님이 말씀하시는 말의 권세와 말의 영향력을 과학적으로 뒷받침하고 있습니다.

이제 하나님의 생명의 말씀으로 우리의 마음과 행동은 새로워질 수 있습니다. 또한 하나님의 자녀로서 우리의 입술과 언어를 축복의 입술과 언어로 훈련해 나갈 수 있습니다.

긍정 언어 훈련

> 선한 사람은 마음에 쌓은 선에서 선을 내고 악한 자는 그 쌓은 악에서 악을 내나니 이는 마음에 가득한 것을 입으로 말함이니라(누가복음 6장 44절)

하나님께서는 "너희 말이 내 귀에 들린 대로 내가 행하리라(민수기 14장 28절)"라고 말씀하셨습니다. 지금 이 순간에도 우리의 작은 신음소리에 귀를 기울이고 계시는 하나님을 의식할 때 우리가 사용하는 언어들을 다시금 되돌아볼 수 있습니다. 우리는 자신의 생각과 말의 패턴을 스스로 관찰하고 인식해야 합니다. 습관적으로 사용하는 말을 바꾸는 것만으로도 개인의 삶이 변화된다는 것을 경험할 수 있습니다.

우리 자신에게 어떤 생각과 언어들로 물을 주고 있는지, 소중한 가족과 존귀한 성도들에게 어떤 언어를 선물해 주고 있는지 생각해 보시기 바랍니다. 생각과 말은 내면에서부터 나오고 내면에서부터 나온 말은 동전의 양면처럼 다시 내면의 사고와 신념들을 강화시키고 행동을 촉발시킵니다. 그래서 긍정 언어를 사용하기 위해서는 끊임없이 자신의 내면의 마음 밭을 긍정적으로 가꾸어야 하고, 역으로 긍정적인 언어가 마음 밭에 뿌려지다 보면 마음 밭이 긍정적으로 변화되는 것입니다. 살아온 삶의 경험을 통해 프로그래밍되어 무심코 사용하는 언어들을 자각하고 관찰해 보고, 변화를 위한 훈련을 시작해 보시기 바랍니다.

〈긍정 단어 vs 부정 단어〉

긍정 단어	부정 단어
사랑, 희락, 화평, 인내, 충성, 양선, 온유, 절제, 용기, 평강, 따뜻함, 성취, 감사, 평화, 믿음, 진실, 미소, 희망, 즐거움, 진실, 우정, 신뢰, 기쁨, 헌신, 칭찬, 인정	불안, 두려움, 실망, 포기, 비판, 절망, 상처, 긴장, 고통, 거짓말, 죽음, 위협, 긴장, 비극, 파멸, 실패, 전쟁, 분노, 성난, 비열한

긍정 단어와 부정 단어를 소리 내어 읽어 보고 자신의 감정 상태가 어떠한지 인식해 보시기 바랍니다.

• 부정 단어가 주는 감정과 느낌, 기분 상태는 어떠한가요?

• 긍정 단어를 읽고 긍정단어가 주는 감정과 느낌, 기분 상태, 신체적 반응은 어떠한가요? 스스로 성찰해 보시기 바랍니다.

〈나의 언어 패턴 찾기〉

오늘 사용한 긍정 언어	오늘 사용한 부정 언어

부정적인 언어 습관	긍정적인 언어로 변화시키기

① 오늘 사용한 긍정 언어와 부정 언어들을 적어 보시기 바랍니다.

② 습관처럼 자주 사용하는 부정 언어를 발견하고, 긍정 언어로 다시 구성해서 작성해 보시기 바랍니다.

③ 부정적 언어를 사용할 때 '알아차림' 훈련을 시작해 보시기 바랍니다.

부정을 긍정으로 전환하는 언어 프레임

습관처럼 자신과 타인에게 사용하고 있는 부정 언어를 긍정 언어로 프레임을 변화시켜 작성해 보겠습니다.

1. 대상을 선정해 주시기 바랍니다.
2. 부정 언어로 표현했던 요소를 긍정 언어로 해석하여 작성해 보시기 바랍니다.

부정 언어(단점)	긍정 언어(장점)
우유부단하다	배려심이 깊다
잔머리를 잘 굴린다	상황대처 능력이 뛰어나다
고집불통이다	주관이 뚜렷하다
참견을 잘한다	사교성이 좋다
거절을 못 한다	정이 많다

부정 언어(단점)	긍정 언어(장점)

성경 말씀에 닻 내리기, 앵커링 훈련

> 예수께서 깨어 바람을 꾸짖으시며 바다더러 이르시되 잠잠하라 고요하라 하시니 바람이 그치고 아주 잔잔하여지더라(마가복음 4장 39절)

> 주께서 심지가 견고한 자를 평강하고 평강하도록 지키시리니 이는 그가 주를 신뢰함이니이다(이사야 26장 3절)

앵커는 사전적 의미로는 닻(Anchor)을 의미하는데, 바다에서 배가 풍랑을 만났을 때 닻을 내려 파도에 휩쓸리지 않도록 배를 고정시키는 일에 사용합니다. 매 순간 우리의 삶 가운데도 이렇듯 풍랑이 일고 비바람과 거대한 파도가 우리를 덮어 버리는 순간들이 있습니다.

예수님과 함께 배에 탔던 제자들은 풍랑이 치자 두려움에 주무시고 계시던 예수님을 깨웠습니다. 예수님의 꾸짖음에 바다도, 파도도 잔잔해졌고, 그 모습을 목격했던 제자들은 "이 사람이 과연 누구이기에 바다도, 파도도 잔잔해지는가!"라며 자연을 다스리시는 하나님의 아들 예수 그리스도를 보면서 실제적인 예수님의 능력을 경험하였습니다.

지금 이 순간도 우리는 예수님과 함께 배를 타고 이 땅에서의 삶을 항해하고 있습니다. 우리 또한 제자들처럼 두려워하고 풍랑에 반응하는 연약한 존재이지만 우리가 예수님의 음성에 귀를 기울일 때, 예수님의 말씀에 닻을 내려 고정할 때 우리 마음의 풍랑은 잔잔해지고 그리스도의 평강이 우리의 마음을 주장하게 될 것입니다.

우리는 연약하지만 풍랑에서 시선을 돌려 파도도, 풍랑도 잔잔하게 하시는 예수 그리스도의 능력의 말씀에 매 순간 닻을 내리기 위해 함께 훈련을 거듭해 보시기 바랍니다.

자녀인 우리는 인생의 닻을 어디에 내리고 있는지 점검해야 합니다.

우리의 사명감, 정체성, 목적의식에 단단하게 닻이 내려져 있는지 점검해 보시기 바랍니다. 살아가다 보면 우리의 마음이 요동할 때도 있지만 우리의 삶이 환경이나 사람의 영향에 휩쓸리지 않도록, 하나님의 자녀로서 영성의 근육을 키우며 성장해 나갈 수 있는 말씀의 닻 내리기 훈련이 필요합니다.

사명, 목적, 사역, 물질, 명예, 사회적 성공, 건강, 지식, 자녀, 좋은 집, 여행, 멋진 자동차등 우리의 마음이 몰입하고 있는 곳은 어디인가요? 진정으로 자신의 삶에서 의미 있고 가치 있는 곳에 닻이 내려져 있는지 현재 닻이 내려진 곳을 점검해 보시기 바랍니다.

삶의 방향성에 혼란을 겪을 때, 자신의 믿음에 세상으로부터 도전이 올 때, 말씀의 닻, 기도의 닻을 내려 혼란스러운 상황에서도, 이렇게 점검을 해본다면 세상 풍파에 휩쓸리지 않고 예수 그리스도만을 바라보며 담대히 나아갈 수 있을 것입니다.

> 우리가 가진 소망은 영혼의 닻처럼 안전하고 튼튼하여
> 그 소망을 통해 하늘 지성소의 커튼을 열고 그 안에 들어가게 합니다.
> (히브리서 6장 19절)

하나님께서 우리에게 주신 약속의 말씀, 격려의 말씀들을 암송하고 묵상하며 시시때때로 우리의 상황 가운데서 말씀의 닻을 내리고 주님을 경험하는 믿음 근육 키우기 훈련을 함께해 보시기 바랍니다.

고난 가운데 말씀에 닻을 내리기

제가 6개월 정도 살 수 있다는 말을 들었던 그 순간은 제 인생에 폭풍과 같은 시간이었습니다. 엄청난 파도와 바람에 눈조차 뜰 수 없고 심장이 멎어 버릴 것 같이 숨이 막혀 오는 막연함과 두려움 가운데서 하나님께 구한 것은 하나님의 말씀을 달라는 것이었습니다.

성경에 있는 말씀이 다 하나님이 나에게 주신 말씀이지만, 이 엄청난 상황 앞에서 폭풍과 같은 시련 속에 나의 믿음이 요동하지 않도록 말씀을 붙들고 기도할 수 있도록, 제 심령을 다스리는 말씀을 달라고 하나님 앞에 기도하기 시작했습니다. 2020년 9월 9일 첫 진단을 받고 그렇게 기도하던 중 2020년 9월 23일 새벽기도를 하던 날 저에게 주신 레마의 말씀으로 요한복음 11장의 4절의 말씀을 받게 되었습니다.

예수께서 들으시고 이르시되
이 병은 죽을 병이 아니라 하나님의 영광을 위함이요
하나님의 아들이 이로 말미암아 영광을 받게 하려 함이라 하시더라
(요한복음 11장 4절)

이 말씀은 제 심령 가운데 깊이 닻이 내려졌고, 그때부터 불안하고 두려움이 밀려오려고 할 때면 저는 이 말씀을 선포하면서 이 병은 죽을병이 아니고 하나님의 영광을 위한 병이고 하나님의 아들이 이 병으로 말미암아 영광을 받을 것이라고 선포했습니다. 말씀을 묵상하고 되새김질할 때마다 선포할 때마다 생명이신 하나님의 말씀이 저를 다스리고 평강으로 제 영혼에 생기를 부어주셨습니다.

회복되어 사역의 길을 걸으면서도 하나님의 말씀은 제 발에 등이요 내 길에 빛이 되어 주셨습니다. 특별히 2022년 새해 하나님이 저에게 주신 레마의 말씀은 이사야 58장 11절 말씀이었습니다.

사역을 하면서 연약한 육신과 연약한 심령을 가진 저에게, 메마른 곳 척박한 내 삶에서 주님으로 인해 제 영혼을 만족하게 하시고, 이 고난을 사용하시어 영혼을 살리고 영혼을 세우는 물댄 동산으로 저를 사용하시겠다는 믿음으로 이 말씀의 언약을 받게 되었습니다.

여호와가 너를 항상 인도하여 메마른 곳에서도
네 영혼을 만족하게 하며 네 뼈를 견고하게 하리니
너는 물댄 동산 같겠고 물이 끊어지지 아니하는 샘 같을 것이라
(이사야 58장 11절)

2022년 한 해 동안 이 말씀은 연약한 저의 심령이 담대히 일어나도록 용기를 주었습니다. 그리고 1년이 지나고 2023년을 기대하며 미리 하나님께 다시 한 해를 이끌어 주실 말씀을 구하며 기도하는 시간들을 가졌는데, 2023년 첫날 제가 받은 레마의 말씀은 똑같은 이사야 58장 11절 말씀이었습니다. 그리스도인에게 우연은 없기에 저는 수많은 말씀 중에 이 말씀을 뽑고 보는 순간 아! 하고 탄성을 질렀습니다.

지금도 주님이 주신 이사야 58장 11절 말씀으로 저의 심령 깊은 곳에 닻을 내리고 하나님이 주신 사명을 감당하며 비전 가운데로 담대히 나아가고 있습니다.

말씀에 닻 내리기 훈련

1. 풍랑 가운데서도 요동하지 않고 담대히 나아갈 말씀을 다음 칸에 작성하시고 성령님과 교제하며 깊이 심령 가운데 닻을 내려 보시기 바랍니다.

경험에 닻 내리기 훈련

1. 그동안 하나님의 은혜 가운데 행복했던 사건 또는 성공 경험 등을 구체적으로 떠올려 봅니다.
2. 그때 경험했던 기억, 느낌, 감정, 신체적 반응을 구체적으로 서술

해 봅니다.

3. 하나님이 멀게 느껴질 때 막막하고 낙심될 때 하나님께서 우리의 삶에서 어떻게 역사하셨는지를 다시 떠올리며 그때의 느낌, 감정, 신체적 반응을 다시금 마음 깊은 곳에 닻을 내리듯 고정시키고 성령님을 의지하면서 묵상 가운데 하나님의 사랑을 다시 느끼고 경험해 보시기 바랍니다.

〈긍정적 경험에 닻 내리기 훈련〉

은혜의 경험	감정, 느낌, 신체적 반응 등 경험 서술하기

성경 말씀에 닻 내리기 훈련

▷ 구원의 확신이 흔들릴 때 말씀에 닻 내리기

또 증거는 이것이니 하나님이 우리에게 영생을 주신 것과 이 생명이 그의 아들 안에 있는 그것 이니라 아들이 있는 자에게는 영생이 있고 아들이 없는 자에게는 영생이 없느니라(요한일서 5장 11-12절)

내가 하나님의 아들의 이름을 믿는 너희에게 이것을 쓰는 것은 너희로 하여금 너희에게 영생이 있음을 알게 하려 함이라(요한일서 5장 13절)

우리가 아직 죄인 되었을 때에 그리스도께서 우리를 위하여 죽으심으로 하나님께서 우리에 대한 자기의 사랑을 확증하셨느니라(로마서 5장 8절)

오직 이것을 기록함은 너희로 예수께서 하나님의 아들 그리스도이심을 믿게 하려 함이요 또 너희로 믿고 그 이름을 힘입어 생명을 얻게 하려 함이니라(요한복음 20장 31절)

너희는 그 은혜에 의하여 믿음으로 말미암아 구원을 받았으니 이것은 너희에게서 난 것이 아니요 하나님의 선물이라 행위에서 난 것이 아니니 이는 누구든지 자랑하지 못하게 함이라(에베소서 2장 8-9절)

그리스도께서 단번에 죄를 위하여 죽으사 의인으로서 불의한 자를 대신하셨으니 이는 우리를 하나님 앞으로 인도하려 하심이라 육체로는 죽임을 당하시고 영으로는 살리심을 받으셨으니(베드로전서 3장 18절)

영접하는 자 그 이름을 믿는 자들에게는 하나님의 자녀가 되는 권세를 주셨으니(요한복음 1장 12절)

내가 진실로 진실로 너희에게 이르노니 내 말을 듣고 또 나 보내신 이를 믿는 자는 영생을 얻었고 심판에 이르지 아니하나니 사망에서 생명으로 옮겼느니라(요한복음 5장 24절)

내 양은 내 음성을 들으며 나는 그들을 알며 그들은 나를 따르느니라 내가 그들에게 영생을 주노니 영원히 멸망하지 아니할 것이요 또 그들을 내 손에서 빼앗을 자가 없느니라 그들을 주신 내 아버지는 만물보다 크시매 아무도 아버지 손에서 빼앗을 수 없느니라(요한복음 10장 27-29절)

▷ 기도 응답의 확신이 흔들릴 때 말씀에 닻 내리기

지금까지는 너희가 내 이름으로 아무 것도 구하지 아니하였으나 구하라 그리하면 받으리니 너희 기쁨이 충만하리라(요한복음 16장 24절)

구하라 그리하면 너희에게 주실 것이요 찾으라 그리하면 찾아낼 것이요 문을 두드리라 그리하면 너희에게 열릴 것이니 구하는 이마다 받을 것이요 찾는 이는 찾아낼 것이요 두드리는 이에게는 열릴 것이니라(마태복음 7장 7-8절)

그를 향하여 우리가 가진 바 담대함이 이것이니 그의 뜻대로 무엇을 구하면 들으심이라 우리가 무엇이든지 구하는 바를 들으시는 줄을

안즉 우리가 그에게 구한 그것을 얻은 줄을 또한 아느니라(요한일서 5장 14-15절)

우리에게 역사하시는 능력대로 우리가 구하거나 생각하는 모든 것에 더 넘치도록 능히 하실 이에게(에베소서 3장 20절)

너는 내게 부르짖으라 내가 네게 응답하겠고 네가 알지 못하는 크고 은밀한 일을 네게 보이리라(예레미야 33장 3절)너희 중에 누가 아들이 떡을 달라 하는데 돌을 주며 생선을 달라하는데 뱀을 줄 사람이 있겠느냐 너희가 악한 자라도 좋은 것으로 자식에게 줄 줄 알거든 하물며 하늘에 계신 너희 아버지께서 구하는 자에게 좋은 것으로 주시지 않겠느냐(마태복음 7장 9-11절)

▷ 승리의 확신이 흔들릴 때 말씀에 닻 내리기

사람이 감당할 시험 밖에는 너희가 당한 것이 없나니 오직 하나님은 미쁘사 너희가 감당하지 못할 시험 당함을 허락하지 아니하시고 시험 당할 즈음에 피할 길을 내사 너희로 능히 감당하게 하시느니라(고린도전서 10장 13절)

내 형제들아 너희가 여러 가지 시험을 당하거든 온전히 기쁘게 여기라 이는 너희 믿음의 시련이 인내를 만들어 내는 줄 너희가 앎이라 인내를 온전히 이루라 이는 너희로 온전하고 구비하여 조금도 부족

함이 없게 하려 함이라(야고보서 1장 2-4절)

우리에게 있는 대제사장은 우리의 연약함을 동정하지 못하실 이가 아니요 모든 일에 우리와 똑같이 시험을 받으신 이로되 죄는 없으시니라(히브리서 4장 15절)

무릇 하나님께로부터 난 자마다 세상을 이기느니라 세상을 이기는 승리는 이것이니 우리의 믿음이니라 예수께서 하나님의 아들이심을 믿는 자가 아니면 세상을 이기는 자가 누구냐(히브리서 4장 16절)

▷ 사죄의 확신이 흔들릴 때 말씀에 닻 내리기

만일 우리가 우리 죄를 자백하면 그는 미쁘시고 의로우사 우리 죄를 사하시며 우리를 모든 불의에서 깨끗하게 하실 것이요(요한일서 1장 9절)

자기의 죄를 숨기는 자는 형통하지 못하나 죄를 자복하고 버리는 자는 불쌍히 여김을 받으리라(잠언 28장 13절)

우리는 그리스도 안에서 그의 은혜의 풍성함을 따라 그의 피로 말미암아 속량 곧 죄 사함을 받았느니라(에베소서 1장 7절)

오직 그리스도는 죄를 위하여 한 영원한 제사를 드리시고 하나님 우

편에 앉으사(히브리서 10장 12절)

또 그들의 죄와 그들의 불법을 내가 다시 기억하지 아니하리라 하셨으니(히브리서 10장 17절)

▷ 인도의 확신이 흔들릴 때 말씀에 닻 내리기

너는 마음을 다하여 여호와를 신뢰하고 네 명철을 의지하지 말라 너는 범사에 그를 인정하라 그리하면 네 길을 지도하시리라(잠언 3장 5-6절)

내가 네 갈 길을 가르쳐 보이고 너를 주목하여 훈계하리로다(시편 32편 8절)

무릇 여호와를 의지하며 여호와를 의뢰하는 그 사람은 복을 받을 것이다(예레미야 17장 7절)

이는 내 생각이 너희의 생각과 다르며 내 길은 너희의 길과 다름 이니라 여호와의 말씀이니라(이사야 55장 8절)

주의 말씀은 내 발의 등이요, 내 길의 빛이니이다(시편 119편 105절)

▷ 질병 가운데 있을 때 말씀에 닻 내리기

예수께서 온 갈릴리에 두루 다니사 저희 회당에서 가르치시며 천국 복음을 전파하시며 백성 중에 모든 병과 모든 약한 것을 고치시니(마태복음 4장 23절)

그가 찔림은 우리의 허물을 인함이요 그가 상함은 우리의 죄악을 인함이라 그가 징계를 받음으로 우리가 평화를 누리고 그가 채찍에 맞음으로 우리가 나음을 입었도다(이사야 53장 5절)

예수께서 말씀으로 귀신들을 쫓아내시고 병든 자를 다 고치시니 이는 선지자 이사야로 하신 말씀에 우리 연약한 것을 친히 담당하시고 병을 짊어지셨도다 함을 이루려 하심이더라(마태복음 8장 16-17절)

친히 나무에 달려 그 몸으로 우리 죄를 담당하셨으니 이는 우리로 죄에 대하여 죽고 의에 대하여 살게 하려 하심이라 저가 채찍에 맞음으로 너희는 나음을 얻었나니(베드로전서 2장 24절)

▷ 고난과 인내의 훈련 가운데 있을 때 말씀에 닻 내리기

그러므로 너희가 이제 여러 가지 시험으로 말미암아 잠깐 근심하게 되지 않을 수 없으나 오히려 크게 기뻐하는 도다 너희 믿음의 확실함은 불로 연단하여도 없어질 금보다 더 귀하여 예수 그리스도께서 나

타나실 때에 칭찬과 영광과 존귀를 얻게 할 것이니라(베드로전서 1장 6-7절)

다만 이뿐 아니라 우리가 환난 중에도 즐거워하나니 이는 환난은 인내를 인내는 연단을 연단은 소망을 이루는 줄 앎이로다(로마서 5장 3-4절)

이르되 내가 모태에서 알몸으로 나왔사온즉 또한 알몸이 그리로 돌아가올지라 주신 이도 여호와시요 거두신 이도 여호와이시오니 여호와의 이름이 찬송을 받으실지니이다 하고 이 모든 일에 욥이 범죄하지 아니하고 하나님을 향하여 원망하지 아니하니라(욥기 1장 21-22절)

그러나 내가 가는 길을 그가 아시나니 그가 나를 단련하신 후에는 내가 순금같이 되어 나오리라(욥기 23장 10절)

그가 아들이시면서도 받으신 고난으로 순종함을 배워서(히브리서 5장 8절)

그리스도께서 이미 육체의 고난을 받으셨으니 너희도 같은 마음으로 갑옷을 삼으라 이는 육체의 고난을 받은 자는 죄를 그쳤음이니 그 후로는 다시 사람의 정욕을 따르지 않고 하나님의 뜻을 따라 육체의 남은 때를 살게 하려 함이라(베드로전서 4장 1-2절)

고난당하는 것이 내게 유익이라 이로 말미암아 내가 주의 율례들을 배우게 되었나이다 주의 입의 법이 내게는 천천 금은보다 좋으니이다(시편 119편 71-72절)

그러므로 형제들아 우리가 예수의 피를 힘입어 성소에 들어갈 담력을 얻었나니 그 길은 우리를 위하여 휘장 가운데로 열어 놓으신 새로운 살길이요 휘장은 곧 그의 육체니라 또 하나님의 집 다스리는 큰 제사장이 계시매 우리가 마음에 뿌림을 받아 악한 양심으로부터 벗어나고 몸은 맑은 물로 씻음을 받았으니 참 마음과 온전한 믿음으로 하나님께 나아가자 또 약속하신 이는 미쁘시니 우리가 믿는 도리의 소망을 움직이지 말며 굳게 잡고(히브리서 10장 19-23절)

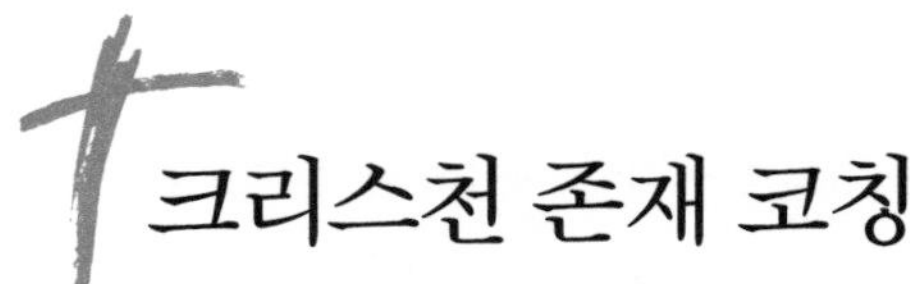

크리스천 존재 코칭

무릇 하나님의 영으로 인도함을 받는 사람은 곧 하나님의 아들이라 너희는 다시 무서워하는 종의 영을 받지 아니하고 양자의 영을 받았으므로 우리가 아빠 아버지라고 부르짖느니라(로마서 8장 14-15절)

나는 포도나무요 너희는 가지라 그가 내안에, 내가 그 안에 거하면 사람이 열매를 많이 맺나니 나를 떠나서는 너희가 아무것도 할 수 없음이라(요한복음 15장 5절)

그리스도인들은 분명한 정체성을 가지고 살아가야 합니다. 왜냐하면 자신이 누구인지를 아는 사람은 자신의 신분에 맞는 가치와 신념을 가지고 삶의 방향을 설정하고 가치와 신념이 영향을 주는 행동과 능력을 발휘하며 하나님이 허락하신 환경 안에서 행복한 삶을 살아갈 수 있기 때문입니다.

그리스도인의 변화는 우리가 믿음으로 예수 그리스도를 주라 시인하고 영접하여 하나님의 자녀가 되는 순간부터 시작됩니다. 신분이 바뀌고 주인이 바뀌는 순간부터 우리의 존재가치와 정체성, 사명과 신념과 가치도 달라져야 합니다. 그리스도인으로서 나는 어떤 의식의 수준을 가지고 살아가고 있는지 함께 점검해 보시면 좋겠습니다.

크리스천의 존재확립과 의식의 정렬

⑥ Jesus Christ(예수 그리스도)
⑤ Spirituality(영성)
④ Identity(정체성) & Mission(사명)
③ Values(가치) & Beliefs(신념)
② Behaviour(행동) & Capability(능력)
① Environment(환경)

우리의 주인은 예수 그리스도이시며 우리는 하나님의 자녀입니다. 하나님의 자녀로서 자신의 신분과 정체성을 아는 사람은 자신의 삶을 한 방향으로 정렬시키는 삶을 살아가기 위해 노력합니다,

하나님의 자녀로서 분명한 정체성과 사명에 걸맞은 가치와 신념으로 자신의 능력과 행동에 영향을 미치는 삶을 살아간다면 도표처럼 우리에게 영향을 주는 에너지의 방향은 6 → 5 → 4 → 3 → 2 → 1번으로 위에서 아래로 영향을 주는 과정이 될 것입니다. 그러므로 우리의 의식 수준이 눈에 보이는 환경이나 행동 및 능력에만 초점을 맞추고 있다면, 먼저 자신이 하나님과 어떠한 관계인지 나는 진정으로 거듭난 자녀인지, 나는 누구의 통치를 받고 있는지, 스스로 신앙의 본질적인

요소를 점검해 보아야 하며, 이러한 점검은 그리스도인의 변화와 성장을 위한 첫 관문입니다.

하나의 우화가 있습니다. 새끼 독수리가 병아리들과 같이 지내며 함께 성장하게 됩니다. 닭들은 자기랑 다르게 생긴 독수리를 괴롭히기 시작했고, 매일 괴롭힘을 당하고 있던 어느 날 독수리는 자신과 똑같이 생긴 독수리가 닭장 근처를 맴도는 것을 보고 우연히 자신이 닭이 아닌 독수리라는 사실을 알게 됩니다.

그 이후로 독수리는 닭들과 실랑이를 멈추고 날갯짓을 하며 날 수 있도록 연습합니다. 퍼드덕퍼드덕. 그러고는 어느 날 독수리는 날갯짓을 하며 멋지게 하늘을 향해 날아오릅니다.

독수리는 자신이 누구인지 알기 전에는 자신의 날개를 사용할 상상조차 하지 못한 채 닭 장속에서 닭과 같은 존재로 살았지만 자신의 정체성을 알게 된 후에는 날개를 사용하여 날 수 있다는 신념을 갖게 되었고 자신의 날개를 사용하여 잠재되어 있던 능력을 발휘하고 행동을 변화 시켜 자신의 환경까지 바꿀 수 있었습니다.

그리스도인의 변화와 성장은 하나님과의 인격적이고 친밀한 바른 관계 속에서 자신의 정체성과 사명을 정립하고 이에 걸맞은 가치와 신념으로 정렬될 때이며, 이러한 과정에서 자신의 행동과 능력과 환경을 변화시킬 수 있는 진정한 힘을 얻게 됩니다.

크리스천의 의식의 6단계 존재 코칭

너희는 이 세대를 본받지 말고 오직 마음을 새롭게 함으로 변화를 받아 하나님의 선하시고 기뻐하시고 온전하신 뜻이 무엇인지 분별하도록 하라(로마서 12장 2절)

우리는 그동안 자녀들과의 관계, 부부간의 관계, 교회 내의 성도와의 관계, 직장 내의 인간관계에서 우리의 행동과 능력을 수정하고 향상하기 위해 끊임없이 노력하고 시도해 왔습니다. 즉각적인 변화는 있지만, 여전히 과거의 불편한 패턴으로 돌아오는 것을 경험합니다.

즉각적인 변화가 있지만 다시 비슷한 패턴에 문제들이 발생되는 것은 왜일까요? 진정한 변화의 힘은 어디에서 오는 걸까요?

다음 그림은 크리스천의 의식을 6단계로 구조화한 모델입니다. 각 레벨의 질문들을 통해 진정한 변화의 힘이 어디서 오는지 생각해 보시기 바랍니다.

습니다.

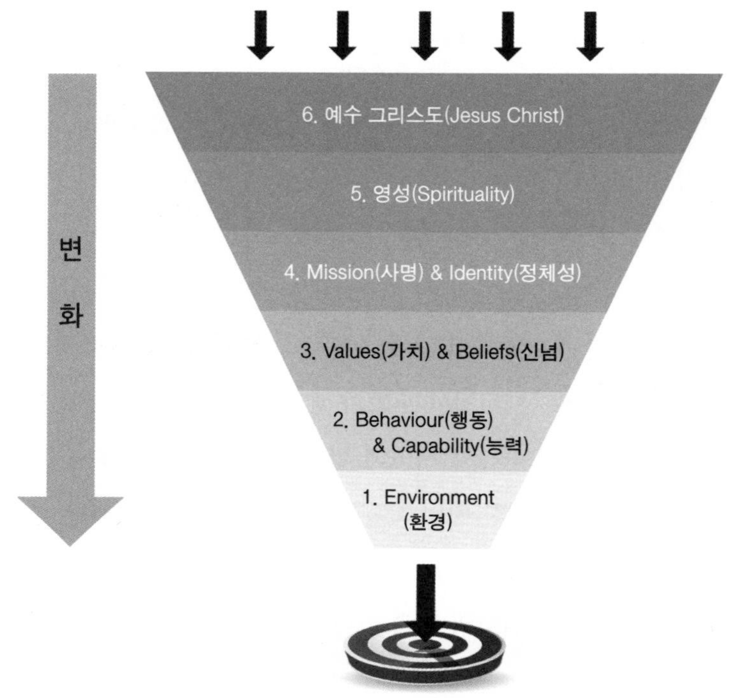

표와 각 레벨의 질문들을 참고해 보시기 바랍니다.

① 환경 ② 행동 능력 ③ 가치와 신념
④ 사명과 정체성 ⑤ 영성 ⑥ 예수 그리스도

각 레벨의 질문들을 생각하며 함께 우리 삶에 적용하여 생각해 보겠습니다.

우리는 크게 세 가지의 갈등을 가질 수 있습니다.

환경, 대인 관계, 그 안에서 발휘할 수 있는 행동과 능력입니다.

만약 우리가 이 세 가지에 대하여 반복하여 갈등하고 있다면 우리는 환경, 행동, 능력에 강력한 영향을 주고 있는 상위 레벨의 사명과 정체성, 가치와 신념을 새롭게 점검해 보시기 바랍니다.

첫 번째, 환경 중 대인관계에 영향을 주는 신념을 점검해 보겠습니다.

원만한 자녀와의 관계, 부부와의 관계, 또는 보편적인 대인 관계를 만들기 위해 노력하고 있는데, 비슷한 문제들이 계속 반복되고 있다면 3번 레벨의 신념을 점검해 보면 좋겠습니다.

목회자는…… 성도는…… 집사는…… 남편은…… 아내는…… 자녀는…… 회사의 팀장은…… 부하 직원은…… 사장은……

반드시 그래야만 한다고 생각하고 있는 자신의 신념들은 무엇인가요?

적절하게 노력하고 잘 대응하고 있다고 생각했는데, 스트레스 상황이 되면 넘어진 자리에서 또 넘어지는 것은 우리를 움직이는 무의식에 신념의 힘이 우리를 지배하기 때문입니다.

자신이 가진 신념은 상대에 대한 기대와 판단, 평가를 만들게 되고, 자신의 신념에 일치되지 않는 상대의 반응은 불편한 생각으로 다가오게 되며, 무의식적으로 작동되는 자신의 부정적 감정으로 인해 관계를 유지하는 데 반복적인 장애물이 될 수 있습니다.

두 번째, 사명과 정체성을 통해 환경을 점검해 보겠습니다.

자신이 속한 환경에서 갈등하고 있다면 사명과 정체성을 통해 자신의 환경을 점검해 보시기 바랍니다. 자신의 사명과 정체성이 명료화될 때 합당한 환경을 선택하게 될 것이며, 합당한 환경 속에 있지만, 사람과의 갈등 속에서 고민하고 있다면 자신의 정체성과 사명을 더욱 견고하게 하여 그 관계와 환경을 극복할 대안을 생각하게 되고 훈련함으로써 극복할 힘을 얻을 수 있을 것입니다.

세 번째, 자신의 행동과 능력에 영향을 주는 영성, 사명과 정체성, 가치와 신념을 점검해 보겠습니다.

무엇이 자신의 행동과 능력을 확장시키고 무한한 잠재력을 이끌어 내어 그 순간 기적을 만들까요?

사명과 정체성은 현실을 초월하고 우리 안에서 무한한 능력을 발휘하게 합니다.

왜 해야 하는지, 무엇을 위해 해야 하는지 사명이 발견되고 견고해질 때 우리 안에서 무한한 잠재력을 끌어낼 수 있습니다.

또한 자신이 하나님의 자녀로서 해야만 한다는 사명감은 우리 안에 불가능하다고 믿고 있던 자신의 제한 신념을 무너뜨리고 보다 큰 가능성의 힘을 이끌어 냅니다.

우리는 환경과 행동, 능력 안에서 변화할 수 있고, 앞으로도 변화를 시도할 수 있으나 강력한 변화의 힘은 상위 레벨, 즉 예수 그리스도의 생명 안에서 예수님 안에 거하는 영성, 사명과 정체성, 가치와 신념이 하위 레벨 즉 행동과 능력에 영향을 줄 때입니다.

하나님의 뜻 안에서 자신이 누구인지 정체성이 분명한 사람은 정체성에 걸맞은 사명과 가치와 신념으로 무장되고, 이러한 영향력이 능력, 행동, 환경에 영향을 미칠 때 건강한 변화와 성장이 지속될 수 있을 것입니다.

또한 정체성, 사명, 신념과 가치, 능력과 행동, 환경이 한 방향으로 정렬되어 있는 삶을 살 때, 하나님이 뜻하시는 삶을 위하여 자신의 잠재된 능력을 맘껏 발휘할 수 있으며 진정으로 변화하고 성장하는 삶, 주 예수 그리스도께 영광 돌리는 삶을 살 수 있을 것입니다.

〈그리스도인의 존재를 확립해라(셀프 코칭 작성편)〉

셀프 코칭 질문	그리스도인의 존재 정립하기
5. Spirituality(영성)	
나에게 하나님은 어떤 분이신가?	
4. Identity(정체성) & Mission(사명)	
나는 하나님 안에서 어떤 존재인가? 나의 인생의 목적은 무엇인가?	
3. Values(가치) & Beliefs(신념)	
나에게 중요한 가치들은 무엇인가? 나의 신앙의 신념들은 무엇인가?	
2. Behaviour(행동) & Capability(능력)	
나는 무엇을 할 수 있는가? 어떻게 그 일을 할 수 있는가?	
1. Environment(환경)	
나에게 주어진 사역의 현장은 어디인가?	

〈그리스도인의 존재를 확립해라(일대일 코칭 훈련)〉

수준	존재 코칭 질문하기
5. Spirituality(영성)	① 코치님에게 하나님은 어떤 분이신가요?
4. Identity(정체성) & Mission(사명)	① 하나님은 코치님을 어떤 존재로 바라보고 계실까요? ② 그렇게 생각하는 이유는 무엇인가요? ③ 코치님이 이루고 싶은 사명은 무엇인가요?
3. Values(가치) & Beliefs(신념)	① 신앙생활을 하면서 가장 가치 있게 생각하는 것은 무엇인가요? ② 코치님의 삶에서 가장 중요하게 믿고 있는 것들은 무엇인가요?
2. Behaviour(행동) & Capability(능력)	① 앞에서 말씀하신 코치님의 존재가치로 앞으로 어떤 행동의 영향력을 나타내고 싶으신가요? ② 그러한 영향력의 힘을 코치님의 강점에서 끌어낸다면 어떤 단어들로 표현할 수 있을까요?
1. Environment(환경)	① 그런 영향력을 나타낼 하나님이 부르신 현장은 현재 어디인가요? ② 앞으로 더 확장한다면 어떤 사역으로 영향력을 나타내고 싶으신가요?

신앙의 균형 Balance Wheel 코칭

우리가 다 하나님의 아들을 믿는 것과 아는 일에 하나가 되어 온전한 사람을 이루어 그리스도의 장성한 분량이 충만한 데까지 이르리니(에베소서 4장 14절)

크리스천의 삶에서 신앙의 균형은 중요한 부분입니다.

크리스천으로서 어떤 부분을 의미 있고 가치 있는 삶으로 정의하고 있는지, 어떤 부분을 삶의 중요한 요소들로 생각하는지, 어떤 영역들이 실천적으로 잘 이루어지고 있는지 밸런스 휠 코칭을 통해 성찰하고 하나님이 기뻐하시는 균형 있는 전인적인 건강한 신앙인으로 훈련해 나갈 수 있습니다.

말씀을 지식으로 아는 삶에서 하나님과 친밀한 관계 속에서 실천하는 삶으로, 신앙인으로서 크리스천다운 삶의 밸런스를 잘 맞추고 있는지 점검해 보시기 바랍니다.

밸런스 휠은 그리스도인의 삶의 균형을 한 번에 점검할 수 있는 도구입니다. 의식하지 못한 사이에 한 곳에만 집중되어 있는 요소를 스스로 점검하고 균형감 있는 신앙생활을 할 수 있도록 훈련해 나갈 수 있습니다.

먼저 도표에 1번부터 8번까지 대표적인 신앙인으로서 삶의 균형이 될 만한 덕목을 8가지 선정하였습니다. 만약 더 중요하고 가치 있는 덕목이 있다고 판단한다면 독자 스스로 밸런스 휠 실천편에 수레바퀴의 영역에 덕목을 작성해 보고 현재 상태를 점검해 볼 수 있습니다.

〈신앙의 균형 Balance Wheel 작성 예시〉

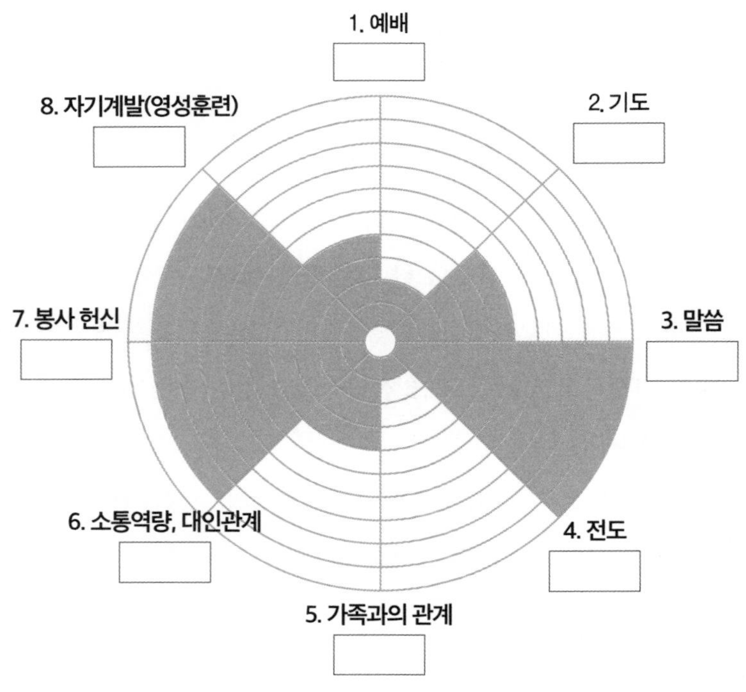

Work & Life Balance

1. 그리스도인으로서 신앙의 균형을 스스로 진단해 보겠습니다

① 1점에서 최고 10 점까지, 9가지 영역에 현재 상태의 점수를 적어 봅니다.

② 1번부터 8번까지 점수를 적었다고 가정할 때 스스로 평가한 점수를 통해 어느 영역에 점수가 높고 만족감을 느끼며 어느 부분에 점수가 낮고 균형감을 잃고 있는지를 점검해 보고 셀프 코칭하며 목표를 세우고 실행해 볼 수 있습니다.

〈신앙의 균형 Balance Wheel 작성실천 작성 편〉

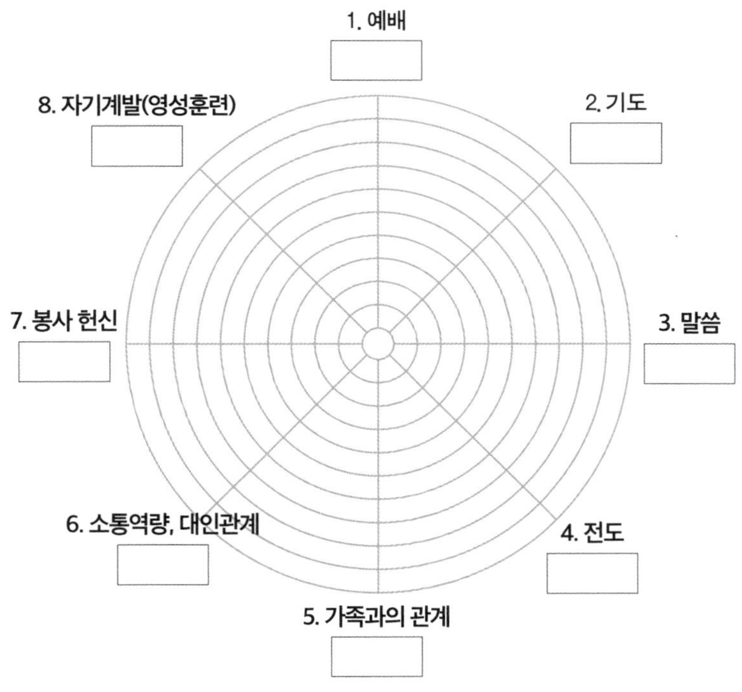

Work & Life Balance

1. Balance Wheel 셀프 코칭하기

① 그려진 결과를 보며 무엇을 느끼셨나요?

② 무엇이 달라지기를 바라시나요?

③ 어떤 영역이 먼저 변화되길 원하시나요?

④ 선택한 영역이 몇 점 정도 올라가면 만족한 상태가 될까요?

⑤ 점수를 올려 만족한 상태를 상상해 보면 어떤 모습인가요?

⑥ 만족한 상태가 되기 위해 지금 당장 실천할 수 있는 것은 무엇인가요?

2. Balance Wheel GROCA 코칭대화 훈련(척도질문활용)

G **목표** (God Goal)	① 밸런스 휠 결과를 보고 어떤 영역이 먼저 변화되길 원하시나요?
R **현실인식** (Reality)	① 현재 상태를 수치로 표현한다면 몇 점인가요 ? ② ( )점인 상태는 어떤 상태인가요? ③ 이 상태가 1년 동안 계속된다면 1년 뒤 어떤 모습이 될까요? ④ 현재 가장 장애물이 되는 것은 무엇인가요? ⑤ 현재 상태에서 몇 점을 올리고 싶으신가요? ⑥ ( )점을 올린상태를 상상해 보면 당신은 어떤 모습인가요?
O **대안** (Option)	① ( )점을 올리기 위해 무엇을 시도해 보시겠어요? ② 또 다른 대안이 있다면 무엇이 있을까요? ③ 그리고 또 한 가지만 더 말씀해 주신다면 무엇이 있을까요?
C **선택** (Choice)	① 여러 가지 대안 중 무엇을 먼저 선택하고 실천해 보고 싶은가요?

A 행동 (Active)	① 언제부터 실천해 보시겠어요? ② 실행의지를 수치로 표현한다면 몇 점인가요? ③ 스스로 그것을 실행한다는 것을 어떻게 확인할 수 있을까요? ④ 다짐하면서 자기에게 격려의 말을 해 준다면 뭐라고 말해 줄 수 있을까요? ⑤ 도전하시는 당신을 보면서 하나님은 뭐라고 말씀해 주실까요? ⑥ 이 대화를 통해 새롭게 깨달은 것이 있다면 무엇인가요? ⑦ 당신을 위해 제가 잠깐 기도해 드려도 될까요?

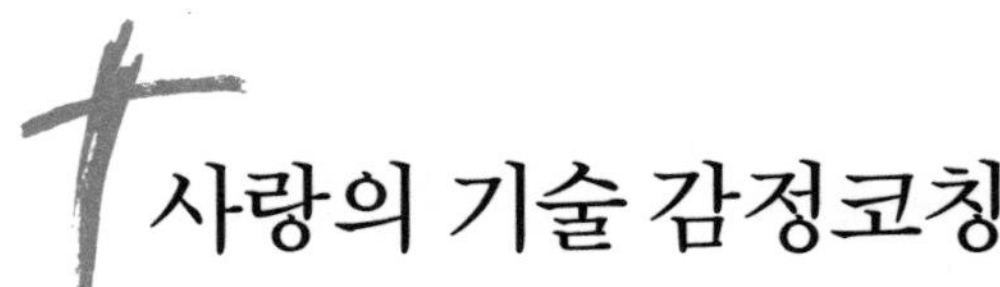

사랑의 기술 감정코칭

모든 지킬만한 것 중에 더욱 네 마음을 지키라 생명의 근원이 이에서 남이니라(잠언 4장 23절)

마음의 즐거움은 양약이라도 심령의 근심은 뼈를 마르게 하느니라(잠언 17장 22절)

노하기를 더디 하는 자는 용사보다 낫고 자기의 마음을 다스리는 자는 성을 빼앗는 자보다 나으니라(잠언 16장 32절)

분을 내어도 죄를 짓지 말며 해가 지도록 분을 품지 말고 마귀에게 틈을 주지 말라(에베소서 4장 27절)

하나님께서는 우리를 창조하실 때 희로애락(喜怒哀樂)의 감정을 느끼도록 디자인해 주셨으며 우리는 희로애락 즉 기쁨과 노여움과 슬픔과 즐거움의 감정을 느끼며 매 순간 살아가고 있습니다.

희로애락의 감정은 좋고 나쁨이 아니며 우리 삶의 일부분이기 때문에 물 흐르듯이 우리 안에 흐르는 감정을 알아차리고 잘 관리하며 살아가는 훈련이 필요한 부분입니다.

잠언 말씀과 같이 기쁘고 즐거운 감정은 양약이 되고 슬픔과 분노의 감정은 우리의 뼈를 마르게 할 수 있기 때문에, 슬픔과 분노의 감정을 느끼는 것까지는 자연스러운 감정의 현상이나, 이 부정적인 감정이 우리를 사로잡아 죄의 종노릇 하지 않도록

우리의 마음을 상처 나지 않도록 감정을 관리하며 감정의 근육을 키우는 훈련을 해나가야 합니다.

감정코칭 이해하기

감정코칭의 유래

감정코칭은 아동심리학자이며 심리치료사였던 하임 G 기너트 박사로부터 시작되었습니다. 하임 G 기너트 박사는 미국 비행 청소년 상담을 하면서 감정을 이해하고 수용해 주자 청소년들이 호의적으로 변화되고 유대감과 신뢰감을 느끼면서 저절로 행동이 교정됨을 임상을 통해 발견하면서 본격적인 감정코칭의 연구가 시작되었습니다.

기너트 박사의 임상 이론을 바탕으로 세계적인 감정코칭의 권위자인 줄리 가트맨과 존카트맨 박사가 감정코칭의 이론을 체계화했고 한국에서는 최성애 박사와 조벽 박사에 의해 활성화되었습니다.

감정에 대한 이해

감정의(Emotion)의 의미는 어떤 현상이나 일에 대하여 일어나는 마음이나 느끼는 기분이라고 정의합니다.

우리 안에 감정이 만들어지는 요소들을 생각해 보면 우리가 갖고 있는 생각, 가치관, 관념, 경험, 사건, 사고 등으로 실시간으로 감정이 만들어지고 경험하게 됩니다.

감정은 자연스러운 우리 삶의 일부로서 희로애락의 다양한 감정은 좋고 나쁨이 없고 우리는 오늘도 희로애락의 감정 속에서 살아가고 있습니다. 희로애락의 의미는 다음과 같습니다.

① 희 喜(기쁠 히)

고통과 불편을 동반한 쾌감으로 예를 들어 열심히 땀을 흘리며 운동을 하고 얻는 뿌듯함과 같은 감정이 포함됩니다.

(반갑다, 기쁘다, 가슴이 벅차다, 뭉클하다, 멋지다, 행복하다, 감동하다, 감격스럽다, 만족스럽다, 뿌듯하다 등)

② 로 怒(성낼 로)

(신경질이 나다, 화나다, 열 받는다, 거부감이 든다, 분통이 터진다, 불쾌하다, 적개심이 든다 등)

③ 애 哀(슬플 애)

(아쉽다, 슬프다, 가슴이 아프다, 가슴이 찢어진다, 공허하다, 마음이 상하다, 눈물이 난다, 한스럽다, 가슴이 답답하다 등)

④ 락 樂(즐길 락)

(즐기다, 기분 좋다, 홍겹다, 흡족하다, 산뜻하다, 상큼하다, 신난

다, 재미있다 등)

〈감정단어〉

뭉클하다	궁금하다	감동적	겁나다	황홀함	든든함	감사함	속타다	피곤함
활기참	놀랍다	오싹함	섬뜩함	비참함	참담함	홀가분함	평온함	편안함
뿌듯함	자랑스럼	당혹스런	어리둥절	흐뭇한	만족스런	혼란스런	기대된다	생기가돔
낙담하다	쓸쓸하다	따뜻하다	푸근하다	정겹다	짜릿하다	신난다	재미있다	실망하다
민망하다	멋쩍다	불편하다	거북하다	좌절감	절망하다	허전하다	공허하다	억울하다
분하다	화나다	격분하다	갑갑하다	서글프다	속상하다	무기력	막막하다	괴롭다
심심하다	지루하다	흥분된다	난처하다	긴장되다	떨리다	느긋하다	끌리다	흥미롭다
상쾌하다	개운하다	따뜻하다	푸근하다	정겹다	짜릿하다	신난다	재미있다	실망하다

감정단어를 통해 나의 감정 표현하기

희로애락의 감정은 우리 삶의 일부분이지만 감정을 표현하는 데는 익숙지 않습니다. 현재 느끼는 나의 감정을 알아차리고 언어로 표현해 보는 훈련을 함께 해 보겠습니다.

현재 느끼는 나의 감정을 표현할 단어 3가지를 선택하고 3개의 단어와 연결된 나의 감정을 표현하여 작성해 봅니다.

한 주간 경험한 희로애락의 감정을 알아차리고 느낀 감정을 구분해서 작성해 봅니다.

희(喜)	로(怒)
애(哀)	락(樂)

나의 초 감정 이해하기

감정코칭에서는 초감정을 중요하게 다룹니다. 초감정은 우리 안에 감정을 해석하는 감정, 감정 속에 숨은 감정이라고 말합니다.

초감정은 유아기와 아동기의 경험과 문화 환경의 영향을 받아 형성되는데, 어린 시절 자신의 감정을 공감받고 수용받지 못하여 미해결 과제로 남아, 비슷한 상황이 발생되면 그 거부받았던 감정이 그대로 느껴지고 표현되는 감정을 말합니다.

우리가 어떤 사건에서 느끼는 분노의 지점에는 우리의 상처가 있을 수 있고 그 상처와 함께 기억된 감정이 현재의 상황과 연합되어 순식간에 자동적으로 초감정의 감정을 그대로 느끼며 표현됩니다.

초감정을 스스로 이해하지 못하면 타인의 감정을 있는 그대로 보기 힘들며, 자신의 초감정을 이해하고 제대로 알 때 자신의 감정을 조절할 힘을 갖게 되며 자녀나 타인과의 관계에서도 악순환의 고리를 끊을 수 있습니다.

감정코칭이란?

감정코칭의 5단계는 감정인식-감정교감-감정수용-감정표현-문제해결입니다.

감정코칭의 핵심 정의는 감정은 온전히 수용하고 감정을 건강하게 표현하도록 도우며 잘못된 행동에 대해서는 스스로 한계를 알게 하고, 언행은 올바른 방향으로 나아가도록 도와주는 것입니다.

또한 감정코칭의 핵심 기술은 앞서 소통의 기술 장에서 소개한 내용으로 공감과 경청, 질문과 칭찬, 격려와 같은 태도와 기술을 사용합니다.

감정 대응 유형 이해하기

감정에 대응하는 4가지 유형을 이해하고 나는 어떤 유형의 부모인지 점검해 보겠습니다.

첫 번째, 축소 전환형

자녀가 느끼는 감정이나 문제를 가볍게 여기고 다른 데로 관심을 돌려버립니다. 자녀는 자신의 감정이 진지하게 받아들여지지 않기 때문에 자신의 감정을 믿지 못하고 죄의식을 느끼며 자신의 감정을 다루는데 서툴러지고 자신의 감정이 무엇인지 인식하지 못하여 감정을 조절하는 방법을 배우지 못합니다.

(그런 것 가지고 울지 마. 그건 아무 일도 아니야. 맛있는 거 먹으러

가자)

두 번째, 억압형

울고 있는 자녀를 야단치며 감정을 억압하고 눌러 버리며 감정무시를 넘어 비난하고 야단을 칩니다.

이런 자녀는 스스로 자신의 감정을 존중받지 못하면서 무시 감을 느끼고 자존감도 낮아지고 의기소침하고 우울감을 갖게 됩니다. 또한 공감 받지 못하는 환경에서 공감을 배우지 못해 친구 관계에서도 감정에 대한 공감에 어려움을 느끼게 됩니다.

(계속 울면 집에 가서 맞는다. 눈물 그치지 못해. 당장 그만해.)

세 번째, 방임형

자녀의 감정은 수용해 주는데 자녀의 부적절한 행동에 한계를 정해주지 않기 때문에 자녀는 자신의 감정허용과 행동허용을구분하지 못하고 기분 내키는 대로 행동하여 친구와의 관계에와 사회성에도 어려움이 생깁니다.

(그래 슬프면 울어야지 맘껏 울어라~ 엄마, 당장 사줘~ 지금 당장 사달란 말이야~ 그래그래)

네 번째, 감정 코치형

자녀의 감정을 인식한 후 온전히 수용하고 받아주되 행동에는 한계를 정해주어 스스로 자신의 감정을 잘 인식하도록 도와주고 자녀가 스스로 자신의 행동을 돌아보고 자신의 행동에 대해 더 좋은 선택을 하도록 도와줍니다. 이러한 자녀는 감정조절과 행동 조절 능력을 키울 수 있고 자신과 타인의 감정을 공감하는 능력도 높아지며 자아 존중감과 사회성도 좋아지기 때문에 또래관계와 사회성을 건강하게 형성해 나아갈 수 있습니다.

감정의 경보 장치 편도체 다스리기

하나님이 설계하신 우리의 뇌는 3층 구조로 되어 있습니다.

뇌간(파충류의 뇌)은 숨쉬기, 체온조절, 맥박 조절 등을 담당하며 변연계(포유류의 뇌)는 감정, 기억, 성욕, 식욕을 담당하고 전두엽(영장류의 뇌)은 분석, 기획, 조직, 우선순위 선정, 판단, 결과를 예측하는 일을 담당합니다.

편도체는 변연계 안쪽에 위치하고 자신의 생명과 안전을 지키는 경보장치 같은 역할을 담당합니다.

상대의 태도나 말투에 의해 자신이 공격받는다고 느낄 때 본능적으로 자신을 지키기 위해 경보음을 울리고, 편도체의 반응에 따라 전두엽으로 피가 가지 않고 순식간에 피의 혈류가 뇌간으로 몰리면서 스트레스 반응에 따라 아드레날린과 코티솔 같은 호르몬이 배출되고, 혈압과 혈당이 올라가고 심장박동이 빨라지고 근육이 위축되며 도망갈 건지, 공격할 건지를 고민하며 자신을 보호하는 방어 태세를 갖추게 됩니다.

만약 온전히 감정을 수용받지 못하고, 부정적인 대화 패턴에 늘 노출되어 있다면 편도체가 예민하게 활성화되어 작은 언어나 비언어의 자극에도 극도로 불안하거나 공격적으로 반응할 수 있습니다.

특별히 청소년의 뇌는 이성적으로 사고하고 판단하고 행동하고 감정을 조절하는 전두엽에 대대적인 리모델링 공사가 실시됩니다.

남자는 평균 약 30세, 여자는 평균 약 24세가 되어야 전두엽의 사고회로가 다시 정리되고 리모델링 공사가 끝나게 됩니다.

전두엽이 공사 중인 청소년 시기에는 이성적으로 사고하는 것이 더 더욱 힘들고, 반면 감정을 관리하는 변연계는 활성화되어 있어 부정적인 언어나 비언어는 청소년의 감정을 강하게 자극시킬 수 있으며, 부정적인 환경에 지속적으로 노출되어 있다면 약한 자극에도 과민하게 반응할 수 있어 청소년들에게는 더욱더 감정을 공감하고 읽어 주며 긍정적인 사랑의 언어로 다가가야 합니다.

반면 온전한 감정의 수용, 공감, 긍정적인 표현, 긍정적인 언어, 긍정적인 사랑의 메시지들은 우리 뇌의 편도체에 긍정적인 감정과 함께 기억되며 긍정적인 언어는 불편한 감정이나 화가 난 상태의 감정을 다스리는 데 효과적입니다.

편도체가 활성화되어 뇌간으로 몰려 있던 피가 긍정의 언어 사랑의 언어를 들을 때, 편도체의 경보 등은 불이 꺼지고 방어 태세는 멈추게 되며 이성적으로 판단할 수 있는 역할을 관장하는 전두엽으로 혈액이 원활하게 순환됩니다.

이러한 원리로 평상시에 사용하는 긍정적인 언어와 긍정적인 비언어의 표현이 자녀와 가족, 교회 공동체의 성도들에게 긍정적인 감정으로 기억되고, 긍정적인 사랑의 메시지는 상대의 정서 상태를 긍정적인 상태로 유지시키며, 서로의 갈등을 줄이고 좋은 관계를 형성하는 환경을 만들어 줍니다.

감정을 순환시키는 긍정 언어와 비언어

심리학자 존 가트맨(John Gottman) 박사는 40년 연구 결과를 발표하면서 부부 갈등 사이의 대화를 15분만 들으면 향후 관계를 예측할 수 있다고 말했습니다. 또한 행복한 부부는 부정 언어보다 긍정 언어가 5:1로 많아야 한다고 말합니다. 나아가 아동 청소년 학자들은 청소년들에게는 이보다 더 많은 긍정 언어가 필요하다고 말합니다.

긍정적인 언어 표현에는 말의 내용과 비언어의 표현이 있습니다. 비언어의 메시지에는 다정한 눈빛, 기분 좋은 표정, 자세 등이 포함되고 긍정 언어는 우리가 아는 바와 같이 사랑, 감사, 존중, 인정, 축복 등이 해당되며 이런 단어를 다시 되새김질하는 것만으로도 기분 좋은 느낌과 감정을 갖게 됩니다.

반면 부정적인 언어 표현에도 말의 내용과 비언어가 있습니다. 만약 우리가 자녀나 부부 사이의 대화 속에 계속되는 갈등이 있다면 자신의 표정과 눈빛, 대화하는 말투와 태도 언어의 내용을 구체적으로 객관적으로 관찰해 보아야 합니다.

자신이 아무리 좋은 뜻을 가지고 상대를 위해서 조언을 한다 해도 받아들이는 입장에서 비난이나 질책, 무시 등의 메시지로 불쾌하고 부정적으로 받아들인다면 그 메시지는 갈등을 야기 하고 더욱더 불편한 관계가 강화될 수 있습니다.

셀프 감정코칭을 위한 자기 관찰

① 자신의 언어와 비언어가 의사소통 과정에서 타인에게 어떤 영향을 주고 있는지 자신이 사용하는 단어들과 비언어, 즉 표정이나 태도 등을 관찰해 봅니다.

② 의사소통의 과정에서 나는 어떻게 반응하는가 관찰해 봅니다. 나의 경험 속에서 해결되지 않은 열등감이나 상처가, 상대의 표정을 보거나 말의 내용을 들었을 때, 과거의 사건과 연합되어 과거의 상처 난 감정을 불쑥 올라오게 만드는 요소가 있는지 성찰해 봅니다.

③ 어떤 단어들과 어떤 상황에서 자신의 감정이 민감하게 반응하고 불편해하는지 관찰해 봅니다.

감정코칭의 장애물 점검하기

다음은 대화 시 감정을 상하게 하는 요소들을 검점해 보겠습니다.

첫 번째, 온전한 경청의 부재

말을 다 듣기도 전에 말을 자르거나 넘겨짚거나 대답할 말을 미리생각하고 판단하며 언성을 높이고 상대의 감정을 자극하는 행동입니다.

두 번째, 감정을 조절하지 못함

참고 참았다가 쌓아두었던 감정을 조절하지 못하고 한꺼번에 표출하면서 과격하고 파괴적인 언행을 사용하기 때문입니다.

상대에게 부정적인 언어로 꼬리표를 달아주고 너는 언제나, 늘, 항상, 절대로와 같은 과잉일반화 언어를 표출합니다.

세 번째, 언어 불일치

어제 한 말과 오늘 하는 말이 일치하지 않고 말의 표현과 비언어 즉 표정의 언어가 다르기 때문입니다.

네 번째, 인지 왜곡

나의 생각이 옳고 나는 내 자녀나 남편 또는 상대에 대해 다 알고 있고 내 마음대로 바꿀 수 있다는 인지적인 왜곡을 하고 있기 때문입니다.

감정코칭 I-Message 훈련

I-Message는 비평이나 비난을 하지 않고 자신의 생각, 감정, 바람을 표현하는 방법입니다. YOU-Message는 주체가 상대이기 때문에 말 그

대로 비난이나 비판의 부정적인 메시지를 통하여 상대방의 편도체를 부정적으로 활성화시키고 부정적인 감정 상태를 조성합니다. 그러나 I-Message는 나 자신이 주체가 되어 자신의 생각과 감정을 전하는 표현 방법이기 때문에 부드럽게 마음을 열고 행동을 이끌어 낼 수 있는 긍정적인 의사소통 기법입니다.

I-Message 코칭 기법을 통해 자신의 생각과 감정, 바람을 표현하는 훈련을 하다 보면 긍정적이고 건강한 관계를 만들어 갈 수 있습니다.

〈I-Message 코칭 훈련〉

1단계	사실과 상황	나는 당신이 ~~하면(행동서술)
2단계	느끼는 감정	나는 ~~라고 느껴요(느낌)
3단계	바람 표현	앞으로 ~~으로 표현해 줄 수 있을까요?(바람)

사건	옷들이 어지럽게 널려 있고 아이들의 책과 쓰레기들이 여기저기 방안 가득 흩어져 있다.	
Y-Message	도대체가 정신이 하나도 없네. 너는 정신이 있니 없니? 네 방 하나도 제대로 못 치우니? 며칠째 치우지도 않고 내가 힘들어 죽겠다.	
I- Message	사실	엄마가 너의 방에 정리되지 않은 옷들과 책들 쓰레기들을 보니~
	감정	스스로 정리하기를 며칠째 기다렸는데 너무나 속상하구나 ~
	바람	피곤하고 바쁘겠지만 너의 방은 스스로 정리해 줄 수 있을까?

상황과 사건 칸에는 최근 있었던 갈등의 사건을 작성해 보고, I-Message 기법으로 작성 훈련을 해 보시기 바랍니다. 또한 작성된 문장을 가지고 소리 내어 직접 대화하듯이 반복해서 연습해 보시기 바랍니다.

갈등을 겪는 이유 중에 큰 요인을 차지하는 것이 의사소통 기술의 부족입니다. 마음은 있지만 훈련되지 않아 미숙한 부분은 지속적인 반복 훈련을 통해 변화하고 성장할 수 있습니다.

〈I-Message 코칭 실습 훈련〉

사건		
I- Message	사실	
	감정	
	바람	

감정의 근육을 만드는 셀프 코칭 훈련

1. 감정을 관리하는 3가지 방법

사람들이 감정을 관리하는 3가지 방법은 다음과 같습니다.

① 접근적 방법: 감정을 유발한 자극이나 상황에 접근해서 다루는 방

법입니다. (감정을 유발한 상황을 회피하지 않고 대면해서 다루는 방법)

② 주의 분산적 방법: 주의를 다른 데로 돌림으로써 감정을 조절하는 방법입니다. (말씀 보기, 찬양 듣기, 음악 감상, 영화, 여행, 쇼핑, 독서, 산책 등의 방법)

③ 지지 추구적 방법: 다른 사람의 지지나 위안을 얻음으로써 감정을 조절하는 방법입니다.
(누군가에게 위로와 공감을 받고 심리적 지지를 받음으로써 감정을 다루는 방법)

3가지 방법 다 감정을 관리하고 조절하는 데 적절하게 필요한 요소이지만 가장 효과적으로 건강하게 감정을 관리하는 방법은 1단계 지지 추구적 방법을 자신에게 적용하여 자신 감정을 알아차리고 자신을 이해하고 위로해주며, 2단계 주의 분산적 방법으로 감정을 정화시키고 완화시킨 후, 3단계 적당한 때에 접근적 방법으로 감정을 유발한 자극이나 상황을 회피하지 말고 직면하여 건강하게 표현하고 해결하는 방법입니다. 이때 타인과의 대화는 I- Message로 감정을 표현하고 문제를 해결하는 방법을 훈련해 볼 수 있습니다.

2. 감정 관리를 잘하는 사람들의 특징

다음은 감정을 잘 관리하는 사람들의 특징에 대하여 생각해 보고 자신을 점검해 보겠습니다.

① 자신의 감정을 알아차리고 수시로 건강하게 잘 표현합니다.

② 불필요한 감정들을 조절하고 처리하는 자신만의 방법을 훈련합니다.

③ 자신의 마음을 주의 깊게 관찰하고 감정을 헤아려줍니다.

④ 평상시에 긍정적인 감정들을 마음에 저축하고 긍정의 잔고가 마이너스 되지 않도록 적절히 관리합니다.

⑤ 미리 앞서 앞으로의 일을 걱정하지 않습니다.

⑥ 희로애락의 감정을 자연스럽게 받아들이고 수용합니다.

3. 감정 조절을 못 하는 사람들의 특징

다음은 자신의 감정을 조절하는 근육들이 많이 약해져 있는 감정 관리를 못 하는 사람들의 특징입니다

① 감정을 아주 강하게 자주 느낍니다. (분노, 슬픔, 두려움 등)

② 강한 감정을 느끼면 진정을 잘 못 하며 정상적인 활동을 잘 못 합니다.

③ 강한 감정 시 보이는 행동을 자신도 싫어하고 감정표현을 극도로 자제합니다.

④ 타인의 감정을 마치 무관심, 무동요하거나 또는 공감하는 것처럼 위장합니다.

⑤ 감정은 비도덕적이고 파괴적인 부정적인 요소라는 인식을 갖습니다.

4. 감정 조절 능력 체크리스트

번호	내용	O/X
1	중요한 일을 진행하면서 화가 나서 실수한 적이 있다	
2	자주 흥분하는 편이며 성격이 급하다는 이야기를 많이 듣는다	
3	일을 하거나 게임에서 내 맘대로 안 될 때 화를 자주 낸다	
4	일이 잘 안 풀리면 매사에 화가 자주 나고 쉽게 포기하고 싶다	
5	억울한 감정이 자주 올라오고 다른 사람이 나를 무시한다는 기분을 자주 느낀다	
6	화가 나면 욕을 하고 물건을 던지는 등 거친 행동을 한다	
7	주체하지 못할 만큼 화가 나서 폭력을 사용한 적이 있다	
8	죄책감을 자주 느끼며 다른 사람 탓도 자주 한다	
9	자신이 한 일에 인정을 안 해 주면 화가 난다	
10	화난 감정을 어떻게 처리해야 할지 모른다	

O와 X 체크 중 O의 비율이 어느 정도 되는지 체크 결과에 따라 자신의 감정 조절 능력의 현재 상태를 자각해 볼 수 있으며 감정 조절 훈련의 필요성을 스스로 느끼고 감정 조절을 위해 노력할 수 있습니다.

5. 감정 근육을 키우는 셀프 코칭 방법 훈련

이제 감정을 잘 관리하고 가꾸기 위해 감정을 조절하는 근육을 키우는 셀프 코칭 훈련을 함께 해 보겠습니다.

① 스트레스 상황이 오면 골든타임 15초 기법을 실천합니다.
(멈추고 심호흡을 크게 5번씩 3번을 반복합니다.)

② 화가 올라올 때는 일단 멈추고 자리이동을 합니다.

③ 감정을 알아차리고 멈출 수 있도록 자신만의 신체 스위치를 만듭니다.

④ 평상시 감정 알아차림(객관적으로 바라보기)을 훈련합니다.

⑤ 평상시 자신의 감정을 이해하고 수용해 줍니다. (감정 어루만지기)

⑥ 감정을 언어로 표현하는 훈련을 합니다. (말하기, 글쓰기)

⑦ 용서, 연민, 사랑, 수용, 감사, 존중의 마음으로 전환시키도록 기도하며 생각을 전환시키는 훈련을 합니다.

(습관이 된 생각과 감정 바꾸기, 자극과 반응 사이, 긍정 언어로 행동패턴 바꾸기에서 소개한 실천 방법을 함께 적용하여 훈련합니다)

다시 일어서는 힘 회복 탄력성 코칭

그러나 내가 가는 길을 그가 아시나니 그가 나를 단련 하신 후에는 내가 순금 같이 되어 나오리라(욥기 23장 10절)

나는 비천에 처할 줄도 알고 풍부에 처할 줄도 알아 모든 일 곧 배부름과 배고픔과 풍부와 궁핍에도 처할 줄 아는 일체의 비결을 배웠노라 내게 능력주시는 자 안에서 내가 모든 것을 할 수 있느니라(빌립보서 4장 12-13절)

회복 탄력성(Resilience)은 실패나 부정적 상황을 극복하고 원래의 안정된 심리적 상태로 되돌아오는 힘, 시련이나 고난을 이겨 내는 긍정적인 힘, 또는 크고 작은 역경과 어려움을 도약의 발판으로 삼고 다시 일어서는 긍정적인 힘 등을 의미합니다.

또한 미국 회복탄력성 센터 회장인 게일 M 와그닐드는 회복 탄력성이란 단지 역경을 극복하는 힘이 아니라 즐겁고, 활력 있고, 생동감 있고, 진정성 있는 삶을 살 수 있는 능력을 뜻한다고 표현 했습니다.

크리스천에게도 회복 탄력성은 중요한 의미를 갖게 합니다. 신앙생활에서 부딪히는 수많은 삶의 문제들과 다양한 장애물을 극복하는데 도움이 될 수 있도록, 다시 일어서는 힘, 회복 탄력성의 요소를 이해하고 마음의 근력을 높이는 훈련을 구체적으로 해나갈 수 있습니다.

신앙의 여정에서 다양한 역경과 고난을 축복으로 바꾸고, 하나님이 부어주시는 은혜 가운데 보다 감사하고 행복한 삶을 누리는 마음 근력을 키우기 위하여, 김주환 박사의 회복 탄력성 이론을 기반으로 회복 탄력성을 크리스천 관점에서 이해하고 적용하여 훈련할 수 있습니다.

회복 탄력성의 핵심 요소 이해하기

긍정성	자기조절 능력	대인관계 능력
자아낙관성	감정 조절력	소통능력
생활만족도	충동 통제력	공감능력
감사하기	원인 분석력	자아확장력

표와 같이 회복 탄력성은 긍정성, 자기조절 능력, 대인관계 능력의 3개의 기둥 아래 9개의 하위 요소가 있고 이러한 요소들에 의해서 회복 탄력성의 힘을 높일 수 있습니다.

긍정성

긍정성을 높이는 3개의 하위 요소의 의미를 이해하고 크리스천으로서 적용점을 함께 생각해 보겠습니다.

자아낙관성	스스로 자기 자신을 낙관적으로 바라보는 것
	① 하나님의 자녀인 자신을 희망적으로 바라보기 ② 하나님의 관점에서 주어진 상황을 바라보고 자신에 대하여 긍정적인 믿음 갖기
생활만족도	삶에서 즐거움과 성취 보람을 느끼는 정도
	① 하나님께서 나에게 허락하신 모든 삶의 영역에서 의미와 가치를 부여하고 보람 찾기
감사하기	매 순간 감사하기
	① 믿음의 눈으로 모든 상황을 해석 하며 매 순간 감사할 제목 찾기

자기조절 능력

자기조절 능력을 높이는 3개 하위요소의 의미와 크리스천으로서 적용점을 함께 생각해 보겠습니다.

감정 조절력	자신의 부정적인 감정을 조절 통제하는 능력
	① 압박과 스트레스 상황에서도 긍정적인 감정을 회복하는 조절 훈련하기 ② 감정을 건강하게 표현하는 자신만의 방법을 찾고 하나님께 상한 감정을 내어드리며 평온한 감정을 유지하는 훈련하기
충동 통제력	감정과 기분에 휩쓸리는 충동적인 반응을 스스로 조절하는 능력
	① 계획 없이 순간 기분에 휩쓸려 행동하려고 할 때 동기를 점검하는 훈련하기 ② 고통의 상황에서도 하나님의 뜻을 찾고 긍정적인 감정으로 승화시키는 훈련하기 ③ 스스로 알아차리고 멈추고 새로운 생각을 선택하는 훈련하기(Stop, Think, Choice)

원인 분석력	**자신이 처한 형편과 상황을 객관적으로 파악하고 대처하는 방안을 찾아낼 수 있는 능력**
	① 객관적으로 자신을 인식하고 성찰하는 훈련하기 ② 문제가 된 원인을 직면하고 그 문제를 통해 교훈을 얻으며 용기 있게 해결해 나가는 훈련하기

대인관계 능력

대인관계 능력을 높이는 3개 하위요소의 의미와 크리스천으로서 적용점을 함께 생각해 보겠습니다.

소통능력	**인간관계를 맺고 소통하는 능력**
	① 하나님의 사랑 안에서 진정성 있게 인간관계를 오랫동안 유지하는 소통능력 훈련하기
공감능력	**타인의 생각이나 감정을 읽어 주는 공감능력**
	① 타인의 마음을 읽어주고 언어와 비언어로 표현하는 훈련하기
자아확장력	**연결된 타인과의 관계 속에서 자신을 이해하는 능력**
	① 자신의 입장에서 바라보는 관점과 타인의 입장에서 바라보는 관점의 차이를 줄이고, 타인과의 관계 속에서 자신을 이해하고 타인을 배려하며 타인과 관계하는 훈련하기

이러한 요소들을 결합하여 훈련 할 때 어떤 고난과 어려움 속에서도 그 상황을 발판삼고 다시 일어설 수 있는 내면의 근력을 키우며 현재의 역경을 극복하는 회복 탄력성을 높일 수 있습니다.

위의 요소들을 크리스천의 관점에서 적용해보고, 어떤 요소들이 우리 자신에게 더 보완되고 훈련되어야 하는 영역인지 점검하고, 내면의 속사람을 튼튼히 세우고 신앙생활에 도움이 되도록 회복 탄력성을 높이는 훈련을 시작해 보시기 바랍니다.

회복 탄력성 자기 관찰 체크리스트

아래 질문에 스스로 대답해 보면서 현재 나의 회복 탄력성 수준은 어느 정도인지 점검해 보겠습니다.

전혀 그렇지 않다 1점 / 그렇지 않다 2점 / 그저 그렇다 3점
그런 편이다 4점 / 매우 그렇다 5점

	요소	질문	점수
1	자아낙관성	나는 나 자신을 희망적으로 바라보고 나에게 주어진 환경을 희망적으로 바라본다	
2	생활만족도	나에게 매 순간 주어진 일을 수행할 때 일에 의미를 부여하고 보람과 성취를 느낀다	
3	감사하기	나는 매 순간 감사할 제목을 찾고 감사한다	
4	감정조절력	나는 대체적으로 부정적인 감정을 알아차리고 감정을 조절하여 긍정적인 감정으로 회복시킨다	
5	충동통제력	나는 순간 기분에 휩쓸려 행동하려고 할 때 나의생각과 감정의 동기를 점검하고 조절한다	
6	원인분석력	나는 문제가 발생하면 회피하지 않고 문제를 긍정적으로 해결하려고 노력한다	

7	소통능력	나는 인간관계를 할 때 소통하려고 노력하며 진지하게 관계를 맺고 오랫동안 유지한다	
8	공감능력	나는 타인의 생각과 감정을 읽고 잘 표현해준다	
9	자아확장력	나는 다른 사람과의 관계 속에서 타인의 관점을 이해하고 존중하며 서로의 관점의 차이를 좁혀가기 위해 노력한다	

코칭 질문

1. 회복 탄력성 9가지 요소 중 현재 잘하고 있는 것들은 무엇인가요?
2. 회복 탄력성 9가지 요소 중 앞으로 계발하고 훈련해야 할 요소들은 무엇인가요?

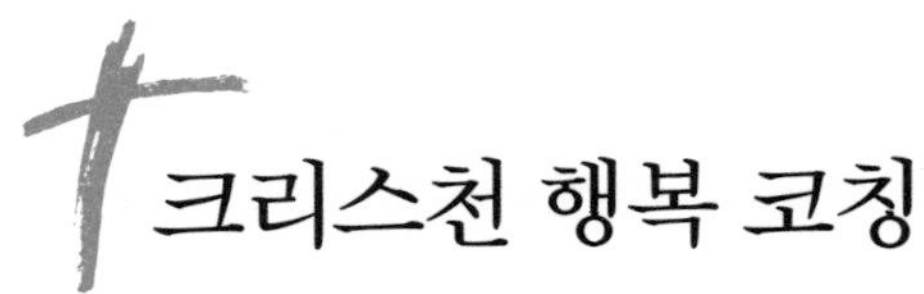

크리스천 행복 코칭

여호와는 네게 복을 주시고 너를 지키시기를 원하며 여호와는 그의 얼굴을 네게 비추사 은혜 베푸시기를 원하며 여호와는 그 얼굴을 내게로 향하여 드사 평강 주시기를 원하노라 할지니라하라(민수기 6장 24-26절)

하나님께서는 자녀인 우리가 행복한 삶을 살기 원하십니다. 그렇다면 크리스천의 관점에서 행복의 의미는 무엇이며, 크리스천의 행복 어떻게 만들고 관리해 나갈 수 있을지 함께 생각해 보겠습니다.

행복이란 단어 'Happiness'는 본래 옳은 일이 자신 속에서 일어난다는 뜻을 지닌 'Happen'에서 나온 말입니다.

칼 매닝거(Karl Menninger)는 글자에 담긴 뜻과 같이, 행복은 우연히 외부에서 찾아온 행운이 아니라 그 사람에 의한 올바른 노력의 결과라고 말합니다.

칼 매닝거의 명언처럼 결국 행복은 우연히 외부에서 찾아온 행운이 아니라 우리 자신의 선택과 노력으로 만들어 가는 것입니다.

흔히 행복이란 단어를 떠올리면 건강, 물질, 좋은 직업, 명예, 관계, 사랑 등 이런 요소들을 제시할 수 있습니다. 물론 이러한 요소들이 행복을 경험하는 하나의 요인은 될 수 있으나, 긍정심리학에서 말하는 행복은 어떤 하나의 외부적인 요소라기보다는 개인이 주관적으로 경험하는 '주관적 안녕감'이라고 말합니다.

주관적 안녕감은 객관적인 평가가 아니라 개인적인 주관적인 인식과 정서적 경험이 개인의 행복을 결정한다는 것입니다. '안녕'이라는 단어는 '편안하다'라는 의미를 가지고 있고 성경적 관점에서 적용해보면 '평강' 즉 마음에 걱정이 없고 편안한 상태라고 해석할 수 있습니다. 우리 크리스천들이 하나님 안에서 누리는 주관적인 평강과 기쁨, 우리의 내면 안에 갖는 감사와 소망이 우리의 삶을 행복하게 한다는 크리스천의 행복의 전제를 과학적으로 증명하고 있습니다.

긍정심리학의 행복공식

긍정심리학자인 류보머스키는(Lyubomirsky)는 인간의 행복을 결정하는 요인들을 고려하여 행복 등식을 제시[14]했고 그 등식은 다음과 같습니다.

---

14 권석만, 『긍정 심리학(행복의 과학적 탐구)』, 학지사, 2008

행복 = 유전적 기준점(50%) + 여러 가지 삶의 상황(10%) + 선택할 수 있는 의지적 활동(40%)

위와 같은 세 가지의 영역이 우리의 행복을 결정한다는 것인데 50% 유전적 기질과, 10% 삶의 상황은 우리가 현재 당장 바꿀 수 있는 것들이 아닙니다. 우리는 40%를 차지하는 선택할 수 있는 의지적 활동에 집중함으로 지금 이 순간부터 더 의미 있고 가치 있는 행복한 삶을 선택하며 만들어 나갈 수 있습니다.

좀 더 구체적으로 3가지의 요소에 대해 생각해 보겠습니다.

첫 번째, 50%의 영역인 유전적 기준점

유전에 의해 이미 설정된 기준점으로, 어떤 상태에서 일시적인 기쁨이나 슬픔의 감정을 강렬하게 느끼는 경험을 하지만 시간이 지나면 다시 자신의 기준점인 정서 상태로 되돌아온다는 것입니다. 사람에 따라서 긍정 정서 쪽으로 기울어지거나 또는 부정 정서 쪽으로 기울어지는 유전적인 경향성을 있다는 것입니다.

두 번째, 여러 가지 삶의 상황

삶의 상황은 행복을 결정하는 10%의 요인으로 성별, 나이, 교육 수준, 돈, 결혼, 지능 수준, 사회생활, 부모, 가족, 날씨 등이 여기에 포함됩니다.

우리가 일반적으로 중요하게 생각해 왔던 삶의 상황들에 대해 생각해 보겠습니다. 여러 가지 삶의 상황 중 예를 들어 부모나 자식 때문에 고통받는다고 부모나 자식을 바꿀 수 없으며 학벌 때문에 열등감을 느낀다고 지금 당장 상황을 바꿀 수 없으며 돈 때문에 고통받는다고 당장 해결할 수 있는 것들이 아닙니다.

또 한 예로 행복과 돈의 연관성에 대한 연구에 의하면(Myers, 2007) 돈은 빈곤 수준을 넘어서기까지는 행복과 높은 상관관계를 보이나 그 이후에는 돈이 행복을 보장하지 못한다고 말합니다.

주변을 돌아보면 상상할 수 없을 만큼 부를 가진 사람들이 무조건 행복한 모습이고 행복을 누리고 있는지 생각해보게 됩니다. 인간이 가진 기대 수준, 적응력, 끝없는 욕망의 속성, 상대적 박탈감 등으로 돈이 행복을 영속적으로 보장하지 못하다는 것입니다.

우리 자신의 경험을 떠올려 보며 질문해 보겠습니다.

휴대폰을 바꾸고 당신이 행복감을 유지한 시간은 얼마인가요?

냉장고를 바꾸고 당신이 행복감을 유지한 시간들은 얼마인가요?

순간 행복했지만 그 행복감이 우리의 정서 안에서 지속되는 시간은 얼마나 될까요?

휴대폰과 냉장고를 바꾸고 우리는 또다시 더 좋은 것 더 새로운 것을 추구하고 있습니다.

우리가 살아가는 삶의 상황에서 직장, 능력, 돈, 사회적 지위, 교육 등 이러한 외부적 상황에 많은 열정과 노력을 투자하고 있는데 그러나 이런 삶의 상황이 모두 채워졌다고 해서 무조건 우리가 행복감을 지속적으로 유지할 수 있는 것이 아니라면 매일매일 자발적으로 선택하면서 행복감을 지속적으로 누리고 유지할 수 있는 방법은 무엇일까 생각해봅니다.

행복을 연구하는 긍정심리학자들은 행복한 삶을 만들어 가는 과정에서 몇 번의 강도가 높은 행운을 안겨 주는 큰 사건보다 평상시 긍정 정서를 유발하는 빈도가 전반적인 행복감을 주는 데 더 중요하다고 말합니다.

세 번째, 행복을 결정하는 40% 선택 할 수 있는 의지적 활동

크리스천으로서 행복을 선택하고 행복을 경험하며 행복을 지속적으로 만들어 갈 수 있는 세 번째 영역 우리의 선택으로 만들어 갈 수 있는 의지적 활동에 집중해서 생각해 보겠습니다. 선택할 수 있는 의지적 활동을 쉽게 적용해 보면 매순간 우리의 삶에서 우리가 어떤 의미와 가치를 부여하며, 어떠한 관점으로 삶을 바라보고 해석하느냐에 따라 결국 우리의 선택에 따라 우리의 행복도 결정될 수 있습니다.

크리스천의 행복공식

크리스천으로서 '지금 여기(here and now)'에서 우리의 선택으로 만들어 갈 수 있는 행복은 무엇인가요?

성경적 세계관 안에서 다양한 방법들이 있지만 그중 성경 말씀을 기반으로 우리를 향하신 하나님의 뜻 안에서 우리의 선택을 통해서 크리스천이 누릴 수 있는 행복에 생각해 보겠습니다. 먼저 하나님의 말씀을 깊이 묵상해 보겠습니다.

항상 기뻐하라 쉬지 말고 기도하라 범사에 감사하라 이것이 그리스도 예수 안에서 너희를 향하신 하나님의 뜻이니라(데살로니가전서 5장 16-18절)

아무것도 염려하지 말고 다만 모든 일에 기도와 간구로 여러분이 구할 것을 하나님께 감사함으로 아뢰십시오 그리하면 모든 생각을 뛰어넘는 하나님의 평강이 그리스도 예수 안에서 여러분의 마음과 생각을 지켜 주실 것입니다(빌립보서 4장 6-7절)

또 여호와를 기뻐하라 그가 네 마음의 소원을 네게 이루어 주시리로다(시편 37편 4절)

평안을 너희에게 끼치노니 곧 나의 평안을 너희에게 주노라 내가 너희에게 주는 것은 세상이 주는 것과 같지 아니하니라 너희는 마음에 근심하지도 말고 두려워하지도 말라(요한복음 14장 27절)

▷ 하나님은 어떤 상황 가운데서도 하나님을 신뢰하고 기뻐할 때 우리에게 평강을 주십니다.

▷ 하나님은 어떤 상황 가운데서도 우리가 말씀과 기도로 나아갈 때 하나님의 뜻을 알게 하시며 평강을 주시며 우리가 앞으로 나아갈 용기와 새 힘을 부어 주십니다.

▷ 하나님은 어떤 상황 가운데서도 믿음의 눈으로 상황을 해석하고 감사를 선택할 때 우리에게 평강을 주시고 감사할 제목이 더욱

넘치는 행복한 삶으로 인도하십니다.

우리를 창조하신 하나님은 말씀을 통해 말씀하시며 하나님의 자녀들이 의지적 선택을 통해 누릴 수 있는 행복의 원리를 우리 안에 심어 주셨습니다. 크리스천으로서 하나님의 은혜를 구하며 진정으로 우리의 영혼과 삶이 행복할 수 있는 지금 우리가 선택하고 훈련을 통해 만들어 갈 수 있는 행복에 초점을 맞추어 보시기 바랍니다.

크리스천의 선택할 수 있는 의지적 활동

정서적 선택	자기수용하기, 타인수용하기, 소통하기, 사랑하기, 감사하기, 함께 하기, 선물하기, 봉사하기, 용서하기, 기뻐하기, 독서하기, 성취감 갖기, 강점 사용하기, 평정심 갖기
육체적 선택	요리하기, 여행하기, 운동하기, 건강한 식단 챙기기, 산책하기, 관심 동아리 참여하기, 봉사하기
영적 선택	기도하기, 성경 읽기, 말씀묵상 및 암송하기, 예배하기, 영성훈련받기, 주님과 동행하기, 찬양하기, 선교하기, 전도하기. 교제하기

코칭질문

1. 현재 나의 선택을 통해 만들어 갈수 있는 행복의 요소들은 무엇인가요?
2. 지속적으로 행복을 유지하기 위해 자신 안에서 비워야 할 것은 무엇인가요?
3. 지속적으로 행복을 유지하기 위해 자신 안에 채워야 할 것은 무엇인가요?

하나님이 주신 선물 행복 호르몬

> 무엇보다 네 마음을 지켜라 이는 생명의 근원이 마음에서부터 흘러 나오기 때문이다(잠언 4장 23절)

> 내가 아버지의 계명을 지켜 그의 사랑 안에 거하는 것 같이 너희도 내 계명을 지키면 내 사랑 안에 거하리라 내가 이것을 너희에게 이름은 내 기쁨이 너희 안에 충만하게 하려 함이라(요한복음 15장 10-11절)

하나님은 이렇게 위에 말씀들처럼 우리가 하나님을 사랑하고 하나님의 말씀 안에 거할 때 우리의 마음을 지키시고, 말로 다 표현할 수 없는 평강 즉 행복을 주시는 분이십니다. 또한 우리 안에 우리가 행복을 지속적으로 유지할 수 있도록, 매 순간 생각의 선택에 따라 우리의 마음과 육체 안에 행복 호르몬이 작동되도록 우리를 창조하실 때 행복 시스템을 디자인해 주셨습니다.

엔도르핀	웃을 때 나오는 호르몬(면역력증가, 통증해소)
세로토닌	평안할 때, 감사할 때 나오는 호르몬 긴장을 감소시키고, 멜라토닌, 엔도르핀 생성을 도움, 우울증 효과 (결핍 시 수면장애, 우울과 불안, 폭력적)
도파민	사랑하고 사랑받을 때 나오는 호르몬 집중력, 의욕상승, 혈액순환, 전신의 유전자 활성화
다이돌핀	엔도르핀의 4천 배(암, 죽음의 고통, 통증을 극복시키는 강력한 호르몬) 감동의 호르몬, 기쁨이 넘칠 때, 깨달음을 얻을 때 나오는 호르몬 (감사하고, 감동하고, 진리를 깨닫고, 감동적인 찬양을 들을 때, 뜨거운 사랑에 빠졌을 때)

영성의 삶을 위한 변화의 5단계 훈련하기

너희는 이 세대를 본받지 말고 오직 마음을 새롭게 함으로 변화를 받아 하나님의 선하시고 기뻐하시고 온전하신 뜻이 무엇인지 분별하도록 하라(로마서 12장 2절)

너희는 유혹의 욕심을 따라 썩어져 가는 구습을 따르는 옛사람을 벗어 버리고 오직 너희의 심령이 새롭게 되어 하나님을 따라 의와 진리의 거룩함으로 지으심을 받은 새사람을 입으라(에베소서 4장 22-24절)

하나님이 우리에게 원하시는 것은 가만히 멈춰 있는 것이 아니라 우리가 영적으로 성숙하고 변화해 나아가는 것입니다.

우리가 예수 그리스도를 주와 그리스도로 영접했을 때 우리는 값없이 은혜로 하나님의 자녀가 되는 권세를 얻게 됩니다.

자녀로서 신분이 바뀌었고 왕의 자녀가 되었지만 자녀인 우리가 하나님의 자녀다운 모습으로 예수님을 닮아 가는 성화의 과정에서는 영적 고아 시절 가졌던 습관을 버리기 위한 우리의 끊임없는 노력과 훈련이 필요합니다. 성령님께서는 성화의 주권자로서 우리의 변화를 주도하시는 분이시며 우리는 인격적인 성령님께서 효과적이고 지속적으로 우리 안에서 성화의 일을 하시도록 우리의 마음 밭을 가꾸며 변화를 준비할 수 있습니다.

우리는 앞에서 크리스천 코칭의 이해, 소통의 기술, 크리스천 리더십, 마음코칭 훈련을 해 왔습니다. 이제 변화의 5단계를 통해 변화의 흐름을 이해하고, 현재 자신의 마음의 상태와 영적 상태, 현재 머물고 있는 변화의 위치와 단계 등을 다시금 점검하고 다시 예전의 모습으로 돌아가려는 무의식의 욕구와 습관이 올라올 때 스스로 알아차리고 더욱 견고히 우리 자신을 세워 갈 수 있도록 훈련하며 나아갈 수 있습니다.

변화의 5단계 훈련하기

심리학자 Prochaska의 변화모델을 적용해서 인간의 마음 가운데 변화에 대한 심리적인 기저들을 이해하고 객관적으로 자신의 마음의 상태를 점검하고 변화를 위한 마음 밭을 가꾸는 준비훈련을 함께해 보겠습니다.

1단계	전 숙고 단계
2단계	숙고 단계
3단계	준비단계
4단계	실행단계
5단계	유지단계

첫 번째는 전 숙고 단계입니다.

이 단계는 변화의 의지가 전혀 없는 단계입니다.

자신의 문제가 무엇인지 알지 못하거나, 지금도 자신은 괜찮다고 생각하거나 왜 변해야 하는지 필요와 욕구가 전혀 없는 상태입니다. 영적으로 보면 영적감각이 무뎌져 있고 마음이 눈이 가려 있는 상태입니다.

전 숙고 단계의 셀프 코칭(메타인지 훈련)

① 내가 인식하지 못하는 것, 놓치고 있는 것은 무엇인가?

② 남은 나에 대해 알고 있는데 나만 자각하지 못하는 나의 모습은 무엇인가?

③ 만약 오늘밤 주님 오신다면 나는 주님 만날 준비가 되어 있는가?

④ 이런 영적 상태가 지속된다면 1년 뒤 나의 모습은 어떤 모습일까?

⑤ 이런 나의 모습을 나의 자녀들은 어떻게 바라보고 있을까?

두 번째는 숙고의 단계입니다.

숙고 단계에서는 행동은 하지 않지만 문제를 인식하고 변화를 소망하는 단계입니다. 이 단계의 중요한 심리적 특징은 소망적 사고와 양가감정입니다

소망적 사고는 나는 행동하지 않아도 내가 원하는 것이 이루어지기를 바라는 마음입니다.

양가감정은 변하고 싶은 마음과 변하고 싶지 않은 마음이 싸우는 갈등상태이며 이때 우리는 내면에서 치열한 영적 전쟁을 벌이게 됩니다.

이러한 소망적 사고와 양가감정의 심리적 상태에서 양가감정의 갈

등을 이기고 실천으로 나아갈 수 있도록 생각의 결정저울을 사용하여 표를 작성해 보겠습니다.

숙고 단계의 셀프 코칭(결정저울 사용하기)

① 영의 생각과 육신의 생각을 양쪽 저울에 달아 자신이 선택했을 때 얻을 수 있는 가치와 상급을 달아 보는 것입니다.

② 하나의 변화하고 싶은 목표를 설정하고 변화고 싶은 이유와 변화하고 현재 머무르려고 하는 이유를 작성해 보고, 변화되었을 때 얻을 수 있는 유익과 나 자신과 타인에게 주는 영향과 반응을 작성해 봅니다.

변화하고 싶은 목표

현재에 머무르려는 이유	변화를 원하는 이유

변화를 통해 얻는 유익	
나에게 주는 영향	
타인에게 주는 영향과 반응	

세 번째는 준비단계입니다.

이때는 변화의 출발선에서 내가 행동을 해야겠다는 의지와 믿음을 확고히 하는 단계입니다.

준비단계에서는 무엇을 계획하고 준비해야 하는지 점검하는 단계이며 구체적으로 계획할수록 달성 확률을 높일 수 있으며 구체적 실행을 위한 필수 단계입니다.

준비단계의 셀프 코칭

실행력 있는 달성 가능한 계획은 막연하지 않습니다.

나는 구체적 계획이 있는가?

언제부터 실행할 것인가?

어디서 어떤 시간 때에 어떤 형태로 실행할 것인가?

(구체적 목표의 예시)

1주일 동안 성경 읽기 ×

1주일 동안 매일 저녁 10시부터 30분간 5장 읽기 ○

더 자세한 내용은 다음 장 크리스천 목표 디자인하기 장 SMART 기법을 참고해 주시기 바랍니다.

네 번째는 실행단계입니다.

이때는 가장 시간과 노력을 많이 쏟아붓는 변화를 위해 실행에 옮겨지고 있는 단계입니다.

이 단계에서는 작은 실천 하나에도 스스로 성취감을 높이고 자신을 보상하며 격려하고 성공경험을 강화시켜 실천의 힘을 북돋는 것이 중요합니다.

다섯 번째는 유지단계입니다.

이 단계는 과거로 돌아가려는 재발을 막기 위한 노력이 필요하며 실행단계에서 변화된 행동을 굳혀야 하는 단계입니다. 목표를 달성할 것인지, 처음으로 돌아갈 것인가 결정되는 단계로 변화된 자신을 격려하며 다짐하며 실천을 지속시키는 단계입니다.

이러한 인간의 심리적 행동적 변화의 단계들을 이해하고 단번에 변화되지 않는 자신을 자책하거나 낙심하지 말고 한발 한발 믿음 안에서 말씀 안에서 기도하고 순종하며 성령님과 함께 변화의 훈련을 지속해 보시기 바랍니다.

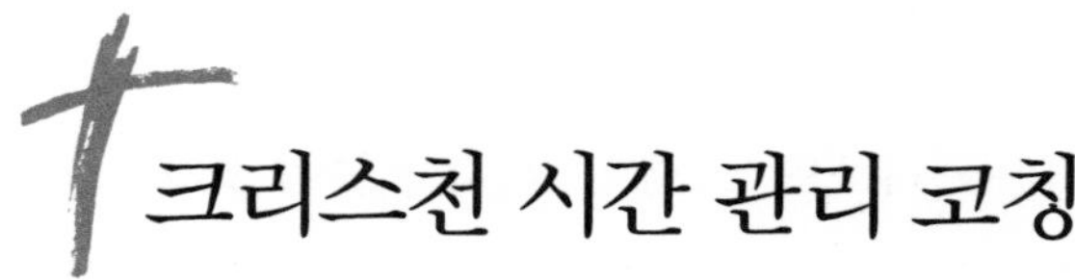

크리스천 시간 관리 코칭

그런즉 너희가 어떻게 행할지를 자세히 주의하여 지혜 없는 자같이 하지 말고 오직 지혜 있는 자 같이 하여 세월을 아끼라 때가 악하니라(에베소서 5장 15-16절)

외인에게 대해서는 지혜로 행하여 세월을 아끼라(골로새서 4장 5절)

시간은 하나님이 모두에게 주신 공평한 선물입니다. 똑같이 공평하게 주어진 24시간을 어떻게 관리할 것인지 그것은 우리의 선택을 통해 이루어집니다.

시간은 눈에 보이지 않고, 누구에게나 공평하게 주어졌고 저장이 불가능하고 시간이 지나면 소멸되는 특징을 가지고 있습니다. 그렇기 때문에 한정된 시간을 활용할 수 있는 계획과 효율적인 시간관리가 매우 중요합니다.

파레토의 법칙(80:20)은 전체 결과의 20% 요소가 전체 결과의 80%를 차지한다는 원리인데, 파레토의 법칙을 시간 관리에 적용해 보면 하루 중 우선순위를 두고 효과적으로 사용하는 20%의 시간에 의해 80%의 시간도 유익하고 성장하는 하루를 만들어 낼 수 있다는 것입니다.

하나님께서 우리에게 맡겨 주신 시간을 청지기 정신을 가지고 우선순위를 잘 적용하고 효과적으로 사용하도록 시간 관리 훈련을 함께해 보겠습니다.

시간을 관리하는 4가지 유형의 사람들

똑같이 주어진 24시간 속에서 사람들은 다양한 삶의 태도를 가지고 살아가는데, 이기는 습관의 저자 전옥표 박사가 말하는 4가지의 유형의 사람들을 통해 먼저 우리 자신을 점검해 보겠습니다.

첫 번째, 목표 없는 열심히형입니다. 이 유형은 구체적인 중장기, 단기, 일일 계획 없이 무조건 열심히만 하는 유형으로 시간 투자 대비 효과성이 떨어지게 시간을 사용하는 유형입니다.

두 번째, 무계획형입니다. 이 유형은 하던 일을 중단하고 종종 다른 일에 손을 대고, 가장 좋은 진행방식을 생각하기 전에 일에 돌입하여 시간 사용이 엉켜 버리고 필요 이상의 시간이 걸리는 유형입니다.

세 번째, 만능 해결사형입니다. 이 유형은 자신도 모르게 중요도가 없는 일에 매달려 시간을 허비하고 완벽하게 하지 않아도 되는 일까지 완벽하게 하려고 시간을 낭비하는 유형입니다.

네 번째, 거절할 수 없는 예스맨형입니다. 이 유형은 정확하게 거절하지 못해 많은 일을 맡아 버리는 유형으로 본인에게 정작 중요하지 않는 일에 시간을 허비하는 유형입니다.

4개 유형의 모습 속에서 우리의 모습을 인식해 보고 시간 관리 코칭을 함께 훈련해 보겠습니다.

시간 관리 코칭

① 먼저 평상시 시간 관리를 잘하고 있는지 체크리스트를 통해 점검해 보겠습니다. (1점부터 5점 만점 기준으로 체크)

1	연간, 월간, 주간, 일간 계획을 작성한다	
2	우선순위를 두고 하루 활동을 한다	
3	계획한 일은 미루지 않고 실천에 옮긴다	
4	실천한 결과는 메모하고 체크한다	
5	하기 어려운 일은 위임하거나 조정한다	
6	일을 시작하면 다른 일을 하거나 쉽게 포기하지 않는다	
7	나는 자투리 시간을 활용해서 알차게 시간 사용을 하고 있다	

② 시간관리 메트릭스를 적용하여 질문에 스스로 답하고 작성해 보면서 소중한 것을 먼저 할 수 있는 시간의 우선순위를 정리해 보시기 바랍니다.

1. 중요하면서 급한 일	2. 중요하지만 급하지 않은 일
3. 급하지만 중요하지 않은 일	**4. 중요하지도 급하지도 않은 일**

하루, 한 주, 한 달, 연간 중 하나를 떠올리면서 질문에 답해 보시기 바랍니다.

① 나에게 중요하면서 급한 일들은 무엇인가요?
② 나에게 중요하지만 급하지 않은 일들은 무엇인가요?
③ 나에게 중요하지 않은데 급한 일은 무엇인가요?
④ 나에게 중요하지도 급하지도 않은 일들은 무엇인가요?
⑤ 중요하지도 급하지도 않은 일들의 요소를 정리한다면 어떻게 달라질까요?
⑥ 여러 가지 일들 중 다른 사람이 대신할 수 있는 일은 무엇인가요?
⑦ 중복되고 반복되는 일들은 무엇인가요?

크리스천의 효과적인 시간 관리 전략

1. 시간 계획 수립하기

시간을 효율적으로 사용하기 위해서는 먼저 기도하는 가운데 해야 할 일들의 우선순위를 기록해야 합니다.

또한 하루 시간을 어떻게 사용하고 있는지 시간 사용을 기록하여 자신의 시간 사용 패턴을 점검해야 합니다.

2. 우선순위 결정하기

시간을 사용하는 우선순위는 중요하면서 급한 일, 중요하지만 급하지 않은 일, 급하지만 중요하지 않은 일이 우선순위가 되도록 조정하는 것이 효과적입니다.

3. 시간 낭비의 요소 제거하기

불필요하게 사용하는 시간들, 중복되고 의미 없이 사용하는 시간들을 탐색하고 조절하는 것이 효과적입니다.

하나님이 주신 소중한 시간을 청지기 의식을 가지고 충성스럽게 관리해 나갈 수 있도록 시간을 관리하고, 소중한 일을 먼저 할 수 있도록 시간 관리에 대한 셀프 코칭을 훈련해 보시기 바랍니다.

4. 자투리 시간을 효과적으로 사용하기

이동하는 시간, 걷는 시간, 기다리는 시간 등을 활용하여 유익하게 사용할 수 있는 목표를 세우고 습관화시킨다면 시간을 효과적으로 사용할 수 있습니다.

크리스천의 목표 디자인하기

너희에게 행하시는 이는 하나님이시니 자기의 기쁘신 뜻을 위하여 너희에게 소원을 두고 행하게 하시나니(빌립보서 2장 13절)

그러므로 나는 달음질하기를 향방 없는 것 같이 아니하고 싸우기를 허공을 치는 것 같이 아니하며(고린도전서 8장 26절)

SMART 기법을 적용한 목표 다듬기 훈련

하나님의 계획은 창대하고 하나님은 우리의 생각과 계획을 넘어 역사하시는 분이십니다. 그러한 하나님을 기대하면서 현재의 내 삶에서 만들어가는 준비와 계획은 하나님이 우리에게 주신 시간과 자원을 낭비하지 않고 세월을 아끼며 우리 마음가운데 심어주신 비전을 바라보며 충성된 삶의 태도를 하나님께 드리는 하나의 훈련입니다.

SMART 기법은 목표를 구체적으로 다듬는 데 도움이 되는 도구입니다. 일반 대화와 코칭 대화의 차이 중 큰 하나는 코칭 대화는 자신이 원하는 목표를 설정하고 그 목표를 실행으로 옮기기 위한 대안을 탐색하는 과정이 필요합니다. 이때 SMART 기법을 적용하여 자신의 목표를 구체화할 수 있습니다.

우리는 막연하게 갖고 있는 꿈을 목표라고 생각하지만 아주 모호한 목표를 가지고 있을 때가 많이 있습니다. SMART 기법을 적용하여 목표를 다듬게 되면 목표를 구체적이고 측정 가능하고 성취 가능하고 현실 가능하고 시간기한이 정해지도록 자신의 목표를 구조화할 수 있습니다.

〈SMART 기법 & 목표 다듬기 훈련〉

Specific / 구체적인 목표인가?
ex) 성경을 많이 읽고 싶다(×), 1일에 2장씩 2023년 12월 30일까지 읽는다(○) **성경을 많이 읽고 싶은 것은 주제이지 목표는 아니다. 목표는 구체적인 목표로 설정되어야 합니다.**
Measurable / 측정이 가능한 목표인가?
ex) 성경을 많이 읽고 싶다(×), 1일에 2장씩 3개월 동안 180장 읽기(○) **성경을 많이 읽고 싶다는 측정이 불가능하다. 목표는 측정이 가능하도록 수치화되어야 합니다.**

Achievable / 성취 가능한 목표인가?
ex) 7일 안에 1독을 하겠다(×), 성경을 읽기 위해서 새벽시간, 점심시간, 저녁 취침 전 시간을 내어 3개월 동안 180장을 읽겠다(○) **성취 가능한 목표는 생각에 머무는 것이 아니라 구체적 행동계획과 실천에 있습니다.**
Realistic / 현실 가능한 목표인가?
ex) 7일 안에 1독 하겠다(×), 성경을 읽기 위해서 새벽시간 30분, 점심시간 10분, 저녁 취침 전 30분 시간을 내어 3개월 동안 180장을 읽겠다(○) **현실적으로 무리한 목표를 설정하면 실패를 경험하기 쉽고 이것이 반복되면 목표 설정을 회피하게 됩니다. 현실 가능한 구체적 목표를 설정해야 달성 가능성이 높아집니다.**
Time-bound / 기한이 정해져 있는 목표인가?
ex) 하는 데까지 최선을 다하겠다, 노력해서 맞춰 보겠다(×), 23년 12월 30일까지 목표를 완수하겠다(○) **기한이 정해져 있어야 목표를 이룰 수 있는 가능성을 높일 수 있습니다.**

만다라트를 활용한 목표와 실행 계획 세우기 훈련

만다라트 기법은 이마이즈미 히로아키가가 개발하였습니다. 만다라트는 Manda + la + art가 결합된 용어로 목적을 달성하는 기술을 의미합니다. 만다라트 기법의 장점은 막연하게 생각해 왔던 자신이 원하던 삶을 구체화해서 목표를 작성하고 선명하게 실행 계획을 한눈에 펼쳐

보며 자신의 목표를 점검함으로서 실행력을 높일 수 있다는 것입니다. 현재 마음속으로 생각해 왔던 것들이 막연했다면 만다라트 기법을 적용해서 눈으로 볼 수 있는 확장된 목표를 세우고 세부 실행 계획을 작성해 볼 수 있습니다.

1. 먼저 가장 중심에 가장 중요한 또는 원하는 핵심목표를 설정합니다.
2. 핵심목표를 가장 중심에 작성하고, 핵심목표를 둘러싼 8칸에 핵심목표를 이루기 위한 8가지 세부목표를 설정합니다.

   예시: 핵심목표: 영적 코치되기

   8가지 세부목표: 신앙, 코칭, 성품, 건강, 성장, 관계, 소통, 섬김
3. 8가지의 세부목표를 확산하고 8가지 세부목표를 이루기 위한 64가지 실행 계획을 작성해 봅니다.
4. A4용지로 출력해서 자신이 볼 수 있는 곳에 부착하여 수시로 자신의 목표와 실행 계획을 점검할 수 있고, 시간에 따라 목표와 실행 계획을 수정하면서 기록해 볼 수 있습니다.

〈만다라트를 활용한 계획표 & 작성실천 편 예시〉

말씀 읽기 5장	새벽 기도	모든 예배 참석				판단 금물	존중 하기	정직 하기
1시간 구별 기도	신앙	양육 프로그램 계발		코칭		양보 하기	성품	배려 하기
전도 하기	봉사 하기	말씀 듣기				감사 표현 하기	인정 격려 하기	겸손 하기
			목표1 신앙	목표2 코칭	목표3 성품			
	건강		목표4 건강	핵심목표 영성 코치	목표5 성장		성장	
			목표6 관계	목표7 소통	목표8 섬김			
	관계			가정			섬김	

〈만다라트를 활용한 계획표 & 작성실천 편〉

제6장

향기 나는 교회 이미지 리더십

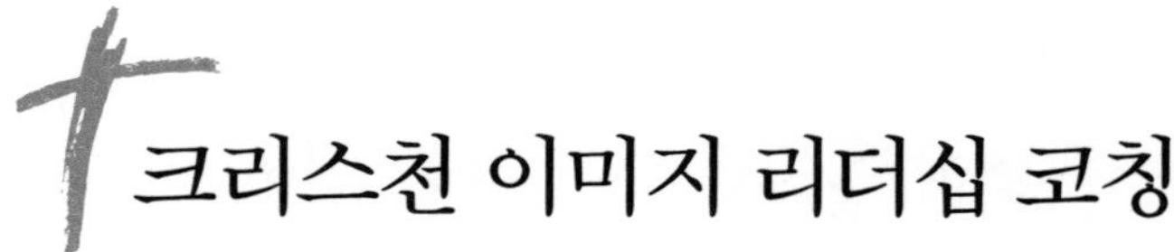

크리스천 이미지 리더십 코칭

우리는 구원받는 자들에게나 망하는 자들에게나 하나님 앞에서 그리스도의 향기니(고린도후서 2장 15절)

항상 우리를 그리스도 안에서 이기게 하시고 우리로 말미암아 각처에서 그리스도를 아는 냄새를 나타내시는 하나님께 감사하노라(고린도후서 2장 14절)

너희는 우리로 말미암아 나타난 그리스도의 편지니 이는 먹으로 쓴 것이 아니요 오직 살아 계신 하나님의 영으로 쓴 것이며 또 돌판에 쓴 것이 아니요 오직 육의 마음판에 쓴 것이라(고린도후서 3장 3절)

리더십은 누군가에게 긍정적인 영향력을 주는 과정입니다. 그렇다면 이미지란 무엇인가요?

이미지(Image)란 얼굴에 나타나는 표정, 눈빛, 미소, 음성, 말씨, 걸음걸이, 복장 등 한 사람 안에서 다양한 요소들이 하나의 형상으로 표현되는 모습입니다.

크리스천들에게 이미지 리더십이 필요한 이유는, 각기 고유한 개인의 독창성과 개인적인 삶의 스타일이 존중되어야 하겠지만, 크리스천은 이미 세상에서 하나님의 형상을 전하는 예수 그리스도라는 브랜드를 가진 자들이기 때문입니다. 크리스천 이미지 리더십은 말 그대로 예수 그리스도의 이미지를 세상에 표현하는 영향력입니다.

우리 자신은 크리스천으로서 어떠한 이미지 리더십을 가지고 있을까요? 하나님께서는 우리에게 그리스도의 편지이며 각처에서 나타나는 그리스도의 향기를 가진 자들이라고 말씀하십니다.

그리스도인의 이미지에서 예수 그리스도의 표정과 미소를 발견하고, 그리스도인의 말투에서 예수 그리스도의 다정함을 느낄 수 있고, 그리스도인의 눈빛과 태도 속에서 따뜻함과 겸손함이 나타나도록 지금부터 더 아름답게 크리스천 이미지 리더십을 훈련해 나갈 수 있습니다.

그리스도인의 첫인상

교회를 방문한 논크리스천들은 아주 예민하고 민감한 상황에서 교회의 문을 두드립니다. 어렵게 찾은 교회의 성도들의 첫인상은 새로운 가족들을 맞이하는 상황에서 결정적인 요인들이 되기도 합니다. 교회와 그리스도인에게 기대하는 이미지와 너무 다른, 성도의 차갑고 무표정한 이미지는 사람들이 교회와 그리스도인에게 기대하는 후광효과[15] 때문에 더욱 더 큰 실망감을 주게 합니다.

초두 효과 이론에 의하면 일반적으로 한 사람의 첫인상을 결정하는 데 걸리는 시간은 (학자마다 다소 다른 차이가 있지만) 보편적으로 최소 3초에서 1분을 넘지 않습니다. 그러나 짧은 시간에 결정된 이미지를 다시금 회복하기 위해서는 40번에서 60번 사이의 만남의 시간을 가져야 한다고 말합니다.

첫인상을 결정하는 가장 큰 요인은 표정과 미소입니다.

눈, 코, 입의 생김새보다는 우리 자신의 내면에서부터 올라오는 이미지가 표정입니다. 표정은 사전적으로 정리해 보면 '마음속에 있는 정서 상태가 겉으로 나타나는 모습'이라고 말합니다.

하나님과 매 순간 교제하며 날마다 하나님의 말씀 가운데 묵상하며 하나님의 사랑을 삶에서 경험하는 그리스도인의 얼굴 표정은 하나님의 평강을 나누어 줍니다. 표정은 우리 자신이 만들어 갈 수 있습니다. 하나님의 말씀 안에서 기쁨을 누리며 긍정적인 생각과 감사로 마음을 채워 나가며 매일 작은 실천 훈련을 통해 더욱 새롭게 아름답게 만들어 갈 수 있습니다.

---

15 후광효과란 대상의 대표적인 특성이 다른 세부적인 특성에도 영향을 미치는 현상을 말합니다.

아름다운 이미지를 만드는 태도 훈련

첫 번째, 사명감과 목적의식을 갖는 훈련입니다.

크리스천으로서 왜 긍정적인 아름다운 이미지가 필요한지 생각해 보시기 바랍니다. 누구를 위해, 무엇 때문에 이미지 메이킹이 필요한지 명확한 목적의식과 사명감을 갖는다면 교회를 위해 하나님 나라를 위해 오늘부터 좋은 이미지를 만들기 위한 훈련을 시작할 수 있습니다.

두 번째, 내면의 마음 밭을 가꾸는 훈련입니다.

우리의 모든 외적 이미지(표정, 눈빛, 자세, 태도 등)는 내면에서부터 뿜어져 나옵니다. 자신이 얼마나 존귀한 존재인지를 의식하는 훈련이 필요합니다.

주님의 사랑을 신뢰하며 우리의 마음 밭을 아름답게 가꾸어 보시기 바랍니다. 우리의 영혼에 상처 난 자리가 회복되고 싹이 트기 시작하면 내면에서부터 아름다운 미소가 발현될 것입니다.

세 번째, 내면으로부터 우러나오는 영혼을 사랑하는 마음으로 상대방의 눈을 바라보고 미소 짓는 훈련입니다.

눈빛을 마주하면서 미소 지을 때 미소는 훨씬 더 아름답고 매력적으로 보입니다. 입꼬리를 살짝 올리고 바르게 눈빛을 마주하면서 자신있게 웃어 보세요. 마음과 하나 되는 진실한 미소가 상대방까지 미소 짓게 만들 수 있습니다.

내적 이미지와 외적 이미지가 상호작용 하여 시너지를 낼 수 있도록 오늘부터 우리 자신의 이미지가 예수 그리스도의 이미지가 될 수 있음을 기억하시면서, 아름다운 첫인상인 그리스도인의 표정과 미소를 만들어 보시기 바랍니다.

표정 이미지 메이킹 & 셀프 코칭 훈련

지금 잠시 거울을 보며 객관적인 우리 자신의 표정을 마주해 보시기 바랍니다.

- 자신의 눈빛을 지극히 바라봅니다. 그리스도의 사랑을 담아 자신을 사랑스러운 눈빛으로 바라봅니다.
- 진심으로 마음을 쓰다듬으며 "나는 하나님께 사랑받는 존귀한 자녀야."라고 말로 표현하며 스스로 격려합니다. 그리고 거울을 보며 입꼬리를 살짝 올리고 환하게 미소를 지어 봅니다(음성언어로 표현).
- 5초 동안 자신의 눈빛과 마주하고 미소를 머금고 거울 속의 자신을 마주합니다.
- 매일 아침저녁으로 셀프 코칭 훈련을 지속하며 연습한 후, 가까운 가족과 성도들에게도 실천을 반복합니다.

향기로운 태도에서 복음의 향기가 발한다

심리학자 닥터 매러비안은 매러비안의 법칙이라는 의사소통 모델을 통해 비언어 메시지의 중요성을 강조합니다. 의사 전달의 과정에서 중요한 요소로 비언어(표정, 눈빛, 미소, 자세, 태도 등)의 영향력이 55%, 음성 38%, 말의 내용이 7%의 요소를 차지한다고 말합니다.

말의 내용을 설득력 있게 전달하고 싶다면 말의 내용에 부합하는 비언어의 태도가 함께 전달되어야 합니다. 태도가 얼마나 중요하고 가치 있는지를 생각해 볼 수 있으며 매러비안의 법칙은 세상 가운데 예수 그리스도의 복음을 전하는 크리스천들에게 깊은 성찰을 주는 메시지입니다. 복음을 전하는 것은 우리의 사명이며 복음을 전하는 방법에 대한 훈련이 더욱더 필요한 시대가 되었습니다.

우리의 삶 속에서 나타나는 이미지와 삶의 태도로 예수 그리스도의 복음을 전하고 있고 우리 주변의 사람들은 이미 오래전부터 우리의 메시지를 듣고 있습니다.

그리스도인의 삶의 태도 자체가 세상에 복음을 전하는 통로입니다.

자신에게 주어진 일을 대하는 마음가짐, 상대를 향한 긍정 또는 부정적인 마음가짐, 감사 또는 불평의 마음가짐, 수용 또는 거부의 마음가짐이 모두 태도를 통해 향기로 발하고 있는 것입니다.

향기로운 그리스도인들은 매사 긍정적이며 수용적이고 적극적이고 감사의 마음가짐으로 아름다운 태도의 향기를 발할 것입니다. 그러나 반대로 평상시에 자신이 보여 준 태도가 부정적인 향기로 발하고 있었다면 그런 태도에서 전하는 복음의 메시지는 세상 사람들에게 거부감을 조성할 수 있으므로, 우리는 그리스도인으로서 자신이 세상 가운데 주는 자신의 이미지의 영향력을 스스로 성찰하고 점검해야 합니다. 그리고 오늘부터 새롭게 그리스도의 향기를 전하는 태도 훈련을 시작해 볼 수 있습니다.

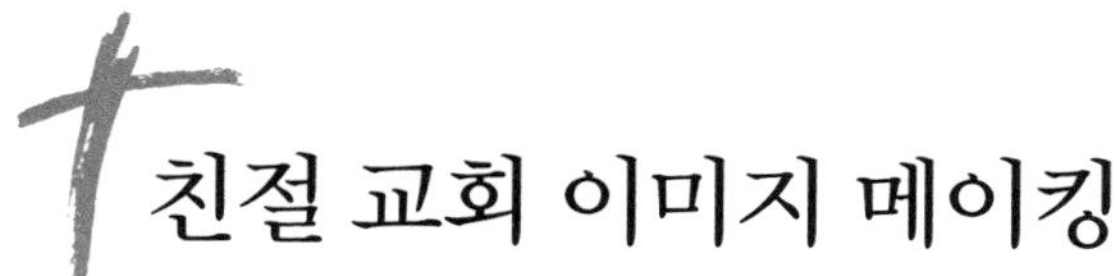

친절 교회 이미지 메이킹

너희는 세상의 소금이니 소금이 그 맛을 잃으면 무엇으로 짜게 하리요 후에는 아무 쓸데없어 다만 밖에 버려져 사람에게 밟힐 뿐이니라 너희는 세상에 빛이라 산 위에 있는 동네가 숨겨지지 못할 것이요 사람이 등불을 켜서 말 아래에 두지 아니하고 등경 위에 두나니 이러므로 집 안 모든 사람에게 비치느니라 이같이 너희 빛이 사람 앞에 비치게 하여 그들로 너희 착한 행실을 보고 하늘에 계신 너희 아버지께 영광을 돌리게 하라(마태복음 5장 13-16절)

사람의 마음을 사로잡는 서비스에는 공식이 있습니다.

첫 번째는 '고객만족서비스' 공식 중에 100 - 1 = 99가 아니라 0이라는 법칙입니다. 이는 수학 공식이 아니라 서비스의 만족과 불만족 사이 공식입니다. 아무리 모든 부분에서 만족했다 하더라도 하나의 부분 또는 하나의 사건이 불쾌하거나 불만족스러울 때, 제공된 모든 서비스가 0이 되어 버리는 공식입니다.

예를 들어 식당이나 주차장에서 또는 생활 속에서 경험할 수 있는 일이기도 합니다. 모든 것이 만족스러웠는데 어떤 하나의 불편한 사건의 경험으로 그 장소에서 있었던 경험이 모두 오염되어 부정적으로 기억되는 것입니다.

두 번째, '기대와 경험 사이' 공식입니다.

일반적인 사람들이 교회에 기대하는 바가 높습니다. 교회는 사랑이 넘치고 친절하며 모든 것을 용납하고 수용해 주는 곳이라는 막연한 이미지를 가지고 있습니다. 사람의 심리 가운데는 기대 수준 대비 경험한 서비스 수준이 높으면 만족스러움을 느끼지만, 아무리 객관적으로 좋게 보여도 기대 수준 대비 경험 수준이 낮았다면 이 서비스는 불만족스러운 결과를 만들 수 있습니다.

예를 들어 교회에 대한 기대(150) - 경험한 서비스(100점) = 50점이 되는 것이 아니라 0점이 되는 마음의 공식입니다.

사람은 심리적으로 긍정적인 요소보다 부정적인 요소를 훨씬 더 강하게 기억하고, 그 부정적인 요소의 경험을 전체의 이미지로 일반화해 부정적인 결과로 인식하는 편향성을 가지고 있습니다.

교회란 건물이 아니고 하나님께서 자녀라 칭하여 주시고 하나님의 백성으로 불러 주신 성도들의 모임입니다.

세상에서 영향력을 주는 기업들은 자신의 브랜드를 명품 브랜드로 만들기 위해 탁월한 서비스를 제공하여 고객의 마음을 사로잡기 위해 노력합니다. 생각해 보면 이 땅의 교회들은 이 세상의 어떤 기업하고도 비교할 수 없는 가치 있는 하나님 나라를 대표합니다.

시설과 외관에 가치를 두는 것이 아니라, 복음이 있고 예수님의 생명이 있는 교회를 통해 영혼을 살리고 성도를 섬기는 일에는, 우리가 그 어떤 세상 브랜드보다 탁월한 서비스 정신으로 섬겨야 할 그리스도인으로서 마음가짐이 필요합니다.

친절 교회 이미지 메이킹을 위한 SWOT 분석

현재 우리 교회의 이미지는 어떠한지 객관적인 관점에서 인식하고 우리교회의 강점과 약점 및 기회와 위협 요인에 대하여 분석해 보고 질문에 따라 빈칸에 작성해 보겠습니다.

① Strengths(강점) 우리 교회의 강점은 무엇인가요?
② Weaknesses(약점) 우리 교회의 약점은 무엇인가요?
③ Opportunities(기회) 우리 교회의 기회가 되는 외부요인은 무엇인가요?
④ Threats(위협) 우리 교회에 위협이 되는 외부요인은 무엇인가요?

〈SWOT 분석〉

Strengths(강점)	Weaknesses(약점)
Opportunities(기회)	Threats(위협)

〈SWOT 분석 실천 전략〉

요소	실천 전략
강점 & 기회 요소	
약점 & 위협 요소	

다음 질문을 활용하여 실천 전략을 작성해 보시기 바랍니다.

① 강점과 기회요인을 적용하여 무엇을 강화하고 새롭게 교회에서 실천할 수 있을까요?

② 약점과 위협요소를 인식했다면 앞으로 무엇을 조절하고 변화시켜야 할까요?

분석을 통해 교회의 강점과 약점, 외부적인 기회요인과 위협요인을 확인했다면 우리 교외의 약점과 위협요인은 충분히 인식하고 보완할 방법을 전략적으로 구축하고 강점과 기회요인을 통해 더욱더 아름답고 친절한 교회 이미지가 구축되도록 강점을 활용하여 실천 전략을 수립할 수 있습니다.

친절 교회 MOT 실천 전략 코칭

MOT는 영어 Moment of Truth의 약자로 진실의 순간을 말합니다. 이 말의 의미는 투우사가 급소를 찌르는 결정적 순간, 피하려 해도 피할 수 없는 결정적 순간을 표현하며, 서비스 마케팅에서는 기업과 고객이 만나는 순간을 표현합니다.

MOT를 교회에 적용해서 확장해 보면 교회를 찾는 영혼들이 만나는 결정적 순간들이 있습니다. 주차장에 들어서는 순간, 화장실을 사용하는 순간, 성도와 만나는 순간, 길거리에서 전도지를 주는 순간, 예배의 자리에 참석하는 순간 등이 성도의 마음을 열거나 닫게 하는 결정적 순간일 수 있습니다.

물론 하나님의 깊은 섭리 가운데 그 모든 주권이 주님께 있기에 영혼 구원의 섭리는 주님께 있으나, 하나님 나라의 백성으로서 우리의 위치에서 우리가 할 수 있는 최선의 환경 조성과 노력은 말 그대로 우리가 감당해야 할 역할입니다.

〈교회의 시스템 3가지 요소〉

Hard Ware	예배당, 시설, 장비 등이 여기에 포함됩니다.
Soft Ware	예배, 말씀, 찬양, 양육, 코칭, 상담 등 (영성훈련에 관련된 다양한 프로그램 포함)
Human Ware	성도 개인의 영성과 성도와 성도가 접촉하여 발생되는 모든 요소들입니다.

예수 그리스도의 사랑을 전하고 진정한 섬김이 향기로 발하는 친절교회를 만들기 위해서는, 각 모든 지체들이 자신이 하나님의 이미지를

전달하는 중요한 역할을 담당하고 있다는 사명감을 인식하는 것에서 출발합니다.

'MOT 사이클'(사람들이 교회에서 접촉하는 상황들)을 교회의 요소에 적용해 보면 다음과 같습니다.

주차장	주차장에서 만나는 모든 상황, 주차 안내 표시, 주차 안내자의 표정, 자세, 태도, 주차 공간 및 시설, 복장, 말투
교회 안내자	안내자의 표정과 미소, 말투, 화법, 복장, 자세
전화 상담	전화를 받는 성도의 목소리와 친절한 안내
화장실	화장실에서 만나는 성도들의 대화 내용, 표정, 위생 상태
교회 카페 또는 접견실	성도들의 표정과 눈빛, 대화의 내용, 태도, 분위기, 찬양 소리, 음료 서비스
예배의 장소	예배를 드리는 성도들의 자세와 태도, 분위기, 좌석

이와 같은 모든 요소는 예수 그리스도의 몸이 교회 지체들의 마디마디로 연결된 것처럼, 이러한 시스템도 유기적으로 연결되어 있습니다. 교회의 가장 큰 위대한 힘은 예수 그리스도의 사랑입니다. 하나님께서 뜻하신 이 세상 가운데 보낸 교회의 목적에 이끌려 교회를 섬기고 세워 나가는 것이 중요합니다. 가장 본질적인 복음과 진리의 토대 위에 우리가 실천해야 할 사랑과 섬김은 노력과 훈련을 통해 만들어 갈 수 있습니다.

고상하고 품위 있는 그리스도인의 매너 코칭

모든 것을 품위 있고 질서 있게 하라(고린도전서 14장 40절)

그리스도인에게 고상하고 품위 있는 매너는 교회와 함께하는 공동체 또는 사회에서 더욱더 아름다움을 발하게 할 것입니다.

에티켓은 일반적으로 지켜야 할 기본적인 예의, 규범을 말합니다. 에티켓의 본질은 타인에게 불편을 끼치지 않고 타인에게 호감을 주며 타인을 존경한다는 의미를 포함합니다.

에티켓과 매너는 비슷하게 사용하지만, 매너는 이러한 에티켓을 지키는 행동적 방법이라고 말할 수 있으며, 보다 내면에서부터 나타나는 깊은 성품 속에서 발하여 만들어지는 태도라고 할 수 있습니다.

예를 들어 화장실에서 노크해야 하는 것이 에티켓이라면 노크하는 방법은 매너입니다. 손가락을 모아 톡톡 노크할 수도 있고 주먹으로 쿵쿵 두드릴 수도 있습니다. 이처럼 예절을 지키는데도 방법은 각자 가진 삶에 밴 행동으로 나타나게 됩니다.

이처럼 매너는 우리가 가진 내면에서부터 시작하여 우리의 성품 속에서 우러나는 향기와도 같습니다. 보다 편안하게 상대를 배려하는 진실한 매너는 그리스도인의 고상함과 품격을 높여 줄 것입니다.

상황별 에티켓과 매너 실천 코칭

먼저 가장 기본적인 인사와 평상시 자주 사용되는 예절과 실천 행동들을 상황별로 연출해 보고 거울을 보면서 연습해 보시기 바랍니다. 자신에게 가장 적절하고 바람직한 자세가 될 수 있도록 셀프 코칭 훈련을 통해 자신의 태도를 더욱 품위 있고 아름답게 만들어 갈 수 있습니다.

인사 예절	• 목례 15도, 보통례 30도, 정중례 45도(화장실, 복도는 눈인사 또는 목례) • 눈빛을 마주한다 • 이름을 부르면서 '안녕하세요'라고 말한 후, 반듯한 자세로 허리를 숙여 인사한다
인사할 때 손 위치	• 남성은 왼손이 오른손 위, 여성은 오른손이 위
소개받을 때	• 남성을 여성에게 먼저 소개한다 • 연하자를 연장자에게 소개한다 • 하위자를 상위자에게 먼저 소개한다
악수를 할 때	• 악수는 윗사람이 먼저 권한다 • 여성이 남성에게 먼저 권한다 • 너무 강하게 잡거나, 가볍게 손끝을 잡는 일은 실례가 될 수 있다
명함을 건넬 때	• 명함은 아랫사람이 윗사람에게 먼저 건넨다 • 반드시 일어서서 건넨다. 상대가 읽기 쉽도록 오른손으로 명함 한쪽 끝을 가볍게 쥐면서 전한다 • "명함을 전달하며 ○○○입니다." 하고 자신의 이름을 소개한다 • 동시에 주고받을 경우, 오른손으로 주고 왼손으로 받는다

전화 예절	• 친절한 음성으로 받는다 • "네, 감사합니다. ○○○교회입니다." • 신속하고 정확하게 문의에 대답해 준다 • "담당자를 찾을 경우 잠시만 기다려 주시겠습니까?"라고 양해를 구한다 • "문의 주셔서 감사합니다." 또는 "샬롬 즐거운 하루 되십시오." 등으로 인사한다 • 전화를 끊을 때는 상대방이 전화를 끊는 것을 확인하고 내려놓는다
윗사람과 동행 시	• 계단을 올라갈 때는 윗사람이 앞장선다 • 계단을 내려올 때는 아랫사람이 앞장선다
에스컬레이터	• 아랫사람이 먼저 타서 버튼을 누르고 내릴 때는 윗사람이 먼저 내린다(안내자가 별도로 없을 경우)

다음은 자주 사용하는 화법 중 무의식중에 상대에게 사용하는 명령어를 의뢰형 화법으로 바꾸어, 보다 정중하고 기분 좋은 대화가 될 수 있도록 대화 화법을 훈련해 보겠습니다.

다시 말해 주세요	죄송하지만 다시 한번 더 말씀해 주시겠습니까?
기다리세요	잠시만 기다려 주시겠습니까?
이곳을 청소하세요	미안하지만 조금만 도와주시겠습니까?
여기에 작성하세요	번거로우시겠지만 여기에 작성해 주시겠습니까?
무슨 일이세요?	괜찮으시다면 용건을 말씀해 주실 수 있을까요?

지시형의 대화 대신 부드럽게 요청하는 "~미안하지만, 번거로우시겠지만" 등과 같은 쿠션화법으로 언어에 부드러운 쿠션감을 주고, 또

한 “여기 작성하세요”와 같은 지시형 언어를 “작성해 주시겠습니까?”라는 의뢰형으로 전환할 때, 보다 정중하고 품위 있는 기분 좋은 대화를 만들어 갈 수 있습니다.

처음 교회를 방문한 분들뿐만 아니라 평상시 교회 생활에서 우리가 사용하는 언어들이 무의식중에 상대를 불편하게 할 수 있습니다. 또한 보다 더 친절하고 다정한 대화 환경을 조성하기 위해서, 앞에서 나누었던 비언어의 중요성을 인식하고 음성의 높낮이를 적절하게 조절하며, 말의 화법을 명령어에서 의뢰형으로 훈련해 나간다면 더욱더 효과적인 대화 매너를 만들어 갈 수 있습니다.

참고 문헌

게리콜린스,『코칭바이블』, IVP, 2011.

권석만,『현대 심리치료와 상담이론』, 학지사, 2012.

김학중,『코칭리더십으로 교회 살리기』, 도서출판 NCD, 2007.

김주환,『회복탄력성』, 위즈덤하우스, 2019.

김석형,『한국교회 사역활성화를 위한 코칭리더십의 타당성 연구』, 호서대학교 대학원, 2013.

박창규 외 2명,『코칭의 핵심역량』, 학지사, 2022.

도미향 외 3명,『코칭학개론』, 신정, 2014.

도미향,『부모 코치사 2급 매뉴얼』, 한국보육코칭협회, 2023.

달라스 윌라드,『마음의 혁신』, 복 있는 사람, 2023.

릭워렌,『목적이 이끄는 삶』, 도서출판 디모데, 2003.

라원기,『누구나 한 번은 리더가 된다』, 두란노, 2015.

박병기,『제4차 산업혁명시대의 리더십, 교육 & 교회』, 거꾸로 미디어, 2018.

박중호,『트리니티 크리스천 코칭리더십』, 도서출판 LCN, 2023.

배은경,『셀프리더십 코칭』, 가람출판사, 2016.

서우경,『행복코칭』, 자유로운 상상, 2009.

손기철,『알고 싶어요 성령님』, 규장, 2012.

샤뮤엘 D. 리마,『셀프리더십』, 생명의 말씀사, 2015.

스티븐 팔머,『코칭심리학』, 코쿱북스, 2016.

스티븐 코비,『성공하는 사람들의 7가지 습관』,김영사, 2018.

심교준,『NLP코칭기법』, 조은, 2013.

윤정구,『진성리더십』, 라온북스, 2015.

이희경,『코칭심리 워크북』, 학지사, 2014.

윤하준, 『소그룹과 공동체를 위한 크리스천 코칭워크북』, 브릿지코칭센터, 2019.
이동운, 『코칭의 정석』, Beautiful Human, 2014.
이전호, 『코칭훈련을 통한 소그룹리더십 향상에 관한연구』, 장로회신학대학교 목회전문대학원, 2014.
유옥덕 · 강은희, 『크리스천 명품 리더십』, 대한기독교 교육협회 출판부, 2013.
유중근, 『애착이론Basic』, MCI, 2018.
유호정, 『감정코칭전문가 자격과정』, 호정감정아카데미, 2022.
정요섭, 『Christian Coaching Leadership』, 좋은땅, 2017.
전요섭, 『효과적인 기독교 상담기법』, 기독교 문서 선교회, 2009.
조영우, 『평신도가 성경과 삶에서 발견한 하나님나라』, 북코리아, 2017.
정윤진, 『4.0시대 셀프리더십 심리코칭』, 좋은땅, 2020.
조경혜, 『그리스도 중심 코칭』, 도서출판 그리심, 2015.
존맥스웰, 『존맥스웰의 위대한 영향력』, ㈜비지니스북스, 2014.
전옥표, 『이기는 습관』, 쌤 앤 파커스, 2007.
최성애 · 존 카트맨, 『내 아이를 위한 감정코칭』, 한국경제신문 한경BP, 2011.
최성애 · 조벽, 『청소년 감정코칭』, 해냄, 2021.
최인철, 『나를 바꾸는 심리학의 지혜』, 21세기북스, 2007.
탁진국, 『코칭 심리학』, 학지사, 2019.
켄 보그스, 『사람들은 왜 나를 오해할까?』, 도서출판디모데, 2002.
켄 보그스, 『DISC 행동 유형으로 배우는 예수님의 리더십』, 도서출판디모데, 2016.
헨리클라우드, 『크리스천을 위한 마음코칭』, 생명의말씀사, 2011.
한기채, 『예수님의 위대한 질문』, 교회성장연구소, 2012.
한국기독교 코칭학회, 『크리스천 코칭 디스커버리』, 아가페, 2022.
한국 코칭학회, 『C-PLUS 코칭』, 한국코칭학회, 2017.

코치 되시는 나의 성령님

개정판 1쇄 발행 2023년 6월 5일
2쇄 발행 2024년 8월 9일

지은이 정윤진
펴낸이 이기봉
편집 좋은땅 편집팀
펴낸곳 도서출판 좋은땅
주소 서울특별시 마포구 양화로12길 26 지월드빌딩 (서교동 395-7)
전화 02)374-8616~7
팩스 02)374-8614
이메일 gworldbook@naver.com
홈페이지 www.g-world.co.kr

ISBN 979-11-388-1940-4 (03230)

- 가격은 뒤표지에 있습니다.

- 파본은 구입하신 서점에서 교환해 드립니다.